新・MINERVA
福祉ライブラリー
8

ジェンダーで学ぶ
生活経済論［第3版］

持続可能な生活のためのワーク・ライフキャリア

伊藤　純・斎藤悦子 編著

ミネルヴァ書房

ジェンダーで学ぶ生活経済論［第3版］
──持続可能な生活のためのワーク・ライフキャリア──

目　　次

第2章

家族・世帯，ライフコース
嶋崎東子　34
──その変化と今後の展望

第3章

労働環境の現状と企業の社会的責任
斎藤悦子　50

第4章

家計収入・支出の構造に見るジェンダー

天野晴子・粕谷美砂子　70

第5章

家計の所得格差・貧困と所得再分配　　　　　　　藤原千沙　93

第6章

社会保障と最低生活保障　　　　　　　　　　　　中澤秀一　110

第8章

アンペイドワークと生活時間

鈴木奈穂美　154

序　章	生活経済を学ぶということ

《本章のねらい》

　本書は，家政学・生活科学系の大学におかれてきた「家庭経済学」，やがて経済学系の大学にも広がった「生活経済学」を扱うものです。本書のねらいは，生活とは何か，人間労働力（人間活動力）の再生産が私たちの暮らしの中でどのように行われているのか，社会・経済環境の変化によって生じる生活の変化に対し，私たち自身はどのように消費生活様式を選び取っていけばよいかという視点と生活経営力を身につけることにあります。

Keywords▶生活経済学，グローバリゼーション，新自由主義，福祉社会，ジェンダー

第1節　生活経済とは何か

1　生活とは何か

　筆者の所属する大学の学生に「生活とは何ですか」と尋ねると，みな一瞬ためらいの表情を浮かべる。次にやや自信なさそうに「生きること？」「働いて暮らしていくこと？」「衣食住？」と筆者に聞き返す。では，「生きること」とは，「暮らしていく」とはどのようなことか，衣食住が生活にどのように関連しているのかを問うと，しばしの沈黙の後，「普段当たり前に生活しているから，じっくり考えたことがありませんでした」というような答えが返ってくる。

　近年，「ワークライフバランス」という言葉が示すように，「ワーク」と「ライフ」は相対する概念のようにとらえられる節がある。この場合，「ワーク」は支払いのある労働（ペイドワーク）を指し，「ライフ」は家庭生活（およびそこで行われる家事や育児など支払いのない労働，すなわちアンペイドワークを含む生活）

や地域生活，個人の趣味などの活動を含む。このことが冒頭の問いに対する答えを，よりわかりにくくしてしまっているように思われる。

　人間は労働する動物である。労働とは継続的生存という目的のために，人間が「自然」と「人間自身」に働きかける活動のことである。その意味では労働は人間にとって超歴史的概念である。人類の発生のときに，支払われる労働など存在しなかったから，もちろんペイドワークもアンペイドワークも労働に含まれる。モノを生産する労働も，サービスを生産する労働も，それらを消費する労働も含む。その労働が社会的分業に組み込まれているか，組み込まれていないかも問わない。

　ところで，第1章で詳しく見るように，生産力の発展や貨幣経済の広がりにより，人間が家族という集団を形成し継続的生存のために行ってきた生産労働は，社会的分業に組み込まれ，専業化する。さらに資本制社会のもとでは，生産手段をもたない者は，自分の労働力を商品として販売し，その対価として賃金を得て生活手段（財・サービス）を購入し，自分と家族の生活を営むようになる。このような社会において，家族は生産の機能を失い，家族が行う労働は社会的に生産された生活手段を購入し，人に取り込む「消費労働」に特化していった。社会的な生産労働としての「ワーク」と私的な消費労働を含む「ライフ」が分離していったのである。

　しかし，私たちは，生活手段を生み出す「生産労働」と，それによって生産された生活手段を消費して生命と労働力を再生産する「消費労働（再生産労働）」の循環の中で，生存を維持し，人間的発達を遂げ，文化を創造していく。この「生産労働」と「消費労働（再生産労働）」の循環による人間の生命活動の総体が「生活」であり，「ワーク」と「ライフ」は本来分離できないものである。

　2　生活経済学とはどのような学問か

　では，この「生活」という言葉を冠した「生活経済学」とはどのような学問なのだろうか。先に述べたように生活とは生産労働と消費労働（再生産労働）

の循環による人間の生命活動の総体である。伝統的な経済学は生産領域に関する理論を深め発展させてきたが，見方を変えれば消費（再生産）領域について全面的に対象とすることは稀であった。その意味で生活経済学は独自の領域であるといえよう。

　生活経済学とは，戦後，新制大学に家政学部が設置されて以降，家政学の体系の中に位置づけられ開講されるようになった家庭経済学，家政経済学などという名称の科目と同類のものである。戦前のイエ制度を下支えした家政思想と良妻賢母教育に通底する家政教育に強く規制されながら，科学としての学問を確立するために経済学の理論を取り入れながら発展してきた。家政学・生活科学，社会福祉学等の生活関連諸科学がそれぞれに生活経済視点をもつ中で，生活経済学はそれらの影響を受け，それらを吸収して発展していく。生活経済学は学際的な学問領域である。

　このようなことを念頭におきながら，本書では生活経済学を次のように定義する。

　　生活経済学は，各種経済学の枠組みを応用しながら，生活科学系あるいは社会福祉系を含む諸科学の生活研究一般の成果を組み合わせて，生活を維持し，生活の質を向上させるための経済行為とそれを規定する法則を理解し，人間労働力の再生産に資するための理論を探求する学問である。

　ここで，人間労働力（人間活動力）について触れておきたい。

　労働力とは，端的にいえば「人間が労働を行う肉体的・精神的諸能力」を指す。人間の生命活動は労働にのみ限定されるものではないため「人間活動力」という表現が使われることもある。「労働力」と「人間活動力」と置き換えると，芸術的活動もボランティア活動も，セクシュアリティも含む。その労働なり活動なりが，記録されるか記録されないかも問わない。人間の労働年齢や障害の有無も関係ない。

　しかし，問題は本節の ①で述べたように，資本制社会のもとでは労働者

階級の「労働力」が商品になるということである。生産手段を所有する資本家と，生産手段をもたずに資本家に雇われて報酬を得，それをもとに生計を立てなければならない労働者階級との間には，労働力商品の売買という関係が存在するが，そこに雇用や賃金，社会保障制度をめぐるさまざまな問題や家族，家計などの問題が潜んでいる。

③ なぜ生活経済論を学ぶのか

　生活経済学が扱う「消費労働」の中心となるのは労働力再生産のための「個人的消費[5]」であるが，「生産労働」は私たちの生活手段を生み出す過程において人間に喜びをもたらし発達させる側面と人間に苦痛をもたらし人間性を損なったり肉体や精神を疲労させ，人間の労働力そのものを破壊したりする側面をも併せもつ。

　本書の各章で扱うグローバル化，少子高齢化，産業構造の変化と雇用環境の悪化等，さまざまな社会経済環境の変化の中で，私たちに求められるのは，人間の労働力・人間活動力を損なわない消費生活様式を主体的に選び取る力である。私たちが生活経済学を学ぶ目的は，労働力・人間活動力を再生産し，それぞれに発達させ，生活の質を高める力を，生活を営む私たち一人ひとりが獲得することと，それを阻害する社会的背景・要因に目を向け，これに対処する力を身につけることにあるのである。

第2節　私たちを取り巻く社会経済環境の変化と生活経済

① グローバリゼーションと新自由主義のもとでの生活経済

　生活経済の営みは21世紀のグローバルな経済システムの中で行われている。2001年の省庁再編後初めて発表された『平成13年版　通商白書』（経済産業省，2001, 67）では，「グローバリゼーション」を「その用語を用いる者によってさまざまな意味合いに使われる抽象的な概念である。」とした上で，「経済学の世界では企業等の国境を越えた経済活動の活発化として用いられたり，政治学や

4

歴史学の世界では冷戦後のアングロサクソン系自由主義の世界的波及の進展と
して用いられたりする。また，単に漠然と市場経済主義や最近の世界経済の成
長を指す場合にも用いられる。」とする。そして，「これは，まさに国際的にモ
ノ，カネ，ヒト及び情報の移動が活発化している上，国際社会における主体の
多様化，国際関係の多様化等が経済分野のみならず，政治，社会，文化等のさ
まざまな分野において地球規模の影響をもたらしていることの証に他ならな
い。」とする。このように，グローバリゼーションはモノ，カネ，ヒト，情報
の地球規模での移動と理解されるが，それは「世界時間と世界空間を横断した
社会関係および意識の拡大・強化を意味する」（スティガー，2009／櫻井・櫻井・
高嶋訳，2010，20）。

　スティガーはまた，グローバリゼーションの歴史を先史時代（B.C. 1万年～
3500年），前近代（B.C. 3500年～A.D. 1500年），初期近代（1500年～1750年），近代
（1750年～1970年），現代（1970年以降）に区分してそれぞれの特徴を述べている
が，21世紀の経済的グローバリゼーション，21世紀のグローバル経済秩序に限
定していえば，1970年代以降世界的に生じた地球規模での経済的不安定（低い
経済成長，高い失業率，政府部門の赤字，2度のエネルギー危機）に，英（サッチャー
首相），米（レーガン大統領）が率先して「新自由主義」的経済政策に移行して
国際的影響を及ぼし，1989年から1990年代初めのソ連・東欧の社会主義の崩壊
がこの状況に有利に作用して，今世紀になだれ込んだ「経済秩序」のことであ
る（伊藤・伊藤編著，2010，2）。**表序－1**に新自由主義的経済施策を示す。

　スティガーは，経済のグローバリゼーションが，貿易と金融の国際化，多国
籍企業のパワーの増大，国際経済機関（国際通貨基金：IMF／世界銀行／世界貿易
機構：WTO）の役割の拡大を招いたとし，それぞれの問題点を次のように指摘
する。

　以下，要約する。

　貿易の自由化の支持者は，国家間の既存の貿易障壁を除去または削減すれ
ば，消費者の選択の余地の拡大，グローバルな富の増大，平和な国際関係の

1	公営企業の民営化
2	経済の規制緩和
3	貿易と産業の自由化
4	大規模減税
5	失業増大のリスクを冒してでもインフレ抑制のために行われる,「マネタリスト」的施策
6	組織労働に対する厳しい統制
7	公共支出,特に社会的支出の削減
8	政府規模の縮小
9	国際市場の拡大
10	グローバルな金融フローに対する統制の撤廃

（出所）　スティガー，2009／櫻井・櫻井・高嶋訳，2010，49より筆者作成。

保障，世界全体への新テクノロジーの普及をもたらすと主張するが，一方では社会的な統制メカニズムの撤廃がグローバルな労働基準の低下や深刻な生態系の悪化，北世界に対する南世界の債務の増大につながったという側面からの批判もある。貿易の国際化は金融取引の自由化とともに進展したが，世界の金融システムは，高リスクの投資に駆り立てるきわめて不安定な株式市場に支配され，高い不安定性，過度の競争，全般的な不確実性という特徴を帯びている。

　多国籍企業はその経済的パワーで国民国家と拮抗する存在になり，世界の資本投資，テクノロジー，国際市場へのアクセスのほとんどを手中に収め，グローバル市場での卓越した地位を維持するために頻繁に他の企業との合併を行う。多国籍企業のグローバルな活動は，規制緩和がますます進みつつあるグローバルな労働市場の中で強化され，南世界で安価な労働力，資源，有利な生産条件を獲得しようと「底辺への競争」を繰り広げる。

　IMFと世界銀行は，発展途上国が求める融資を提供する代わりに，債権国の意向を反映した「構造調整プログラム」の実施を要求したが，この「構造調整プログラム」は公共支出の削減を強いたため，債務諸国を「発展させる」という望まれた結果をめったに生み出せず，社会事業の削減，教育機会の縮小，環境汚染の悪化，そして大多数の人々の貧困拡大を引き起こした（スティガー，2009／櫻井・櫻井・高嶋訳，2010，44-65）。

　私たちはこのような社会経済環境のもとで生活経済を営んでいるのであり，グローバル化と新自由主義が，雇用環境や賃金などの労働条件，日常生活を営む上で，必要なモノやサービスの量・質，自然環境とも密接に絡む生活資源の安全や持続可能性などの問題と密接に絡んでいることに注意を払う必要がある。

　2　日本型福祉社会のもとでの生活経済
①日本型福祉社会とジェンダー問題
　経済のグローバリゼーションと新自由主義は，日本においては福祉国家を素通りして福祉社会，特に「日本型福祉社会」を出現させた。

　日本では1970年代後半から日本型福祉社会論が台頭してきた。これは高齢化が急速に進展する中で，老親の扶養は家族の義務であるとする伝統的価値観に則った考え方であった。日本型福祉社会論は，社会保障・社会福祉における国の役割を縮小させ，家族が自助・自立，自己責任を果たすことを期待するものであり，「家族頼み」の福祉ともいえる。「家族頼み」はイコール「女性頼み」であり，経済政策，雇用政策，社会保障政策等における「稼ぎ主である男性と，男性に扶養されて家事や育児などの家庭責任を負う女性」という性別役割分業モデルを強化するものでもあった。

　このような性別役割分業の固定化とそれに付随する諸課題は，1975年の国際女性年を契機として男女平等，女性の地位向上に向けての運動が活発化した時期を経てもなお，未解決のまま21世紀に持ち越されている。例えば，「家族介護から社会的介護へ」をスローガンとして2000年4月にスタートした介護保険制度であるが，制度施行後20年近く経過してもなお，要介護者等の主な介護者の約70％が家族・親族であり，事業者の割合は13％である。また，同居の家族・親族の介護者の性別は女性66％，男性34％となっており，妻，娘，子の配偶者（いわゆる嫁）に介護の負担がかかっていることがうかがえる。

　高齢者の介護と並び家族が主たる責任を負っているのは，障害児（者）に対する介護である。厚生労働省（2018a）は「2016年生活のしづらさなどに関する

調査（全国在宅障害児・者等実態調査）：結果一覧」をホームページ上で公表しているが，この「結果の概要」からは「同居者」の状況（同居者有りは81％で親と暮らしている人の割合が最も高い）はわかっても「介護者」の状況はわからない。そこで約15万人の会員を有する障害者団体・関係団体が行った「障害者の介護者の健康に関する実態調査報告書」（障害者の生活と権利を守る全国連絡協議会編，2016，3）を見ると，主たる介護者の91％は母親であり，50歳代の障害当事者を介護する母親の平均年齢は74歳と高齢である実態が浮かび上がる。

　子育てに目を向ければ，父親の平均育児時間が増加傾向にあるとはいえ，未だに母親の育児時間とはかなりの差があるし[7]，育児休業取得率も女性のほうが高い[8]。

　このように，日本の福祉社会を底辺で支えているのは，21世紀になっても女性を中心とした家族である。

　私的な家庭という領域における家事・介護・育児の女性への偏りは，これらの労働が社会的な労働に代替されたときのジェンダー問題に直結している。介護労働者，保育労働者の低賃金，非正規雇用の問題などである[9]。

　しかし何よりもまず行わなければならないことは，国内のアンペイドワークのジェンダーによる偏りの解消とアンペイドワーク（無償労働，支払われない労働のこと）の社会的評価・金銭的評価に対する社会的認識の低さを改めることではないだろうか。この問題そのものが解決されない限り，外国人労働者を受け入れたとしても社会ケアサービスを担う労働者不足の問題は深刻さを極め，サービスの供給そのものもが立ち行かなくなる恐れがある。

②福祉ミックスと生活経済

　福祉社会における生活経済を論じる際に重要な概念に，「福祉多元主義（welfare pluralism）」「福祉ミックス（welfare mix）」がある。これらの考え方が登場してきた背景には，福祉国家の危機といわれた資本主義経済・財政問題がある。「福祉多元主義」は1970年代のイギリスにおいて，政府による一元的な福祉供給ではなく，民間部門やインフォーマル部門を交えての多元的な福祉供給を目指すものとして注目されるようになった考え方であり，「福祉ミック

ス」は1980年代に登場した市場部門と公的部門のミックスによる混合経済体制という経済学的発想に基づく考え方である。いずれも福祉サービスが公的，市場（＝民間営利），非営利，インフォーマル部門を交えて多元的に供給されている状態につながることから同義的に用いられることが多い（本書では「福祉ミックス」を用いる）。

　福祉ミックスは，多様な福祉サービスの提供主体を登場させ，それらは今日の福祉社会を形成する要素となっているが，私たちは福祉ミックスのもつ２つの側面に目を向ける必要がある。そのひとつは福祉ミックスのもつ「新自由主義的側面」であり，もうひとつは「利用者ニーズ主体の改革志向的側面」（伊藤，2001，23）である。

　福祉ミックスのもつ「新自由主義的側面」として，福祉ミックスが公的サービスの抑制と効率化，民営化・市場化の推進により供給主体量を増大させ利用者の選択肢を広げる一方で，サービス需要抑制を引き起こすことが挙げられる。

　介護サービスを例にとれば，規制緩和・民間活力の導入により介護保険サービスの事業所数は増加したが，利用に際して定率の利用料負担が求められるため，低中所得層の高齢者に対しサービスの需要抑制効果を生んでいる。老齢福祉年金受給世帯や生活保護世帯など「オフィシャルに認められた低所得高齢者世帯」のみが選別的に「救済」され，それ以外については，家族または地域を中心としたインフォーマルなサービスへの依存を強めるか，低価格で低品質のサービスの購入を余儀なくされる恐れもある[10]。

　このような動きは保育サービスにも広がっている。東京や横浜などの大都市圏においては，認可保育所や認可学童保育への入所ニーズが増大しているが，慢性的な待機児童問題を解消できず，認可保育園に代わって認証保育所や民間企業等による託児施設，学童保育施設が増加する傾向がある。一定の所得がある世帯は認可保育所の選考に漏れた場合でも，認証保育所や民間企業による各種のサービスを利用することが可能かもしれないが，低所得世帯が選考に漏れた場合，割高なサービス購入ができないために親族頼みになるか，質の保障が十分になされていない低価格のサービスを利用せざるを得なくなることも考え

られる。

　さらに，新自由主義的福祉ミックス論の中では「自助」が強調されるが，その背後には「自己責任」や「自己負担」の考え方があることを指摘しておきたい。

　一方，福祉ミックスのもつ「利用者ニーズ主体の改革志向的側面」とはどのようなものであろうか。これは分権や公的福祉の改善によりサービス利用者の参加や権利の保護を重視するという考え方である。潜在的能力も含む人間労働力・人間活動力などの発達を促進する生活経済のあり方について考えるとき，私たちは福祉ミックスにおける参加と共同という側面をより重視していく必要がある。この側面を補強し，下支えするのは「公助」（国・地方公共団体による制度・施策）である。私たちが取るべきは福祉ミックスの「新自由主義的側面」ではなく，「利用者ニーズ主体の改革志向的側面」を重視する立場である。私たちがこのような側面から生活経済を営むためには，私たち自身が主体的に家庭生活の外側にあるものに目を向け，社会的環境に働きかけて自らの，そして生活者同士の QOL（Quality of life：生活の質，人生の質，生命の質）を向上させていくことが求められる。

第3節　生活現象を深くとらえ主体的生活者として生きる

1 主体的生活者とは

　私たちは生活経済を営む中で，家庭生活の構成員一人ひとりの自立と発達，自己実現を最善のものとすべく努力している。そのためには健康の維持を含めた生活の質を高めるために利用可能なすべての資源を適切に管理・活用する力の獲得，家庭生活の構成員一人ひとりの自立・発達・自己実現・健康・生活の質の確保が，他の構成員のそれと相互に矛盾しないように調整する力，すなわち「生活経営力」を身につけていくことが必要である。

　伊藤（1989，181-182）は「主体とは認識し，行為する我をもった人間個々人のことであり，生活主体とは，生活を科学的に認識し，生活の目標・課題・問

題を設定・発見・解決する意識的積極的な取り組みを実践する個人」である
とする。また，赤塚（2004, 166）は「生活主体は新しい社会の形成にかかわり，
生活様式を変革し，生活文化をも新しく創造する力を求められ…（略）…主権
者としての市民性が重要」と述べている。これらのことから，主体性をもつ生
活者，主体的生活者とは，生活経営力の必要性を認識し，生活を取り巻くさま
ざまな課題を他人事ではなく「自分事」として認識し，その改善・解決や社会
の変革・創造に積極的に取り組んでいく姿勢をもつ人であるといえよう。

　では，そのような主体的生活者となっていくためには，何をどのように学ん
でいけばよいのだろうか。

②　身近な暮らしに目を向け，掘り下げる

　これまで見てきたように私たちはグローバルな社会経済環境の変化の中に生
きている。また，日本型福祉社会の中で，従来家庭で担ってきた私的な機能
（例えば家事・介護・育児など）が社会的な機能に代替される「生活の社会化」が
進行している。AI（Artificial Intelligence；人工知能）や IoT（Internet of Things；
物のインターネット）などの情報の高度化も進展している。

　このような時代にあって，私たちの労働のあり方や労働力・人間活動力再生
産のあり方，ジェンダー関係，生活意識は，望むと望まざるとにかかわらず変
化していくだろう。

　生活経済論は，私たちの生活様式の変化を注意深く観察し，調査・記録し，
理論化していかなければならない。生活様式とは「一定の生産様式のもとでの
労働と家族との関わりに規制された，人間と生活手段（財とサービス）との結
合のしかた，その表現としての生活行動の種類とそれへの時間配分のしかた」
である（伊藤, 1990, 284）。

　生活様式の基本的要素は，生活手段体系（その獲得と消費のしかたを含む）と
生活行動（労働と諸活動）およびそのための生活時間配分であるので，私たち
が主体的な生活様式を獲得するためには，家計の収入と支出の構造や外部経済
と家計の関係だけではなく，ペイドワーク（有償労働）・アンペイドワーク（無

償労働）のそれぞれの実態や関連を把握するための生活時間等について深く学び，考えることが重要である。

　政府が生産する統計や既存の各種調査によってこれらについて把握することも可能であるが，それと同時に読者に行ってほしいことは，自分自身の身近な暮らしに目を向け，そこに生じている現象を深く掘り下げるということである。例えば，アルバイトや就職活動の経験から疑問に思ったこと，家族間におけるペイドワーク・アンペイドワークの分かち合いにおける課題，昨日の夜食べた物がどこから来てどのように消費されたのか，昔流行っていたが今はもう流行らなくなってしまったものの背景にはどのような事情があるのか，など何でもよい。自分の中に生じた疑問や自分が発見した課題の背景にあるものや要因を分析し，その疑問・課題が解決されなければ自分自身，家族，社会にどのような影響が及ぶのかといったシミュレーションをし，時には統計・調査（既存のものでも独自のものでも）のデータなどと突き合わせてみてほしい。

　理論化と，それに基づく生活主体のたしかな形成が将来を予測し，人類の歴史を格差や貧困，環境破壊，戦争などの労働力・人間活動力の対極にあるものから救い出すだろう。本書の読者に期待するのはこのことである。

［ 3 ］ 生活経済学にジェンダー視点を入れる

　ジェンダーとは，自然の性別には解消しきれない，歴史的経緯や文化的特性を含めて社会的に形成されてきた性別のことである。本書は，各章においてジェンダー視点を入れる，ジェンダー視点から問題をとらえるということを意識して執筆されている。学術の諸分野にジェンダー視点を入れる，あるいはジェンダー視点から問題をとらえるということは，生活経済学に限らずどの学問領域でも必要とされる研究・分析手法である。

　また，本書で扱う統計（数値および統計図表）は，ほとんどが「ジェンダー統計」である。「ジェンダー統計」とは「ジェンダー問題を統計によって明示し，分析し，数値目標を入れた解決策を立案し，政策の進捗度を監視するための統計データ，あるいはその理論と活動をさす」（独立行政法人国立女性教育会館・伊

藤編, 2012, 200）。ジェンダー統計は，統計の作成に当たって，単に調査票や統計表に男女区分があるというだけでなく，男女の問題状況把握や関係改善に連動することを認識して作成された統計であり，イデオロギー的なものではなく客観的に考え，検討する材料を提供する。

　執筆者のほとんどは経済統計学会ジェンダー統計研究部会の会員として研鑽を積んでおり，家計，労働，消費，福祉，環境などの専門領域に問題解決的視点としてのジェンダー視点を入れて研究している者である。

　読者の皆さんは，白書類などで性別に分かれていない統計図表を目にする機会が多いと思うが，いま目にしている統計が男女別に示されていたらどのような問題が見えてくるかという疑問をもって公表されているデータを見ていただきたいし，卒業研究などに取り組んでいる場合にはもとの統計数値にアクセスして，ジェンダー視点から加工・分析するなどしてみていただきたい。

第4節　本書の構成

　本書の展開，各章の概要をあらかじめ示しておく。

　「第1章　資本主義経済における生産と消費」では，資本主義経済体制の成立史と新自由主義イデオロギーに至る経済学的系譜を概観し，現代日本社会における生産と消費の問題を俯瞰する。「第2章　家族・世帯，ライフコース」では，生活経済に大きな影響を及ぼす人口構造の変化ならびに家族，世帯，生き方の変化を示すとともに，新たなコミュニティのあり方を展望する。

　「第3章　労働環境の現状と企業の社会的責任」では，生活経済の基盤とも言える賃金をもたらす雇用労働環境の現状と，働き方をめぐる新たな動向を読み解き，企業の社会的責任を考える。「第4章　家計収入・支出の構造に見るジェンダー」では，世帯における女性と男性の経済的地位に注目し，家計関連統計を用いて雇用労働者，自営業，高齢者世帯の性別格差を取り上げる。

　「第5章　家計の所得格差・貧困と所得再分配」では，家計の所得格差と貧困の広がりの中で重要な所得再分配機能と日本の特徴を理解し，政府の役割に

ついて生活経済の視点から考える。「第6章　社会保障と最低生活保障」では，社会保障の登場と展開を資本制社会との関連でとらえ，「健康で文化的な最低限度の生活」の内容とそれを保障する諸制度のあり方を吟味する。

「第7章　資産形成の変化と金融教育の高まり」では，資産形成にかかわる多様な金融商品の出現と消費者問題の深刻化に焦点を当て，金融教育へのニーズの高まりと普及の課題を述べる。

「第8章　アンペイドワークと生活時間」では，アンペイドワークの代表格とも言える家事労働に焦点を当て，性別役割分業の実態を生活時間統計から明らかにするとともに，アンペイドワークの社会的・経済的評価の方法を批判的に検討する。「第9章　福祉社会における生活の社会化と生活経済」では，生活の社会化および新家事労働の概念を紹介する。また，「生活福祉経営能力」の獲得と発揮に向けた支援のあり方を探る。「第10章　持続可能な社会に向けた新たな様式の創造」では，日本の消費生活様式の変化を概観し，持続可能な環境・開発・消費とジェンダーの視点から新しい消費形態の創造を展望する。

「終章　ワーク・ライフキャリアと生活経済」では，人生100年時代に必要なキャリア教育の内容をジェンダー視点からとらえ直し，主体的な生活設計等の必要性とそれを可能にする個人・社会の条件を考える。

（考えてみましょう）
①生活経済を学ぶことによって，これからの生活でどのような力が身につくと考えますか。そのことに興味をもてましたか。
②あなた自身あるいはあなたの身のまわりの生活現象を観察し，本書のどの章に最も関心がわくか，それはなぜか，あらかじめ見当をつけましょう。

注
(1) 歴史を通じて変わりなく継続するという意味。どの時代にも共通するということ。
(2) 社会全体の労働が例えば農業，工業，商業など各種の分野に区分されること。
(3) 「生産手段」とは，「労働対象」および「労働手段」を合わせたものである。例えば，パンを作る場合に当てはめれば，労働対象は小麦やバター，イーストなどの原材料であり，労働手段は生地こね機，オーブン，パン工場といった道具・機械・建物等である。

(4)　家庭経済学，生活経済学の潮流と系譜は伊藤（1990），伊藤（2000）などに詳しい。

(5)　人間の消費には「生産的消費」と「個人的消費」の2種類がある。前者は人間の労働が，自らの労働力，労働対象，労働手段を消費して新たな生産物を生み出すことで，それは生産の過程で行われる（人の物化）。後者は，その生産物を生活手段として人間の内部に取り込み，労働力を再生産することである（物の人化）。

(6)　家族と同居している障害者とその介護者を対象として2014年9月～2015年2月末に実施。回答者数は2640件であった。

(7)　総務省統計局が5年に1度調査している「2016年社会生活基本調査」の結果によれば，6歳未満の子どもをもつ夫婦の育児時間（週全体平均）は，夫49分・妻3時間45分，共働き世帯では夫48分・妻2時間49分，夫有業・妻無業世帯で夫45分・妻4時間57分である。

(8)　厚生労働省（2020a）「2019年度雇用均等基本調査」によると，2017年10月1日から2018年9月30日までの1年間に在職中に出産した女性のうち，2019年10月1日までに育児休業を開始した者（育児休業の申出をしている者を含む）がいた事業所の割合は84.3％，同期間に配偶者が出産した男性で2018年10月1日までに育児休業を開始した者（育児休業の申出をしている者を含む）がいた事業所の割合は10.5％であった。

(9)　厚生労働省（2020b）「2019年賃金構造基本統計調査」によれば企業規模計（10人以上）の職種別所定内給与額は，保育士の場合，男性（平均年齢31.9歳，勤続年数6.2年）で25万4100円，女性（平均年齢37歳，勤続年数7.9年）で23万7100円，福祉施設介護員の場合，男性（平均年齢39.5歳，勤続年数6.8年）で24万3500円，女性（平均年齢44.4歳，勤続年数7.3年）で22万1700円である。産業別の「医療・福祉」の所定内給与額が男性33万9300円，女性26万2400円であることから，これらの職種の賃金の低さがうかがえる。

(10)　特別養護老人ホームなどの介護保険施設の不足から有料老人ホームへのニーズが高まっているが，入居費用の面などから無届老人ホームを利用したり，「お泊りデイサービス」を長期間にわたり利用し続ける人もいる。

（伊藤　純）

第1章	資本主義における生産と消費

《本章のねらい》
　本章では，私たちが生活している経済体制である資本主義経済の成立
史と，その資本主義経済をどのように経済学がとらえようとしてきたの
かを，最初に資本主義を発展させたヨーロッパを中心に資本主義の歴史
を紹介し，続いて，日本の資本主義発達史にジェンダーの視点を入れな
がら見ていきたいと思います。現代日本社会の諸課題を解明する上で，
ヒントとなる基礎的知識を身につけることが本章の目的です。

Keywords▶資本主義，歴史段階，経済学説，新自由主義

第1節　資本主義経済という呼称

　「資本主義経済」とは，人類が経験してきた歴史段階のうちのひとつであり，
資本による「利潤追求」が経済行為の主軸をなす経済システムのことを指す。
「自由市場経済」という呼び名もあるが，こちらは，生産が国家管理のもとで
営まれる経済体制を念頭におき，その対極にあるものとしての呼称という意味
合いが強い。

　資本主義経済のもとでは，まず日々の生活に必要なモノのほとんどが自家用
ではなく利潤を目的に生産される。こうして生産されたモノは「商品」といわ
れる。また，私たちの身体の中に備わっている労働能力は商品として販売され
る。私たちが受け取る賃金はその売り渡した労働力という商品の対価である。
「利潤追求」のための生産活動を中心に据えた社会・経済システム全体を，「資
本主義経済」あるいは「資本制的生産」などと呼ぶ。

　たしかに，資本主義経済は貪欲な利潤追求によって急速に科学技術を発展さ

せ，道具から機械への転換をもたらした。それは巨大な生産能力を備えた経済
活動を発展させ，商品の数も種類も厖大な規模へと発展させることとなった。
その一方で，あくなき利潤追求が環境や人間そのものの破壊をもたらすなど，
さまざまな問題が指摘されるようになった。

　日本でも，人間生活の破壊の例として母子世帯や高齢者世帯の貧困が，多く
の研究やマスコミを通じて可視化されている。これらの問題は「社会的排除
論」とのかかわりでも注目を集める一方で，政府閣僚の中から生活保護への
バッシング発言がなされ，マスコミがこれに便乗するなどの動きも見られる。
こうした生活保護バッシングの根拠とされる理屈はどのようなものであろうか。
私たちはそれをどう考えるべきなのか，フラスコやシャーレを使った実験がで
きない社会科学の分野では，実験の代わりに過去の経験の蓄積から法則を見出
していくという方法を使う。未来を見通すには過去を知ること，これが社会科
学の基本である。したがって，まずは歴史から見ていこう。

第2節　人類が経験してきた社会を概観する：ヨーロッパを中心に

［1］ 原始共同体社会（約4万年前～紀元前3500年頃）[(1)]

　歴史を振り返ればわかるように，人間は，最初の社会集団を形成してから今
日に至るまで，さまざまな経済体制を経験してきた。歴史は静的なものではな
く動的なものであり，その中で変わっていくものと変わらないものとが混在し
つつ，日常生活が形成されていく。

　強い牙ももたず，寒さから身を守る分厚い毛に覆われているわけでもない非
力な人類が最初に形成した社会集団では，日々，生存のための共同生活が展開
していた。採取労働や狩猟によって獲得された食料や毛皮などは社会構成員が
生存をつなげるよう分配されなくてはならなかった。このような社会では労働
能力を有するものは誰でも働かなければ生きていけない。したがって，誰かに
働かせてその分け前を手に入れる行為はこのような社会段階では許されなかっ
たのである。集団全体の「消費」を目的として同じく集団全体が「生産」を行

17

う，この古代に存在した経済体制を「生産関係」を軸に区分した時代名称をもちいて原始共同体社会と呼ぶ。

　自然の脅威の前に，命をつなげないものがほとんどであったこの社会でも，人間は目的を達成するためにいかに労力を軽減し，いかに多くのものを自然界から獲得するかを考え，たゆまず工夫をこらしていった。例えば，畜産ひとつとってみても，自然と向き合いながら，より合理的な行動を選んできた人類の歴史を観察することができる。例えば，何カ月間も野山をかけめぐって動物を追いかけ捕らえることができるかどうか予測しにくい状況より，狩猟で親を倒して子どもを生け捕りにし，集落に連れてきて飼育し，数を安定的に増やしたほうが効率的である。こうして，狩猟はいつしか畜産へと姿を変える。道具も徐々に改良され，殺傷能力が向上し，前よりも多くのものが獲得できるようになる。そうなれば，全員が働かなくとも全員が生きていけるだけの食料などを手に入れることが可能となる。このような作業は主として集団として行われ，共同体の役割は，こうした作業を管理し，共同体全体で利用することができる川や橋，道や食料の保管蔵などを作り，生産物を分配することに置かれた。

　一方で，こうして生まれた余剰な生産物は，やがて力を行使できる立場の者に独占され，権力の一部となっていく。こうして私有財産が生まれる。生産力の上昇はこうして次の時代への移行を準備する。すなわち古代奴隷制社会である。

②　古代奴隷制社会（紀元前3500年頃～後5世紀頃）[(2)]

　古代奴隷社会では，生産に従事する者は主として奴隷であり，消費の主体は君主，貴族をはじめとする奴隷を所有する奴隷主であった。たしかに生産する者と消費する者の主体は異なっているが，奴隷は奴隷主に命じられたものを生産するのであって，あらかじめ生産されるものが誰によって消費されるのかがわかっている。今日のような生産されたものが不特定多数の第三者によって消費される「生産・消費関係」は一部では見られたものの，主たる経済活動は「生産＝消費」すなわち消費目的の生産であった。

　奴隷の所有は経済力の強さを意味し，逃亡に対しては国家権力による厳格な処罰が加えられた。国家が保護すべき利益とは，支配階級であった君主や貴族の利益であって，奴隷を含む「国民全体」の利益ではなかった。もちろん，ここでも灌漑事業などの大規模工事を遂行するなど，国家は共同体としての機能を維持しているが，同時に，国家は奴隷制社会における支配階級の利益のために奴隷のような被支配階級への暴力的統治機能をも併せもつものとして存在していた。しかし，当初こそ一定の社会集団を動かして生産力を発展させていくことができたものの，労働に従事しない毎日を腐敗堕落に費やすようになった支配階級と，生存できるかできないか程度の生活資料（衣食住）しか与えられない奴隷たちに生産行為を任せるこのような社会は，徐々に生産性を低下させていくとなる。なぜなら，ただ同然で労働力を使える社会では道具の改良を積極的に進める必要性が生じない上，劣悪な生活条件と人間性を奪われた環境では奴隷たちの生産意欲が高まる条件もなかったからである。こうして，生産力を高めていくことが要求される社会発展の原理と生産力の間の矛盾が生じることになる。スパルタクスの乱に象徴される奴隷制国家内部の衰退と北方からのゲルマン民族の侵略の相乗効果で崩壊したローマ帝国の経験が物語っているように，やがて奴隷制社会は崩壊し，中世封建制社会と呼ばれる社会体制へと移行することになる。

［3］　中世封建制——絶対王政（5世紀頃〜18世紀頃）[3]

　中世封建制社会では生産力はさらに上昇した。封建制社会の代表的な生産者は農民であった。支配階級は土地所有を基礎とする封建領主であった。一方，領地内の農民には耕作地が与えられ，ここで自らと家族の生活資料としての農耕が認められていた。もちろん，彼らは自分たちのための生活資料相当分以上に生産を行い，（領主の冷酷さの程度によっては生活資料相当分に食い込むことがあったが）これらを年貢として納めなければならなかった。奴隷制社会と異なっていたのは，領主の直営地以外に，農民が経済的な独立性をもつことができる土地を農民に与えていたことである。したがって，彼らは領主によって多くの自

由を奪われ，高い年貢に苦しめられてはいたが，少なくとも，自給自足用の小さな土地と耕作のための道具などからなる生産手段を所有していたのである。経済的独立性をもつ農民たちから年貢を取り立てるためには，経済外的強制力が必要である。したがって，封建制社会では，支配層である国王や貴族，領主と，被支配階級である農民という基本的な階級を軸に，さまざまな身分が重層的にピラミッドを形成する厳密な身分制度が必要とされた。身分制度は，王権神授説などの封建思想によって強化された。天皇，皇帝，国王，貴族などは生来の偉大さを兼ね備えているとする思想支配と，服従を強要する暴力的支配が封建制を維持する支えであった。

　奴隷制社会でも封建制社会でも，そして封建制社会の最高の段階に位置する絶対王政のもとでも，市場や貨幣の利用は徐々に広がってはいたものの，未だに，生産物のほとんどは領主の支配のもと，農民によって生産され，直接市場に出ることなく自らの生活資料と領主への年貢として消費された。この時代，農民にとっての生産の動機は，まず自らが生きていくための生活資料の生産であり，そして領主やその軍隊，僧侶といった自らは生産しない階級を食べさせるために必要な農産物の生産であった。

　このように，資本制社会以前の生産関係においては，生産の動機は生産者本人と家族，そして支配階級の消費であったが，これが次の社会段階である資本制社会ではまったく異なる生産関係が展開することとなる。

　絶対王政下のヨーロッパ社会では，重商主義政策のもと，世界貿易が進み，市場規模も一国の範囲を超え拡大していく。拡大する市場の占有をめぐる競争は，原材料の確保や工場設備のための土地の拡張を要求する。早くから絶対王政が確立していたイギリスでは，原材料としての羊毛への需要が高まるとともに，国家の積極的関与の下，放牧地を拡大するために暴力をもって農民を土地から追い出す「囲い込み運動」が行われる。こうして，土地から追い出された農民たちは，生きるための新たな糧を求めて都市部へと流れこみ，浮浪者となって町中にあふれることとなった。当時，浮浪者は犯罪者として処罰の対象とされ，多くの者が投獄されたり，最後には死罪となった。それがいやなら過

酷な労働条件でも労働者として工場に働きに行かねばならない。こうして彼らは労働者として資本制生産に組み込まれていく。

　農民が土地を失うことと引き換えに誕生した労働者という存在は，これまでの封建的な義務，例えば農奴としての隷属関係から，あるいは土地に縛りつけられ，賦役を強要されることから解放されたという意味でまず自由（Freedom）を手に入れたといえよう。今，私たちが手にしている近代市民社会の象徴とも言える権利のひとつである「契約の自由」はこうして土地から切り離されたことで与えられたものである。と同時に，彼らは，自力で生活資料を手に入れるために必要な生産手段である土地から切り離されたという意味で，もうひとつの自由（Free）すなわち何ももっていない存在となったのである。

［4］資本制社会──生産と消費の分離（18世紀後半〜現代）

　資本制社会では，生産物に新たな性格が付与される。もちろん，人間の労働によってつくりだされた労働生産物であることには変わりないが，資本制社会では，そこに「商品」としての性格が付与されるのである。商品と労働生産物との違いは何であろうか。それは，まず，その労働生産物が自己消費のためではなく不特定多数の第三者，すなわち他人の欲望を満たすものでなければならないという点である。例えば，自動車会社の社長は，自分が乗るための車を労働者に生産させているわけではない。その会社で働く労働者も自分が乗るための車を生産しているわけではない。資本主義社会では，商品の生産は，利潤の獲得を目的として行われるのである。

　こうして，資本制社会では，それまでの社会と異なり，生産の目的が自分の消費ではなくなり利潤獲得におかれる「商品」を中心とする社会システムが成立するのである。

第3節　資本制社会と生活の変化

⎰1⎱ 農民層分解と労働者の創出

　資本制経済システムの成立には，絶対君主の強大な経済外的強制力が必要で
あった。その絶対権力で暴力的に農民を農地から追い出し，原料の調達地と労
働者の群れをつくりだし，最終的には産業資本が活躍する舞台をつくったので
ある。資本制社会の成立は，一方における農村分解と他方における都市部への
人口集中をもたらした。イギリスでは，この産業革命の時代に，土地という生
産手段から切り離された農民たちが浮浪者となってロンドンやリヴァプール，
マンチェスターなどの大都市部へと流入した。

　彼らはここでも浮浪者狩りによる死刑や拷問の恐怖を経験することになり，
低賃金で過酷な労働条件でも働かざるを得ない身であることを思い知ることに
なる。

　ヘンリ8世治世下では，労働能力をもつものともたないものとが区別され，
労働能力がある浮浪者にはむち打ちと拘禁が課せられ，「荷車のうしろにつな
がれ，からだから血が出るまでむち打たれ」た。再び逮捕されればむち打ちと
片耳を切り落とされ，3度目につかまれば死刑に処せられた。続くエドワード
6世のもとでも「労働することを拒むものは彼を怠惰者として告発した人の奴
隷になることを宣告され，奴隷が14日間仕事を離れれば終身奴隷の宣告を受
け」るといった冷酷な対処が行われた。そして1572年，エリザベス治世下にお
いても，雇われ先のないものは国家に対する反逆者として処刑されたのである
（マルクス，1965＝1867，960-963）。

⎰2⎱ 「職・住の分離」と女性の階層化

　大量の労働者と蒸気機関を利用した近代的な機械設備を利用して，巨大な富
を蓄積させていく資本家たちを頂点とする中間層は，それまであこがれの対象
であった上流階層の暮らしを自分たちの生活に取り入れていく。彼ら中間層は，

彼らの仕事場である煤煙と糞尿にまみれたロンドンの中心地を避け，郊外に住居を構えるようになる。こうして「職と住の分離」が生じることになる。妻は，資本主義的競争に疲労困憊して帰宅する夫に「癒し」の場を提供する存在であることを強要され，また，実際に夫の豊かな財力をもって乳母，庭師，料理人などを雇用し，これらの使用人にすべての家事・育児を任せることができたのである。こうして，富裕層の女性たちはすべての家庭内労働から解放されるが，同時に，何もせずに家にいるだけの存在となったわけである。現代に通じる性別役割分業の固定化に，こうした歴史的変化が果たした役割は極めて大きい（今井，1992）。

　一方で，労働者世帯の女性たちは，低賃金・長時間労働の中に投げ込まれることとなった。女性と子どもは単純労働者として工場労働に組み込まれていくと同時に，男性労働者より低賃金で働き，しかも，熟練度をそれほど必要としない機械制大工業のもと，いつでも男性労働者を代替できる存在として，男性労働者の賃金を抑制する効果をもつものとしても利用されることとなった。

［3］ 日本における資本制生産の確立

　日本の産業革命期にあたるものが明治維新の時代であるといわれている。この時代，明治政府の最大の課題は一日も早く近代国家として日本をつくり替えることにおかれた。

　1873年（明治6年），大久保利通を中心とする明治政府が本格的に始動すると，2年後の1875年（明治8年）には地租改正が，各地の農民による反対運動を抑えて断行される。この地租改正はイギリスの囲い込み運動と同様の効果を発揮した。明治政府は海外から最新設備を買い入れ，殖産興業を成功させるために地租改正によって，安定した税収を確保しようとした。これまで農民の保有地だったところに改めて所有権を与えて金納を課したが，実際には，あらかじめ取り立てるべき地租額を示し，これを下回ると知事が罷免されたり，必要経費をほとんど認めないなど，農民にとって圧倒的に不利な条件での課税であった。この地租改正は，松方デフレとあいまって，税を払えず土地を質入れしたり，

手放す農民たちが相次いだ。彼らは，土地を失ったことで土地から離れなければならなくなり，低賃金労働者として日本の資本主義体制の支え手となっていく（後藤，1987）。

　また，政治支配層や知識人たちは，「富国強兵」のために洋行から学んだ西洋的合理主義を次々に日本に導入した。福沢諭吉の『新女大学』（1899年）に示される良妻賢母思想や母乳による保育の奨励は，「富国強兵」のために国家が女性に対して「国家にとって有益な人材育成」を要求したもの，といっても過言ではない。明治後期には，公務労働，事務職，労働者が増加し，特に都市部に生活するこうした賃労働者の上・中層部分は，夫の俸給だけで生活できる主婦層をますます増大させていった。こうした階層に対する啓蒙において，海外から移入される新しい制度や思想と，前近代的な良妻賢母思想はけっして矛盾するものとはならなかった。例えば，むしろ，良妻賢母思想は，男性を主とし，女性を補助的なものとして女性労働をそのスタンス内に位置づけることに寄与し，国を挙げて資本主義化を進めるにあたり，堅持すべき思想だったのである。ミシンのシンガー社は1900年（明治33年）にはすでにアメリカから日本に進出しており，1906年にはシンガー裁縫女学院を設立している。こうした裁縫学校の設立は，明らかに女性たちを職業婦人として自立させることを目的としていたが，同時にミシンの習得は主婦として家族のための裁縫にも必要な「技能」とされ，さらには「必要とあらば就職して稼ぐ努力をすることによって，家族と社会に奉仕する」ことも理想的な良妻賢母の姿であるとされたのである（ゴードン，2013，29）。

　もちろん，主婦となるような生活を望むべくもない下層部分の労働者家庭では妻は夫と同じく家族を支える重要な働き手であったが，こうした女性たちは生産労働に加えて，さらに家事・育児をも担うという過酷な生活環境を強いられていた上に参政権も相続権を与えられないまま日本の近代化を最底辺で支えていくことになったのである。

　その後，第2次世界大戦の敗戦，日本国憲法の制定と民法改正を経て，日本の女性たちに初めて参政権が付与され，財産権，婚姻の自由といった権利が認

められた。その後も残存し続ける家父長制的支配との闘いは続いていくが，このような法制度上の権利が認められたことは女性たちに大きな力を与えることとなった。

［4］ 高度経済成長下の消費——個人的消費と共同的消費

①耐久消費財の普及と社会的共同消費の増大

　日本が，朝鮮特需を起爆剤として奇跡の復興を遂げた国として，アジア諸国の憧憬を集めた時期が高度経済成長期である。1950年代後半から始まる高度経済成長期，三種の神器と呼ばれた「冷蔵庫」「白黒テレビ」「洗濯機」といった耐久消費財の普及が急速に進んだ（図1-1）。これらの家電製品は家事労働時間を短縮させ，長時間労働や共働きへの平均的な対応手段として必要不可欠なものとなった。そのことがますますこれらの耐久消費財への需要を高めていった。

　都市部への人口集中は，公共住宅の建設をはじめ生活基盤インフラの整備の必要性を増大させた。一方，戦後直後に再開された労働運動や社会運動，高度経済成長期に表面化した環境破壊と，これに対する公害被害者の裁判闘争やこれを支援する市民の運動が，暮らしの中にあるさまざまな課題を次々と可視化していく。例えば，母親たちが中心となった保育所の建設運動や福祉の充実を求める運動などを通じて，子育てや介護の社会化が，労働の継続のためだけではなく，社会的存在としての人間にとって必要不可欠であることを社会に広く認識させることとなった。その意味で，高度経済成長期とは，家庭内で個々に行われる個人消費だけではなく，社会全体で所有し共同で消費を行う「共同的消費」の重要性が広く確認される時代でもあった。

②共同への希求：1960年代から70年代の保育所建設運動

　都市部では，「ポストの数ほど保育園を」をスローガンに保育所建設を求める声が高まっていった。このときの保育所建設運動は，単なる子どもの預け先としての空間の確保を意図したものにはとどまらなかった。

　当時，共同保育所の設立運動に携わっていた茂木敏博は次のように書いている。「六〇年代の保育を特徴づけてきた主導的理念は，いわゆる『集団主義保

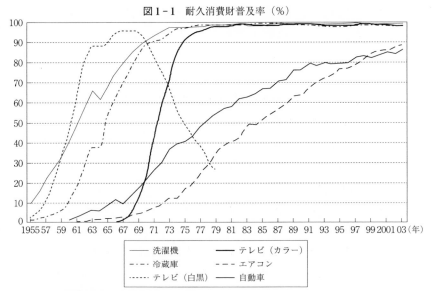

図1-1 耐久消費財普及率（%）

—— 洗濯機	—— テレビ（カラー）
-·-·- 冷蔵庫	- - - エアコン
········ テレビ（白黒）	—— 自動車

（出所）　内閣府『家計消費の動向』2004年より筆者作成。

育』理論というものだった，子どもは，子どもたちの集団の中で，さまざまな
社会性の萌芽を身につけていく，つまり，一人ひとりの子どもの生活の自立と，
集団生活の中での生活の自立，さらに一人ひとりの子どもの人格形成と集団の
中での人格形成を，いわば弁証法的に使用していく場が『保育園』であり，保
育者はそれを仲介する役割を果たさなければならない，という考え方である。
そういう保育観に立った六〇年代型保育運動は，高度成長の爛熟がもたらし始
めた，地域の子ども社会の崩壊という深刻な現象を横目でにらみながら，働く
母親たちの生活の保障と子どもの成長の保証を同時に実現していく場として，
一つの大きな時代のエポックを形成していったのである。(茂木，1985，45)」
資本制生産は，すべてを利潤獲得競争に巻き込み，資本の都合に合わせて労働
者の集団をつくりだすのであるが，それは皮肉なことに，資本制生産が破壊して
きたはずの平等性と共同性を求めるゾーン・ポリティコン〔ζωον πολιτικον；共
同体的動物，社会的動物〕としての本来の人間の姿を求める声を生み出していっ
たのである。

▶▶ *Column* ◀◀

「3歳児神話」その後

　すでに1999年のアメリカ労働省による大規模調査（National Longitudinal Survey of Youth）や，2001年に日本の国立精神神経センター精神保健研究所の菅原ますみらのグループが行った長期調査，また，厚生省による1998年の『厚生白書』によって，こういった言説が「神話」に過ぎないことは明らかになった。それでも，経済外的な財政支出を抑えたい政府の意向，そして，増税回避と，子育て後に戻ってくる女性労働者の不安定低賃金労働力としての活用を願う企業の論理とが結実し，この3歳児神話は現在もことあるごとによみがえってくる。1999年の世論調査では，女性の7～8割が，3歳児までの子育ての場所について，「主に，家庭（自宅）がよい」と答えている。この時，30代のみが7割を切っていたのだが，これは，30代の女性たちが保育所建設運動が盛んだった70年代に自分自身が保育を受けた経験をもつこと，また，子育てを経験中のこの世代が実際に子どもを保育園などに預けた経験をもつことによるものと考えられる。一方で，18～19歳の女性たちの8割近くが「主に，家庭（自宅）がよい」と答えている。3歳児神話の言説が形を変えて息を吹き返し，多様な生き方ができるはずの世代を含めて日本の女性たちに今もって強い呪縛を与えている様子がうかがわれる。

3歳児までの子育て（女性）

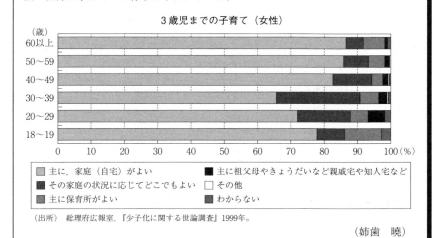

（出所）　総理府広報室，『少子化に関する世論調査』1999年。

（姉歯　曉）

③「24時間働ける」男性労働者とそれを支える専業主婦

　一方で，全国に保育所設立運動が広がっていったこの時期，こうした生活基盤インフラの整備を求める要求に対抗して，ある主張が政府とマスコミ一体で流布されることになる。3歳児神話である。まず，第1次池田内閣が打ち出した「人づくり政策」において，3歳児になるまでの生育環境が子どものその後の人生を決定づけるとの考え方のもとで「3歳児検診」が開始された。3歳児になるまでは母親が子育てをするべきであるとの意味を込めて，NHKアーカイブスで今日確認できるだけでも「こんにちは奥さん『三歳児とリズム体操』」(1970年)，「おかあさんの勉強室幼稚園・保育所『三歳児のしつけ』」(1978年)などの3歳児の教育に関する番組が組まれている。この時期の労働時間の長さは驚くべきものである。『労働白書』各年版によれば，1960年代の年間労働時間はおよそ2200〜2400時間と今と比べても約300〜500時間も長い。都市部のサラリーマン世帯の増加によって夫の給与で何とか家計を維持していける世帯が増えたこともあり，専業主婦も増えていった。そこに，この「3歳児神話」が広くいきわたっていく素地が存在していたといえよう。

　高度経済成長期は，長時間化する男性労働者の労働時間に圧迫される生活時間を，新しく行き渡り始めた家電とそれを使いこなす努力で補い，次世代の労働者となる子どもを育てる現代の良妻賢母としての専業主婦と，妻と子どもを養うために長時間労働をいとわない男性労働者という構図が固定化されていく時代でもあった。

第4節　新自由主義とはなにか

［1］新自由主義イデオロギーにいたる経済学的系譜

①古典派経済学

　資本制社会が基本的には利潤追求を是とする社会であることはすでに述べた。この利潤が労働者の労働から生み出されるもの（労働価値説）であることを明確にしたのが，『諸国民の富（国富論）』で有名な経済学の父アダム・スミ

ス（1723〜1790年）である。スミスは，資本主義の自律的自由を保障することこそが富の増大につながるとし，そのためには国家の関与をできるだけ排していくべきであると主張した。この考え方はスミスのあとを継いだデヴィッド・リカード（1772〜1823年）とともに「古典派経済学」と呼ばれている。

②近代経済学または新古典派経済学

　1870年代に入ると，古典派経済学を解体する形で3人の経済学者，レオン・ワルラス（1834〜1910年），ウイリアム・ジェボンズ（1835〜1882年），カール・メンガー（1840〜1921年）が時を同じくして別々に同様の理論を発表する。それが「限界効用価値論」である。この考え方は，買い手にとっての満足度で商品の価値が決まるという効用価値説をさらに発展させたものである。その中身は，第1に「限界効用は消費量の増加とともに低下するという限界効用逓減の法則」であり，第2に「一定の貨幣所得から最大の効用をうるように消費するためには，各用途の貨幣単位当たりの限界効用を均等にすればよいという限界効用均等の法則」である（鶴田，2001，18）。

　この3名の経済学者が打ち立てた考え方が「近代経済学」または「新古典派経済学」と後に呼ばれるものである。その内容を単純化すれば，資本主義経済の中にある個人を社会から切り離して，まったくの「個人」と「個人」との関係性を観察したものである。一方，周期的な恐慌の発生と貧困の発生，労働者と資本家の間の闘争が激化する中で，資本制生産の秘密（マルクス，1965＝1867，715-726）[4]を解き明かそうとしたものがマルクス経済学であった。マルクス経済学は労働価値説を発展させ，「近代社会の経済的運動法則」[5]の解明を目指した。近代経済学の視点が歴史段階や社会関係と切り離された個人と個人との関係に向けられているのに対して，マルクス経済学では，「主観的にはどんなに諸関係を超越していようとも，社会的には個人はやはり諸関係の所産」（マルクス，1965＝1867，11）と見る。

③制度派経済学

　アメリカの経済学者，ソーンスタイン・ヴェブレン（1857〜1929年）をはじめとする制度学派は，人類史の各段階で社会関係が個人の消費行動を規定づけ

ると考えた。その上で，資本制社会の制度としての欠陥こそが現代社会の諸問題の根源であることを示そうとしたのである。

　ヴェブレンが生きた時代のアメリカでは，資本制生産が大成功をおさめ，一部の独占資本に巨額の儲けが集中していた。銀行，鉄道，倉庫業者などの独占企業は，1884年の恐慌で苦しむ農民からも，容赦なく生活の糧を奪い取っていった。農民運動や労働運動が各地で激化し，それを取り締まる政府や資本家との闘争が続いていた。独占企業のトップの，怠惰でぜいたくな暮らしを目の当たりにしたヴェブレンは，『有閑階級の理論』（1899年）を著し，その中で生産にたずさわらない上に，働かないことをむしろ見せびらかすための消費を行う「非生産的有閑階級」を分析して見せた（小原，1982）。ヴェブレンは社会関係から切り離された個人を想定した新古典派の分析手法では，資本制社会における消費の問題を解き明かすことはできないと感じていたのである。ヴェブレンは，女性の動きにくいスカート，多くの召使い，僧侶の引きずるほどに長く全身を覆う法衣などは，生産的労働を行わないことを顕示しており，資本制社会における競争関係がもたらすこのような顕示的消費（Conspicuous Consumption）は浪費であると説明する。この考え方は，のちにジャン・ボードリアールに受け継がれて記号的消費の理論として消費社会論の基礎を形成し，また，ヴェブレンの研究でも知られる宇沢弘文氏の「社会的共同消費」の理論へと継承され，展開されていくことになる。

　④ケインズ経済学

　一般には有効需要政策を唱えたことで知られるジョン・メイナード・ケインズ（1883〜1946年）は，資本制経済の維持のためには積極的な公的介入が必要であることを説いた経済学者である。ケインズは，特に，金持ちは概して消費ではなく貯蓄を好む傾向があるので，富裕層の所得上昇はストレートに投資の増加にはつながらないとして，豊かな社会の貧困を説明しようとした。ケインズもヴェブレンの影響を受けており，新古典派批判を行った。ケインズによれば，政府の役割は完全雇用政策と経済活動への積極的関与による安定性の確保であった。したがって，ケインズの理論は政策論でもあり，実際にアメリカの

ニューディール政策の理論的根拠となったのである。

　⑤新自由主義（ネオリベラリズム）

　ケインズと同じく，政策立案に深く関与した経済学者がミルトン・フリードマン（1912〜2006年）である。フリードマンはケインズ政策に強力に反対し，一部の政府が行うべき機能を除いて，かつて古典派が主張した「見えざる手」にすべてを任せるべきであると主張した。フリードマンは，資本制経済の内部に不安定性や矛盾が存在するのではなく，政府の誤った政策がゆえに恐慌も大量失業も発生するのであって，政府の介入を減らすことこそが安定性を保つ道であると考えた（フリードマン，2008）。また，貨幣数量説[7]を主張し，その考え方は日銀の黒田東彦総裁（2021年1月現在）の主張の根幹を形成している。フリードマンの主張に共感する研究者グループはシカゴ学派とよばれ，新自由主義を推進する一大勢力を形成している。

[2] 新自由主義イデオロギーと現代の諸問題

　ナオミ・クラインは，ベストセラー『ショック・ドクトリン』（2007年）のなかで，フリードマンが，クーデターやハリケーン，戦争などの惨事が起き，人々がショック状態に陥っている間に，それまで労働組合や市民団体の反対に阻まれ実行することができなかった市場原理主義的政策を推し進めることを進言し，現実にこれらの政策を実行したと非難した。新自由主義への批判を展開しているアメリカの地理学者デヴィッド・ハーヴェイ（2007, 10）は「新自由主義とは何よりも，強力な私的所有権，自由市場，自由貿易を特徴とする制度的枠組みの範囲内で個々人の企業活動とその能力とが無制約に発揮されることによって人類の富と複利が最も増大する，と主張する政治経済的実践の理論である。国家の役割は，こうした実践にふさわしい制度的枠組みを創出し維持することである」と定義づけている。

　一例を挙げれば，派遣法改定を通じた不安定雇用の増大，食料の輸入をさらに自由化して国内の農業に多大な影響を与えることになるFTA（自由貿易協定）の推進，社会保障費を削減し，民営化を推進する政策などはいずれも新自

由主義政策に位置付けられる。

　1980年代から新自由主義政策が政治路線の中心になってくると同時に表面化した問題が「社会的排除」である。低賃金・不安定就業によるワーキングプアの問題や正規労働者との分断，医療や福祉といった公的サービスからの排除，多国籍企業によって農地から追い出される人々，債務の返済が滞り家を追われる人々，奨学金という名の学資ローンによって卒業時には返済できないほどの借金を抱える学生たちなど，いずれも「社会的排除」である。

　COVID-19によるパンデミックの発生で，世界中でこれまでのこうした新自由主義政策を見直すよう求める動きが高まっている。イタリア，スペイン，アメリカ，ブラジル，ロシアといった国々で発生した医療崩壊は新自由主義政策のもとで医療関係予算を削減してきた結果であるとの声が高まっている。倉庫や工場，医療現場で働くフロントラインワーカー（パンデミックの中，最前線で社会を支える労働に従事する労働者＝エッセンシャルワーカーともいう）の労働条件をめぐる問題が改めて浮き彫りになった。コロナ禍では非正規労働者が真っ先に解雇されたが，その中にはシングルマザーの世帯も数多く含まれていた。感染率，死亡率が人種，地域によって大きく異なることも，差別，貧困の問題を浮き彫りにした。日本ではコロナ禍での女性の自殺者増にも注目が集まっている。

　コロナによって食料の安定供給への懸念が世界的にも高まっている中，食料自給率が37％（カロリー自給率，2020年）と過去最低にまで落ち込んだ日本のリスクの大きさを感じている国民も多い。これからの持続可能な社会をどう構築していくべきなのか，私たちは岐路に立たされている。

　（考えてみましょう）

　①資本制生産の生産の特徴は，生産の目的を利潤の獲得においていることである。「食べたいので魚をとる」「乗りたいから車をつくる」といった場合とくらべて，「儲けを得るために魚をとったり，車をつくったりする」資本制生産ではどのようなことが起こる可能性があるだろうか。私たちが今日直面している問題を思い浮かべながら考えてみよう。

②さまざまな学説の中から興味がもてるものについてさらに深く学んでみよう。

注

(1)　この時代区分については，研究分野および研究者によって見解が大きく異なる。ここでは，石器をつくり，洞窟に絵を描くなど芸術作品も残した現生人類の出現から金属器を使い始めて生産性が飛躍的に伸び始め，貴族階級などの階級制度が見られるようになるまでの時期を想定している。以後，すべての時代区分の設定は「世界の歴史」編集委員会『もういちど読む山川世界史』山川出版社，2009年を参照している。

(2)　この時代区分については，アテネの奴隷制の確認および古代ローマ帝国の成立から476年に西ローマ帝国が滅ぶまでを想定している。

(3)　ここでは，西ローマ帝国の滅亡を起点として，封建制から資本主義への過渡期にあらわれた絶対王政が資本主義の芽を育て，イギリスで産業革命が始まるまでの時代を想定している。

(4)　資本主義社会における経済システムには表面上ではわかりにくい点も多い。例えば，賃金は一見すると「働いた分だけ受け取っている」と考えがちだが，そうであれば働いて生み出す商品の価値分をすべて労働者が所有することになる。では労働者を雇う資本家はどこから彼らの莫大な所得を得るのであろうか？　マルクスは賃金の支給方法によってさらに秘密が深まり，賃金が何によって決まるのかがわかりにくくなることを「出来高払い（例えば内職をイメージしてもらうとよいかもしれない）」の事例で説明している。

(5)　商品の価値はその商品を生産するために必要とされる労働力によって決まるのであって，新古典派経済学がよく引き合いに出す「需要と供給」とは，こうしていったん決まった商品の価値が，商品の過不足によって上下に変動する要因として作用するにすぎないとする理論。

(6)　単なる需要（ニーズ）だけではなく，そのニーズを実現できるだけの支払い能力を伴うニーズのことを指す。いくらプール付きの豪邸を欲する消費者がいても，それを購入することができるだけの所得がなければ，その消費者のニーズはただの憧れに終わり，決してプールも豪邸も購入されることはない。したがってそのような需要は「有効性」をもたないというわけである。

(7)　他の条件が同じであれば，市場に出回る貨幣数量が変化すると，物価水準がこれに比例して変化するとする説。これによれば，物価を上昇させようとすれば，日銀が市中にマネーをどんどん流していけばよいということになる。

（姉歯　曉）

<table>
<tr><td>第2章</td><td>家族・世帯，ライフコース
──その変化と今後の展望</td></tr>
</table>

《本章のねらい》

　家族のあり方の変化，少子高齢化や世帯規模の縮小等が進む中，私た
ちの生活は大きく変容してきました。もちろん，生活に不可欠な経済活
動と個人・家族・世帯のかかわり方も変化してきています。本章におい
ては，生活経済に大きな影響を及ぼす家族や世帯，生き方がどのように
変化してきたかを示すとともに，今後はどうなっていくのか，その方向
性についても考えていきます。

Keywords▶家族，世帯，ライフコース，ジェンダー，個人単位の福祉

第1節　生活経済の単位としての個人と家族・世帯

　家族は社会の最小単位であるといわれる。その一方で，家族をもたない単独
世帯が増加の一途にある。また，同居する家族員がいても，家族単位での生活場
面は減少しつつある。そのような現状において，家族・世帯の前にまず個人の
あり方について見ていく必要があるだろう。そこで本節においては，生活経済
の単位である個人，家族・世帯の現状について，基礎的な部分をおさえていく。

1　人口，個人，そして個と個のつながり方

①少子高齢人口減少社会の到来

　2005年，総務省統計局が「平成17年国勢調査」の速報人口を公表する中で，
「1年前の推計人口に比べ2万人の減少，わが国の人口は減少局面に入りつつ
あるとみられる」とし，「人口減少社会」という言葉が注目を浴びた[1]。それは
とりもなおさず，生まれてくる子どもより亡くなる人の数のほうが多くなった

ということである。

　医療の進歩から平均寿命は延び，2019年時点で日本人の平均寿命は，女性87.45歳（世界第 2 位），男性81.41歳（世界第 3 位），と過去最高を更新している。[2]その一方で，合計特殊出生率[3]は人口を維持できる人口置換水準とされる2.07を大きく下回る状況が続いており，2019年の人口動態統計（厚生労働省）によると，1.36と 4 年連続で低下している。平均寿命は延びたとはいえ，高齢者人口が増加したことで，年間の死亡者数は増加しており，2019年には137万6000人である。それに対して2019年の出生数は前年よりも 5 万3166人少ない86万4000人となり，1899年の統計開始以来，初めて90万人を割り込んだ。[4]その結果として，人口減少が続いている。

　②人口構成の変化

　少子高齢化が進展する中で，年齢別に人口を示す人口構造図は大きく変化してきた。世界各国どの国でも「多産多死」の時代は「ピラミッド型」であることから，「人口構造図」を「人口ピラミッド」という。

　図 2 - 1 は1920年と2015年の人口ピラミッドを国勢調査のデータによって描き，比較したものである。1920年の人口構造図は，多産多死の人口構造で，裾が広く上が狭まったまさに「ピラミッド型」である。その後，出生率，死亡率が低下し，図では示さないが，高度経済成長期に当たる1960年の人口構造図は当時10～15歳の第 1 次ベビーブーム世代（団塊の世代[5]）が膨らみ，その下の世代が減少したため裾が狭まる「釣り鐘型」になっている。その後に出生率が一時期上昇したものの，さらにその後は人口置換水準を下回る出生率が続いて，2015年の人口構造図は40～45歳（第 2 次ベビーブーム世代）と65～70歳（第 1 次ベビーブーム世代）の 2 つの年齢階層が膨らみ，裾が狭まった「つぼ型」になっている。

　人口構造が社会に与える意味を考えるためには，総人口に対する「生産年齢人口」（15～64歳人口）や，従属人口である「年少人口」（0～14歳人口），「老年人口」（65歳以上人口）の割合について見ていく必要がある（図 2 - 2）。1950年からの推移を見ると，人口が増加から減少に転じる中，「年少人口」割合も「生産

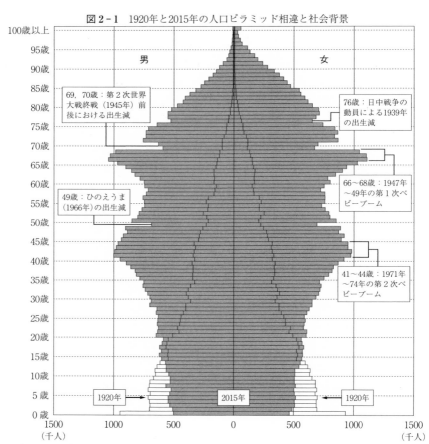

図2-1　1920年と2015年の人口ピラミッド相違と社会背景

（グラフ内のラベル）

男　　女

69, 70歳：第2次世界大戦終戦（1945年）前後における出生減

76歳：日中戦争の動員による1939年の出生減

66～68歳：1947年～49年の第1次ベビーブーム

49歳：ひのえうま（1966年）の出生減

41～44歳：1971年～74年の第2次ベビーブーム

1920年　　2015年　　1920年

（注）「平成27年（2015年）国勢調査（抽出速報集計）」（総務省統計局）。
（出所）総務省統計局「人口ピラミッド」から日本の未来が見えてくる!?～高齢化と「団塊世代」，少子化と「団塊ジュニア」～，統計 Today No. 114，2016年。

年齢人口」割合も低下，「老年人口」の割合が相対的に高まりつつある。かつては「生産年齢人口」は「年少人口」，つまり子どもを支える必要があったが，子どもより圧倒的に多い「老年人口」を減りゆく「生産年齢人口」で支える構図になってきている。

③高齢化の現状

　高齢者が増えるにしたがい，65歳以上を高齢者とまとめて議論することには

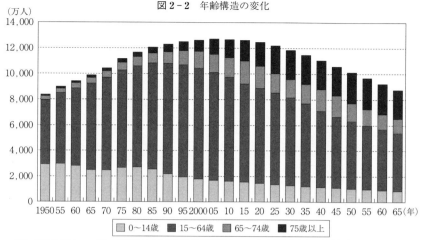

図2-2　年齢構造の変化

（注）　高齢化率については，2015年までは総務省「国勢調査」，2017年は総務省「人口推計」（平成29年10月1日
　　　確定値），2020年以降は国立社会保障・人口問題研究所「日本の将来推計人口（平成29年推計）」の出生中位・
　　　死亡中位仮定による推計結果である。
（出所）　内閣府「高齢化の推移と将来推計」（2018年）より筆者作成。

無理が生じてきた。一般的には65〜74歳を前期高齢者，75歳以上を後期高齢者という。図2-3は前期高齢者と後期高齢者の推移を示したものである。高齢者全体の数が増える中，特に後期高齢者の割合が増えており，2020年には前期高齢者数を後期高齢者数が上回ることが予想されている。介護を受けたり寝たきりになったりせず日常生活を送れる期間を示す「健康寿命」は，2016年の時点で男性72.14歳，女性74.29歳であった（厚生労働省発表）。そこから考えると，後期高齢者の増加は介護を要する高齢者の増加を意味する。また図では示さないが，平均寿命の長い女性の高齢者人口が，特に後期高齢者で多い。高齢者問題は女性問題であるといわれるゆえんである。社会全体で支える仕組みのさらなる拡充が望まれる。

　高齢化率は地域格差も大きい。2015年の高齢化率全国平均は26.6％，都道府県別に見ると高いほうから秋田県（33.8％），高知県（32.9％），島根県（32.5％）と続き，少ないほうは沖縄県（19.7％），東京都（22.7％），愛知県（23.8％）となっている。2045年の推計値は全国で36.8％，1番高くなることが予想されて

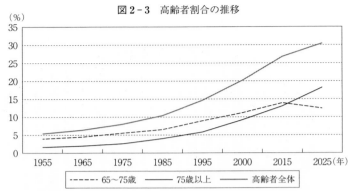

図2-3　高齢者割合の推移

(注)　高齢化率については，2015年までは総務省「国勢調査」，2017年は総務省「人口推計」
（平成29年10月１日確定値），2020年以降は国立社会保障・人口問題研究所「日本の将
来推計人口（平成29年推計）」の出生中位・死亡中位仮定による推計結果である。
(出所)　内閣府「高齢化の推移と将来推計」（2018年）より筆者作成。

いるのは，2015年現在トップの秋田県で50.1％，それに青森県（46.8％），福島
県（44.2％）と続く。また，高齢化率が低いことが予測されている上位３都道
府県は東京都，沖縄県，愛知県で，並びこそ違えど2015年と同じ都道府県であ
るが，１番割合の低い東京都でも30.7％と３割を超えることに注意を要する。
町村で見ればすでに高齢化率50％を超える自治体は数多い。地方の過疎化，限
界集落化は進むばかりである。東日本大震災の被害，特に原発事故の影響を受
けた地域で，避難した若い世代が戻らず，高齢者ばかりというような事例もあ
る。地域における支え合いを進めようとするのであれば，これ以上過疎化が進
(8)
まないよう，首都機能を分散化させる必要があるのではないだろうか。

２　家族，世帯の定義とそれらを取り巻く問題

①家族の定義と役割・機能

　家族についての法的な定義はない。一般的な家族社会学の教科書などでは，
(9)
「夫婦関係を基礎とし，親子・きょうだいなど少数の近親者を主要な構成員と
する，感情融合に支えられた，第一義的な福祉追及の集団」と定義されている
（森岡，1957）。現在では，家族同士だとお互いに思っていること，いわゆる「同
一家族意識」（ファミリー・アイデンティティ）を家族であることの条件とする考

え方が普及している。

　家族の機能，役割の変化についてはさまざまな議論があるが，ここでは家族機能縮小論を取り上げたい。例えばオグバーン（Ogburn）は，近代工業が発展する以前の家族には，①生産単位としての経済機能，②メンバーを社会的に位置づける地位付与の機能，③子どもに基礎的・専門的な知識や技術を伝える教育機能，④家族メンバーの生命・財産を守る保護機能，⑤日常的な信仰活動を通じて家族メンバーの精神的安定と結束を図る宗教機能，⑥家族全体の安らぎを図るレクリエーション機能，⑦家族メンバー同士の慈しみや思いやりといった愛情機能，の7つがあったとみた。だが，当時の統計資料を検討した結果，工業化の進展に伴って，愛情機能以外の6つの機能は家族の中で衰退するか社会の中の専門機関や制度に吸収されつつあると指摘した（Ogburn, 1933）。一方，オグバーンの指摘ののち20年を経て，バージェスとロック（Burgess and Locke, 1945）は社会・経済的諸条件とイデオロギーの変化に伴う家族の変化を分析して，家族の理念は，しきたりや世論や法律などで拘束され，社会的圧力によって規定された「制度的家族」から，メンバー相互の情愛や信頼によって結ばれる「友愛的家族」に変質していくとみた（石川, 1997）。家族が生産の単位でなくなることにより，生活のため，生きていくために必須ではなくなり，その意義は愛情機能や精神的な安定へとシフトしていったといえるだろう。しかしその一方で，幼児・児童虐待やDVの報告事例は後を絶たない。それらを生み出す社会背景を解明し，今以上の予防策を講じることが求められる。

　②世帯の定義と現代の世帯構造

　世帯とは，親族以外の人々をも含んだ同居人・生計同一者の集合体をいう。家族とは違う概念であるが，日本では家族員数を直接調査した統計はない。1920年から5年に1度実施されている国勢調査でも，家族単位でなく世帯単位の統計調査が行われてきた。

　世帯構造の変化は図2-4に示したとおりである。単独世帯は増加の一途，3世代世帯は減少の一途であり，核家族世帯（夫婦と未婚の子，母親と未婚の子，父親と未婚の子，夫婦のみ）は微減傾向である。したがって，核家族は6割弱で

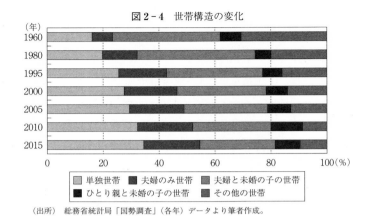

図2-4　世帯構造の変化

（出所）　総務省統計局「国勢調査」（各年）データより筆者作成。

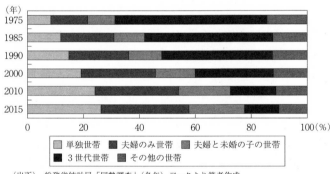

図2-5　65歳以上の高齢者を含む世帯の世帯構成

（出所）　総務省統計局「国勢調査」（各年）データより筆者作成。

１番多い世帯構造であるが，「核家族化」が進んでいるとはいえない。ただし，図2-5に示したとおり，65歳以上の高齢者を含む世帯を見ると，夫婦のみの核家族世帯は増えている。これは，かつては高齢期になると子どもや孫たちと同居して３世代世帯になった高齢者層が，子どもや孫世帯と同居しなくなったためである。なお，核家族世帯で，子どもが30歳台以上の割合は近年高まってきている。1990年代には，パラサイトシングルといわれる独身で働いて十分な収入を得つつ，そのお金は自分のために使い，親と同居し家事全般をやってもらう30歳以上の子ども世代の増加が話題となったが，近年は７０４０問題，

【凡例 図2-4】単独世帯　夫婦のみ世帯　夫婦と未婚の子の世帯　ひとり親と未婚の子の世帯　その他の世帯

【凡例 図2-5】単独世帯　夫婦のみ世帯　夫婦と未婚の子の世帯　３世代世帯　その他の世帯

40

<ruby>8<rt>ハチマル</rt></ruby> <ruby>050<rt>ゴーマル</rt></ruby>問題などといわれる，70歳台（80歳台）の親とその親に経済的にも生活も依存するひきこもりの40歳台（もしくは50歳台）の子ども世代の問題がクローズアップされるようになってきた。ただでさえ生産年齢人口が減少している昨今，社会的に自立できない若者から中年世代をいかにしてなくすかは，大きな社会的課題である。

第2節　家族・世帯・ライフコースの変容

　家族や世帯，それとリンクする人々のライフコースの変化は大きいにもかかわらず，序章でも取り上げたように家族を福祉の含み資産とする見方，性別役割分業意識などは依然として変わらないところに多くの問題が生じている。本節においては，家族，世帯，ライフコース等の変化と，社会規範や制度等の乖離から生じる問題について考える。

1 結婚の変容

　晩婚化，非婚化が進み，生涯未婚率[10]も上昇し続けている（図2-6，図2-7）。日本の場合は，法律婚をしているカップル以外からの出生である婚外子の割合が低い[11]が，長らく1％前後であったものが2％を超えるようになり，増加の兆しが見られる。世界を見れば同性同士の結婚が認められる国も増えてきている。また，法律婚より簡単に結べ，片方の意志により解消も可能であるパートナーシップ制度[12]が存在する国もある。フランスでは，PACS（連帯市民協約）といわれるパートナーシップ制度の普及で合計特殊出生率が高まったと報告されている。近年，先進国においては，女性の社会進出が進んだ国ほど合計特殊出生率が高い傾向にあり，後述のように男女の不平等度が高い日本においては，合計特殊出生率は低いまま改善の見通しが立たない。少子化を問題視する一方で不妊治療が受けにくい，治療費が高いといった問題点もある。親元で生活できない子どもたちを施設ではなく，家庭的な環境で育てることが大切であるということがいわれつつ，進まぬ養子縁組や里親制度についても見直す必要があろう。

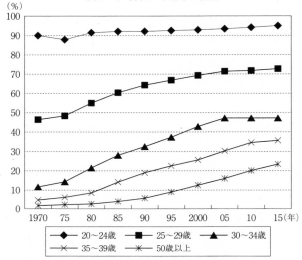

図2-6　男性の未婚率の変化

（出所）　総務省統計局「国勢調査」（各年）データより筆者作成。

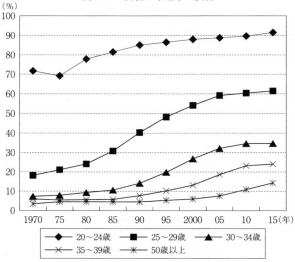

図2-7　女性の未婚率の変化

（出所）　総務省統計局「国勢調査」（各年）データより筆者作成。

　パートナーとの暮らし，家族や子どもをもつことを多様な形で支えていくことが求められているのではないだろうか。

２　世帯の変容——追いつかない意識と制度

　日本において性別役割分業は中世から存在するが，「近代家族」の形（核家族，性別役割分業，友愛家族）が確立したのは高度経済成長期以降であり，特に1975年前後にその傾向が最も強かった。

　日本の場合，核家族率は1920年にすでに54.3％と過半数であったが，1955年頃から急激に上昇，1975年の63.9％を頂点に緩やかに下降している。

　第2次世界大戦後を見ると，1963年に離婚率が0.73（人口1000人に対して）と最も低く，また専業主婦率も高かった（1980年がピーク）。その当時の合計特殊出生率は2.0前後であり，最も一般的であった夫婦と未婚の子ども2人の世帯，その中でも特に妻が専業主婦の世帯は「標準世帯」といわれた。現在は合計特殊出生率が1.5を切っており（2019年1.36），未婚率も高まっているが，「標準世帯」の考え方は意識レベルにも，社会のしくみの中にも残存している。

　標準世帯時代の社会の仕組みとしては，①皆が結婚する「国民皆婚社会」であり，離婚率が低いこと，②右肩上がりの経済。会社中心社会。会社や職場・職業を通じた社縁・職縁の強かった時代であり，大企業のサラリーマンであれば夫の収入で一家を養うことができる「家族賃金」が保障された，③専業主婦率の高さ。長時間労働をする夫を妻が家庭で支える，「内助の功」が求められた時代，④家族単位の税・社会保障の仕組み，⑤家族が福祉の含み資産であること，つまり女性（妻・嫁）が家事・育児・介護を一手に引き受けることが前提とされていたこと，などがある。しかし前述のとおり，未婚率の上昇，単独世帯の増加，世帯規模の縮小，女性の就業率の上昇などが進んでいるにもかかわらず，性別役割分業にかかわる意識や現状は変わらず，また個人の生活保障がなされていないため，問題が噴出してしまっている。

③ ライフサイクルからライフコースへ

　ライフサイクルとは，出生から死まで，就学や就職，結婚，第1子出生，末子出生，第1子就学，末子就学，末子大学卒業，末子結婚，配偶者の死等のライフイベントが何歳時に起こったかを示すもので，一般的にはある年に生まれたコーホート（同時発生集団）別にモデルとして示すものである。それに対してライフコースとは，ある個人の人生行路を示すもので，個人の生き方そのものを描くものである。

　「標準世帯」が多い1970年代後半においては，女性の生き方は学校を卒業して数年働き結婚退職，20歳台後半に2～3年の間隔で2人の子どもを産み，子どもの手がかからなくなったらパートタイマーとして働くといったパターンを取ることが一般的であった。したがって，女性の平均的なライフサイクルを描くことに意味があったし，多くの人がそれに近い年齢で同様のライフイベントを経験していた。しかし，未婚・非婚率が高まり，結婚や出産といったライフイベントを経験しない人が増加している。また，結婚する人には離婚を経験する人も増え[13]，結婚が1回であることを前提としたライフサイクルでは自身の人生を示せない人が増えてきている。

　もともと，1970年代のアメリカにおいて離婚率の高まりを背景としてライフコースの考え方が生まれたが，未婚率の上昇も手伝って日本でもライフコースの考え方で一生をとらえる必要が出てきた。

　世帯単位，夫婦単位ではなく，個人単位の生活を支える社会制度の必要性がそこからもうかがえるであろう（第6章コラム参照）。

④ ジェンダー構造がもたらす不平等と世代間連鎖

　格差・貧困が注目されるようになり久しいが，日本は男女の不平等度も非常に高い。世界経済フォーラム（WEF）により発表された「ジェンダー・ギャップ指数2020」[14]をみると，調査対象153カ国中121位で過去最低となった。特に低い水準なのは経済と政治である。経済の分野では，男女の収入格差，専門職や技術職で女性が少ないこと，女性の管理職の割合の低さが反映されている。政

表 2 - 1　母子世帯と父子世帯の状況

	母子世帯	父子世帯
1．世帯数（推計値）	123.2万世帯（123.8万世帯）	18.7万世帯（22.3万世帯）
2．ひとり親世帯になった理由	離婚79.5%（80.8%） 死別 8.0%（ 7.5%）	離婚75.6%（74.3%） 死別19.0%（16.8%）
3．就業状況	81.8%（80.6%）	85.4%（91.3%）
就業者のうち正規の職員・従業員	44.2%（39.4%）	68.2%（67.2%）
うち　自営業	3.4%（ 2.6%）	18.2%（15.6%）
うち　パート・アルバイト等	43.8%（47.4%）	6.4%（ 8.0%）
4．平均年間収入 　（母または父自身の収入）	243万円（223万円）	420万円（380万円）
5．平均年間就労収入 　（母または父自身の就労収入）	200万円（181万円）	398万円（360万円）
6．平均年間収入 　（同居親族を含む世帯全員の収入）	348万円（291万円）	573万円（455万円）

（注）　1：（　）内の値は，前回（平成23年度）調査結果を表している。
　　　　2：「平均年間収入」及び「平均年間就労収入」は，平成27年の1年間の収入。
　　　　3：集計結果の構成割合については，原則として，「不詳」となる回答（無記入や誤記入等）がある場合は，
　　　　　分母となる総数に不詳数を含めて算出した値（比率）を表している。
（出所）　厚生労働省，2017a，「2016年度全国ひとり親世帯等調査結果の概要」。

治分野では，女性の閣僚や議員の少なさが顕著である。

　それらの背景にあるのが男性中心社会であり，社会経済の隅々にまで浸透している性別役割分業の構造と意識である。

　「相対的貧困率」とは，等価可処分所得（世帯の可処分所得を世帯人員の平方根で割って調整した所得）の貧困線（中央値の半分）に満たない世帯の割合である。1990年代以降増加傾向にあったが，2016年調査において減少したことが報告された。**表 2 - 1** は，「2016年度全国ひとり親世帯等調査結果の概要」から，母子世帯と父子世帯の状況について示したものである。また，図表には示さないが，ひとり親世帯の子どもの貧困率は50.8%という高さであり，その中でも母親が非正規で働く母子世帯の相対的貧困率は60%を超えることが示されている。父子世帯の収入は母子世帯より高いが，子育て世帯の平均年間収入683.2万円と比較すると少なく，子どもを一人で育てながらそれまで通りの働き方がしづらいことがうかがわれる。非正規で働く母親は，少しでも収入を多く得るために

アルバイトやパートを掛け持ちしているケースも見られる。その結果，母親は子どもと充分に関わる時間がもてなかったり，子どもはアルバイトや家事などで勉強する時間が充分に取れず，学力にも影響，進学できず将来の低賃金労働につながる恐れ，貧困が連鎖してしまう懸念が出てくる。教育費の無償化や就業における男女の不平等の是正等が必須である。

第3節　従来の家族を超えて

「国民皆婚社会」も今は昔。家族をつくること，維持することが難しくなった。そのような時代だからこそ，家族をつくりたい人，家族はいないけれども助け合える仕組みをつくりたい人をサポートする体制が求められている。

1 多様な家族のあり方を認め，社会に包摂する

結婚すべき，離婚してはいけないと考える割合が減少してきているために，未婚率や離婚率が上昇している面もあるが，その反面，結婚したくてもできない，晩婚ゆえに子どもをもちたくてももてないケースも増えてきている。また，カミングアウトする人は少ないが，LGBTQ などといわれる性的マイノリティも一定数存在する。[15]家族になりたい，家族をもちたい人々の多様なニーズを保障する柔軟な対応が必要なのではないか。里親ファミリーホームの制度ができ，順調に数が増えてきていることなどは評価できるが，真剣に子どもをもちたいカップルが子育てできるよう，そして親元で生活できない子どもたちに家庭的な環境が保障されるよう，さらなる改善が望まれる。

2 新たなコミュニティの形成に向けて

血縁だけでなく，地縁も弱化がいわれて久しい。地縁を取り戻すために町内会参加率を上げること，民生委員制度[16]の見直しなどが叫ばれるが，それをノーと考える人が増えたからこそ，現状があるのだと考える。したがって，地域で安心して安全に暮らすためのガバナンス，例えば，防犯防災に特化した意見交

換を適宜行い，その意見が地域づくりに反映される仕組みになっていれば，そこから居住者同士の良好な関係性や信頼関係が育まれる可能性があるのではないか。

　コミュニティをつくる，あるいはコミュニティ機能のある住まい方として，コレクティブハウジング（生活空間と生活の一部をともにする住まい方），シェアハウス，寮，共用空間の充実したマンションや施設等がある（嶋崎，2013）。単独世帯が多く，また世帯規模が小さい上に地縁が希薄な地域が多いため，なおさら近隣に住む人をよく知っていて，関わり合える状況であれば心強く，孤独を感じずにすむ。コミュニティ機能のある住まい，特にコレクティブハウジングであれば，ともに食事を作るなどさまざまな作業をする中で，共用空間で時間をともにする中で，自然に相手を知り，関わり合える。コミュニティ機能のある住まいの形は，これからの家族，地域にとり，安全に安心して生活するためのひとつの選択肢になりうるのではないだろうか。

　高齢化がますます進展する中で，地域で単身であってもよりよく生きるためには，自助・共助では限界がある。自宅で生きるにせよ，施設で生きるにせよ，その生活と社会資源やサービスをつなげるためにソーシャルワーカーがより活躍できるようにすることも必要であろう。従来の家族を超えて，人と人とが支え合う新たなコミュニティを形成するためにも，世帯単位でなく，個人単位の福祉が実現されることが望まれる。

（考えてみましょう）
①自分が将来もちたい家族の形や生活のイメージについて出し合い，どうしてそう思うのかを考えてみよう。
②コミュニティ機能のある住まい方の経験について出し合ってみよう。また，そのような住まいで生活する場合のメリット・デメリットについて考えてみよう。

注
(1)　2009年の時点では総務省統計局は実際に人口減少の局面に入ったのは2008年であると推定していた。また，その後「2010年国勢調査」の結果をもとに改定された人口推計によると，日本の人口は2007年から2010年まではほぼ横ばいで推移していた

ものが2011年に26万人の減少となり，その後の月別でも相当数の減少が続いていることから，2012年1月の時点で統計局は2011年が「人口が継続して減少する社会の始まりの年」と言えそうだとしている。

(2) 2020年7月厚生労働省発表の「簡易生命表」より。なお，1位は男女とも香港で，女性は88.13歳，男性は82.34歳であった。

(3) 合計特殊出生率（total fertility rate：TFR）とは，人口統計上の指標で，一人の女性が出産可能とされる15歳から49歳までに産む子どもの数の平均を示す。

(4) 厚生労働省「令和元年（2019）人口動態統計の年間推計」より。

(5) 第2次世界大戦後の1947～1949年頃に生まれた世代をいう。他世代に比較して人数が多いことから，団塊の世代ともいう。また，その子ども世代が生まれた1971～1974年を第2次ベビーブームという。第1次ベビーブームの出生数のピークが270万人であったのに対して，第2次ベビーブームは210万人であった。

(6) 65～74歳を前期高齢者（ヤングオールド），75～84歳を中期高齢者（ミドルオールド），85歳以上を後期高齢者（オールドオールド）ととらえる見方もある。

(7) 2018年の3月に後期高齢者数が前期高齢者数を上回ったとする説もある。出所：「ついに『前期高齢者』を上回った『後期高齢者』の人口」，インプレスHP「シニアガイド」。

(8) 例えば，福島県飯舘村は，2015年の国勢調査によると高齢化率100％である。

(9) 親族に関しては民法725条により，「6親等内の血族，配偶者，3親等内の姻族」を親族とするという定義がある。

(10) 50歳の時点で結婚経験がない人の割合をいう。

(11) 法律婚と事実婚の間の形ともいえる，パートナーシップ制度がないことが大きく影響している。

(12) 日本では，条例などの形で東京都世田谷区，渋谷区，北海道札幌市等で，同性パートナーシップ制度が施行されている。異性間のパートナーシップについては2019年1月29日に千葉市で宣誓証明書の交付が始まった。ただし，諸外国のように国や地域として公式に認め，法律上の効果を有するものではないのが現実である。

(13) 普通離婚率に関しては2002年を頂点に減少しているが，普通離婚率とは人口1000人当たりの離婚件数で示されるので，未婚者の増加により数値が低く出ている。

(14) ジェンダー・ギャップ指数（Gender Gap Index：GGI）とは，経済，政治，教育，健康の4つの分野のデータから作成され，ランキングされるものである。GGI（2020）においては，1位アイスランド，2位ノルウェー，3位フィンランド，4位スウェーデンと，北欧諸国が上位を占めている。

(15) 性的少数者を意味する言葉としてLGBT（レズビアン・ゲイ・バイセクシュアル・トランスジェンダー）がよく用いられるが，近年Qも加えたLGBTQと表現されることが増えてきた。Qとは，自身の性自認や性的指向が定まっていない，もしくは意図的に定めていない「クエスチョニング（Questioning）」とさまざまな

性的少数者を包括する概念である「クィア（Queer）」の頭文字からとったものである。なお，日本における性的少数者の割合は各種機関により調査されてきたが，日本労働組合総連合会によると8.0％（2016年），株式会社電通によると8.9％（2018年）などとなっている。

⒃　民生委員とは，社会福祉の増進のために，地域住民の生活状況の把握，生活困窮者の保護・指導，福祉事務所が行う業務への協力などを職務とする者をいう。厚生労働大臣の委嘱により市町村・特別区におかれる。無給のボランティアという性格のためになり手が不足し，同時に民生委員そのものも高齢化していて人手不足になっているのが現状である。また，人権を重んじる必要性のある立場であるにもかかわらず，それが在職者に浸透，共有されていない，前任者踏襲主義が色濃く，時代に合った形に変革していきづらいなどが経験者の声としてあげられる。プライバシー保護の観点からも地域で望まれなくなりつつある。

（嶋崎東子）

<table>
<tr><td>第3章</td><td>労働環境の現状と企業の社会的責任</td></tr>
</table>

《本章のねらい》

　人々の生活基盤である収入の多くは，給与所得すなわち賃金からもたらされています。90年代以降，これまでの日本の経済成長を支えてきた終身雇用や年功賃金制度とは異なる雇用形態，賃金制度へ移行し，非正規労働者が増加し，非正規と正規労働者の間には賃金や待遇面で大きな格差が生じました。本章では，労働環境の現状を把握した後，変化する労働環境を働き方改革，雇用関係によらない働き方から読み解きます。「企業の社会的責任」に関しては，概念と日本企業の特徴を理解し，法令遵守の一例として最低賃金を検討します。最後に，企業の社会的責任を私たちで評価する方法を示します。

Keywords▶非正規労働，働き方改革，最低賃金，ステイクホルダー

第1節　労働環境の現状

　高度経済成長を支えた日本的経営管理は，90年代に大きく変容し新日本的経営管理となった。本節では90年代以降の新日本的経営管理下における労働者の働き方と賃金を概観し，その後，具体的な労働条件を賃金，労働時間，各種制度から把握する。

1　雇用環境の変容

①新日本的経営がもたらしたもの

　従来の日本的経営については，多くの研究者がその特徴を論じているが，それは，「経営家族主義」「集団主義」「人間主義」などさまざまに名づけられている。日本的経営を支えた代表的な制度は，終身雇用と年功賃金制度であり，[1]

表 3-1　1985年～2019年の正規職員・従業員と非正規職員・従業員の実数と割合（全体，男女別）

| 年次 | 実　数（単位：万人） | | | | | | | | 正規対非正規の割合＝全体 正規の中の男女割合，非正規の中の男女割合（単位：％） | | | | | |
| | 正規の職員・従業員 | 非正規の職員・従業員 | パート・アルバイト | パート | アルバイト | 労働者派遣事業所の派遣社員 | 契約社員・嘱託 | その他 | 正規の職員・従業員 | | | 非正規の職員・従業員 | | |
									全体	男性	女性	全体	男性	女性
1985	3343	655	499	360	139	—	156		83.6	70.3	29.7	16.4	28.5	71.5
1990	3488	881	710	506	204	—	171		79.8	69.9	30.1	20.2	26.7	73.3
1995	3779	1001	825	563	262	—	176		79.1	69.3	30.7	20.9	25.6	74.4
2000	3630	1273	1078	719	359	33	161		74.0	70.3	29.7	26.0	26.6	73.4
2005	3375	1634	1120	780	340	106	279	129	67.4	69.8	30.2	32.6	31.1	68.9
2010	3374	1763	1196	853	344	96	333	138	65.7	68.9	31.1	34.3	30.6	69.4
2015	3317	1986	1370	964	405	127	406（契約288,嘱託118）	84	62.5	68.5	31.5	37.5	32.0	68.0
2018	3476	2120	1490	1035	455	136	414（契約294,嘱託120）	80	62.1	68.8	31.2	37.9	31.6	68.4
2019	3494	2165	1519	1047	472	141	419（契約294,嘱託125）	86	61.7	68.8	31.2	38.3	31.9	68.1

（注）　1：2000年以前は「労働力調査特別調査」，2005年以降は「労働力調査詳細集計」により作成。なお，「労働力調査特別調査」と「労働力調査詳細集計」とでは，調査方法，調査月などが相違することから，時系列比較には注意を要する。
　　　　2：上記統計の「契約社員・嘱託」と「その他」欄は，2001年2月以前の分類は，「嘱託・その他」，2001年8月から分類を「契約社員・嘱託」と「その他」に分割して記されている。2013年から「契約社員」「嘱託」が個別に記されるようになった。
（出所）　総務省統計局「労働力調査」長期時系列データより筆者作成。
　　　　https://www.stat.go.jp/data/roudou/longtime/03roudou.html（2019年5月1日閲覧）

労働者の企業への貢献を長期的に評価することで，昇進・昇給を調整し，「会社人間」や「モーレツ社員」を生み出した。しかし，1990年代以降の経済成長の鈍化は，この日本的経営管理に影を落とし始めた。日経連が1995年に発表した『新時代の「日本的経営」──挑戦すべき方向とその具体策』と題した報告書は，その転換を具体的に示している。その報告書によれば，新日本的経営の中心課題は，雇用形態と賃金体系の変革であり，具体的には労働者を「長期蓄積能力活用型」「高度専門能力活用型」「雇用柔軟型」の3つに分け，雇用の多様化と流動化を推進することが記されている。[3] 雇用の多様化と流動化の結果が，現在の非正規労働者の増加である。

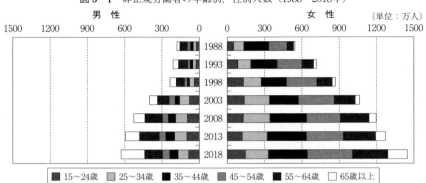

図3-1　非正規労働者の年齢別，性別人数（1988〜2018年）

（出所）　総務省統計局「労働力調査」長期時系列データの【四半期平均結果等—全国】より，1988年，1993年，
1998年は労働力調査特別調査の２月データ、2003年以降は１〜３月平均を用いている。

②非正規労働者の増加

　表3-1に1985年から2019年までの正規，非正規労働者数とその割合の変化を示した。1985年において正規労働者と非正規労働者の比率は84対16であったが，2019年には62対38と非正規労働者が２割増加している。正規，非正規労働者の男女比率は，正規労働者は男性７対女性３，非正規労働者は男性３対女性７で1985年からほとんど変化していない。

　2018年の非正規労働者数を年齢別に見ると，男性で最も多い年齢層は65歳以上となり，男性非正規労働者全体の３割を占めている。一方，女性は65歳以上は女性非正規労働者全体の１割ほどであり，35〜44歳，45〜54歳が全体の半数を占める（図3-1）。

〔 2 〕 雇用形態別賃金と労働時間

①賃金の格差

　雇用形態別，性別，年齢別の賃金を図3-2に示した。正規労働者（図中では正社員・正職員）の男性，女性ともに50代が賃金のピークで，その月額は男性は43万6300円，女性は30万5900円である。正規の男性労働者については，50代前半までは年齢が上がるにつれて賃金が上昇しており，年功賃金制度がまだ機

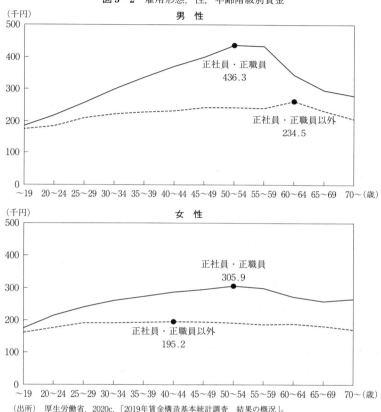

図 3 - 2　雇用形態，性，年齢階級別賃金

能しているとも考えられる。非正規労働者（図中では正社員・正職員以外）の賃
金は男女とも年齢による違いはほとんどない。男性のピークは60〜64歳で23万
4500円，女性は40〜44歳で19万5200円である。このピーク時の賃金で非正規労
働者の年収を算出すると，男性は約280万円，女性は約234万円である。働く貧
困層（ワーキングプア）の判断基準となる年収200万円を女性はわずかに上回る
程度である。同性間の正規と非正規の賃金格差を見ると，正規労働者を100と
した場合，男性は非正規66.2，女性は70.8である。

②労働時間

　表3−2は雇用形態別に平均年間就業時間と就業日数を示したものである。正規労働者の男性の年間就業時間は2257.4時間，女性は2024.8時間となっている。これを年間就業日数で割ると，１日の労働時間は男性は9.0時間，女性は8.3時間で１日の法定労働時間の８時間を超えている。非正規労働者については，男女ともに契約社員の年間就業時間が長く，男性は1952.8時間，女性は1801時間であり，その就業日数は同性の正規労働者に比べ２週間短いだけである。パートやアルバイト以外の男性非正規労働者は，１日に８時間以上の労働時間であり，正規労働者との差は1時間弱である。労働基準法が定める法定労働時間は，１日に８時間，１週間に40時間であるが，労働者と使用者が労働基準法36条に基づく協定（サブロク協定）を結ぶとこれを超える労働（法定時間外労働），すなわち残業を行うことができる。正規の男女，パート，アルバイトを除く非正規の男性の１日の平均労働時間が８時間を超えるということは，残業が常態化していることを示す。

③制度利用における雇用形態格差

　雇用形態によって適用される制度に違いがあるだろうか。**表3−3**は雇用形態別に各種制度の適用状況を示したものである。正社員では，男女とも健康保険，厚生年金はほぼ100％の適用で，雇用保険は９割ほど，賞与支給は約85％であるが，退職金，企業年金，財形制度，福利厚生施設利用，自己啓発援助制度では，正社員であっても男性のほうが女性より適用労働者割合が高い。正社員以外では，健康保険，厚生年金は契約社員，嘱託社員は男女ともに8割台の適用で，派遣が７割から８割，パートが約３割，臨時は１割台である。企業年金は，男性の嘱託のみが17％の適用で，そのほかの雇用形態は１割に満たない。退職金は，契約社員，嘱託は男女とも，臨時と派遣は男性のみ１割を超える。賞与は契約，嘱託の男女は４割から５割が適用である。フルタイム正社員への転換制度は，契約の男女は18％，パートの男性は15％，パートの女性は10.5％，それ以外の雇用形態は１割以下の適用率であった。先述した労働時間では，正規と派遣，契約，嘱託社員の労働時間にはそれほど大きな差はなかった。しか

表3-2　雇用形態別平均年間就業時間・日数

（単位：時間，日）

	平均年間就業時間		平均年間就業日数		1日の平均就業時間	
	男　性	女　性	男　性	女　性	男　性	女　性
正　規	2257.4	2024.8	252.1	245.1	9.0	8.3
非正規	1561.5	1267.4	210.9	202.5	7.4	6.3
パート	1469.9	1213.2	218.9	205.7	6.7	5.9
アルバイト	1181.3	962.9	180.5	165.6	6.5	5.8
派遣社員	1836.1	1625.2	225.7	215.0	8.1	7.6
契約社員	1952.8	1801.0	236.9	232.4	8.2	7.7
嘱託	1761.9	1597.3	220.8	219.1	8.0	7.3

（注）　1日の平均就業時間は就業日数で除した時間。
（出所）　総務省統計局，2019b，『労働力調査』。

表3-3　雇用形態別各種制度の適用状況別労働者の割合

（単位：％）

	正社員		正社員以外										
			男性					女性					
	男性	女性	契約社員	嘱託社員	パートタイム	臨時労働者	派遣労働者	契約社員	嘱託社員	パートタイム	臨時労働者	派遣労働者
雇用保険	93.1	91.1	78.7	80.4	48.9	14.9	78.4	86.6	83.4	64.5	24.1	88.4
健康保険	99.3	99.3	85.7	87.3	34.1	12.8	79.5	89.3	87.5	38.8	16.3	82.5
厚生年金	99.2	99.0	81.3	82.5	29.5	13.9	73.6	85.5	84.3	37.2	15.7	79.0
企業年金	34.2	20.8	5.9	17.5	1.2	1.7	6.6	6.2	9.7	1.6	0.7	1.1
退職金制度	82.2	77.3	15.3	15.4	4.2	11.7	19.2	13.2	16.7	4.3	2.8	3.8
財形制度	51.4	41.8	7.6	15.4	1.6	3.6	7.3	9.0	13.6	3.6	1.1	1.1
賞与支給制度	86.3	85.6	40.1	55.7	20.8	12.7	26.5	45.0	55.7	25.0	9.9	6.7
福利厚生施設等の利用	56.6	48.9	30.9	45.4	17.9	11.9	24.9	36.6	29.7	17.5	4.9	28.0
自己啓発援助制度	41.1	27.9	11.8	16.0	8.0	2.4	14.6	13.4	7.7	7.1	1.3	12.1
フルタイム正社員への転換制度	10.4	11.9	18.2	2.9	15.4	5.9	3.6	18.4	4.4	10.5	4.5	5.7
短時間正社員への転換制度	8.3	11.8	1.4	3.1	1.6	2.0	1.0	5.1	2.4	2.1	0.4	1.0

（注）　ここでいう契約社員は専門職，嘱託社員は再雇用者となっている。
（出所）　厚生労働省，2014，『雇用の構造に関する実態調査』。

しながら，利用できる制度については，正規と非正規では大きな格差が存在する。

第2節　変化する労働環境

　働き方改革関連法が2019年4月から施行された。本法律は，労働者がそれぞれの事情に応じた多様な働き方を選択できる社会を実現すべく，長時間労働の是正，多様で柔軟な働き方の実現，雇用形態にかかわらない公正な待遇の確保等のための措置を目指す（厚生労働省，2019a）。まず第1項では働き方改革の3本柱である残業規制，同一労働同一賃金，高度プロフェッショナル制度をとりあげる。第2項では働き方改革の一環として出現した雇用関係によらない働き方に関する現状を述べる。

1　働き方改革

　働き方改革関連法は残業規制，同一労働同一賃金，高度プロフェッショナル制度をその改革の3本柱とし，関連する8つの法律を改正して施行された。ここでは，3本柱を取り上げ，第1節で把握した労働時間や賃金の問題がこの働き方改革でどのように変化するのかを考えたい。

①残業規制

　先に述べたように，日本では法定労働時間は原則1日8時間，週40時間と定められているが，労働者と使用者が労働基準法36条に基づく協定（サブロク協定）を結ぶと時間外および休日労働が可能である。働き方改革関連法の施行により，時間外および休日労働に労働時間の上限がつくられた。上限は原則として月45時間・年360時間，特別な事情がある場合は年720時間（1カ月平均60時間）となった。繁忙期であっても月に100時間未満でなければならない。違反企業には罰則が課せられるが，この上限時間は労災を過労死と認定される基準である過労死ラインとほぼ同じ時間である。また，法施行後5年間，運輸業，建設業，医師等の職種はこの残業規制の適用外とされる。残業規制は長時間労働を防ぐが，残業が減ることで収入が減少することが懸念されている。

②同一労働同一賃金

　雇用形態にかかわらない公正な待遇の実現，すなわち，正規労働者と非正規労働者が行う同じ業務に対しては同水準の賃金を払うことが，同一労働同一賃金として掲げられた。前節で見たように，雇用形態による賃金格差は正規労働者に対し非正規労働者6〜7割弱であるが，欧州諸国の7〜8割という状態を目指し，賃金だけでなく各種手当や福利厚生も含む不合理な待遇差を縮小することを目的とする。ここで，いかなる待遇差が不合理となるかがポイントとなるが，政府が示すガイドラインによれば，職務内容，配置の変更範囲，その他の事情が客観的，具体的な実態に照らして不合理でないことが基準であるとする。しかし，日本の雇用は職務内容に定めのない「メンバーシップ型」で，入社した企業のメンバーとなることが大きな意味をもち，職種，勤務地の変更などの限定がない（濱口，2012）。すなわち，日本の正規労働者には，職種，勤務地の変更などの命令があれば基本的に受け入れなければならないという「暗黙の契約」が含まれている（規制改革会議，2013）。したがって，職務内容，配置の変更範囲，その他の事情から非正規労働者との間の待遇差の不合理性を明らかにすることは難しいと思われる。2020年10月に下された最高裁判決は賞与（大阪医科薬科大学事件）や退職金（メトロコマース事件）をめぐって，正規と非正規の待遇格差を争うものであったが，職務内容を考慮して待遇差が不合理とまでは言えないというものであった。また，不合理な待遇差が見いだされた際，正規の待遇を下げることで，非正規の水準に賃金をそろえたり，正規だけを対象とする手当を廃止することなどが懸念されている。

③高度プロフェッショナル制度

　第1次安倍政権時代（2007年）に「ホワイトカラーエグゼンプション（残業代ゼロ法案）」として国会への提出が試みられ，強い反対を受け見送られた制度が，今回の改革関連法に高度プロフェッショナル制度と名前を変えて盛り込まれた。高度の専門的知識等を有し，職務の範囲が明確で一定の年収要件を満たす労働者を対象として，労働した時間ではなく，仕事の成果で評価を行っていく制度である。労使委員会の決議および労働者本人の同意を前提として，年

間104日以上の休日確保措置や健康・福祉確保措置等を講ずることにより，労働基準法に定められた労働時間，休憩，休日および深夜の割増賃金に関する規定の適用からはずす。労働者は始業・終業時刻を指定されず，働く時間帯の選択や時間配分を自分で決定することができる。現状では対象者は業務や年収要件で絞られているが，今後，対象業務が拡大したり，要件となる年収が引き下げられるのではないかといった懸念がある。

［2］ 雇用関係によらない働き方

①雇用関係によらない働き方とは

　図3-3は多様な働き方を示したものである。雇用関係によらない働き方とは，自分自身で事業を営む自営業主，個人事業主，フリーランサーを指し，その中には，企業と業務請負契約を結び仕事をする個人請負，独立契約者が含まれる。

　雇用関係によらない働き方をする者の中には，雇用されるかたわら副業として自営業を行っている者もいる。経済産業省によれば，副業等も含めた広義のフリーランスの人口は，2016年現在，1064万人となり前年比17％増であるという（経済産業省，2017a）。ここでは，雇用関係のない当事者（ただし弁護士等の士業，小売業，農家を除く）への調査結果（経済産業省，2016）を紹介しよう。収入について，当事者が主たる生計者の場合の最多年収層は300～399万円であり全体の約18％で，週当たりの平均労働時間は32.4時間である。約半数（48％）が雇用関係によらない働き方に満足と回答し，その理由として半数（55.3％）が「自分のやりたい仕事が自由に選択できる」をあげた。雇用関係による働き方が不満であると回答したのは2割であるが，そのうち9割が「収入面（昇給なし，不安定等）」を，3割が「スキルアップや成長ができない，将来の展望がもてないため」を不満理由としてあげた。

②政府の動向

　個人がやりたい仕事を自由に選択できることから，雇用関係によらない働き方は満足度が高いことがわかったが，「世界で一番企業が活躍しやすい国」を

図3-3　多様な働き方

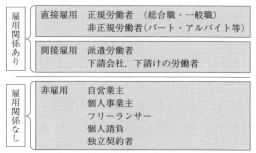

（出所）　高須，2018，「『自由な働き方』の落とし穴　雇用によらない働き方の現状と課題」より3．多様な働かせ方・働き方の拡大(2)の図を一部改編。

目指す日本政府（首相官邸，2013）にとっても，こうした働き方の人々が増えることは企業に大きなメリットをもたらすため，推進に力が入れられている。経済産業省は2016年に「雇用関係によらない働き方に関する研究会」（以下，働き方研究会とする）を設置し，2017年に公表された報告書（経済産業省，2017b）では，今後，企業は「外部に切り分けた方が効率的な業務は成果型の報酬で外部に切り出していくなど，従来の手法の見直しを進めていく」ことが必要であると述べている。また，厚生労働省は報告書「働き方の未来2035」の中で，今後，自立した自由な働き方が増えると同時に企業が抱える「正社員」のスタイルが変化していくことを予想している。こうした動向に合わせて，実際に2020年から個人事業主は減税となり，雇用関係によらない働き方の増加が誘導される税制改正が行われる。

　以上のように雇用関係によらない働き方は，その実態が不明のまま拡大し，推進されている。そのため，厚生労働省は2017年に「雇用類似の働き方に関する検討会」（以下，雇用類似検討会と呼ぶ）を設置し，実態把握を行った。以下では，「雇用類似検討会」が明らかにした実態を示し，こうした働き方をする個人が直面する問題点について考察する。

　③問題点

　雇用関係によらない働き方の検討に当たり，なぜ，「雇用類似」という言葉

が使用されるのだろうか。先に示した**図3-3**を再度見てみよう。雇用関係によらない働き方をする人々は，非雇用の枠の中に示した人々であり，本来は自らが事業を始めたのであるから他者からの指揮監督は受けず，事業者間での取引も対等な関係であるはずである。しかしながら，実態は雇用労働者に類似した働き方をする者が増加しており，そうした人々を「雇用類似」の働き方をする人と呼ぶようになった。彼らは，形式上は雇用関係を結んでいないため労働者ではない。労働者でないと労働法が適用されないため，労働時間規制，時間外労働による残業代や休暇の提供，最低賃金，労働災害時の補償等がなく，すべて自己責任で対処しなければならない。また，労働組合による交渉もできない。実際，2019年3月にコンビニエンスストアの加盟店主が人手不足のため24時間営業を短縮した際，本部から契約違反のための違約金を求められ，店主たちで組織した労働組合が本部への団体交渉を行おうとした。しかし，店主は独立した事業者であり労働者ではないと団体交渉は認められなかった[7]。

　またウーバーイーツの配達員も雇用類似の働き方をしているが，ウーバーイーツユニオンは，労災保険加入について，個人事業主側のみが保険料負担する特別加入でなく，配達員の労働で利益を得ている企業側も負担する形での労災制度の見直しを要望している。雇用類似の働き方をする者を労働者としてとらえ，保護する必要があるのかをめぐって，経済学と法学の観点から議論が続いている。

第3節　企業の社会的責任は果たされているのか

　第1節と第2節では，新日本的経営が生んだ労働環境の現状と労働環境の今後を論じた。本節では視点を変え，企業が継続して事業活動を展開し，存続するために，労働者とどのような関係を結ぶべきかを企業の社会的責任という概念から考える。第1項では企業の社会的責任の定義，日本的特徴を述べる。企業が社会的責任を果たすに当たり，まずは法令を守ることが重要であることから，第2項では法令遵守の一例として最低賃金制度を取り上げる。第3項では

表3-4　CSR に関する国際的なガイドライン

OECD 多国籍企業行動指針	1976年 OECD が参加国の多国籍企業に対して策定。最新版には人権デューデリジェンスに関する内容が盛り込まれた。
国連グローバルコンパクト	2000年に発足，人権，労働，環境，腐敗防止に関する10原則が定められている。
ISO 26000	2010年に ISO により発行された国際規格。持続可能な発展への貢献を最大化することを目的とする。
国連ビジネスと人権に関する指導原則	2011年，人権の保護，尊重，救済の枠組みを実施するために国家，企業を対象として作成された。
ILO 多国籍企業および社会政策に関する原則の三者宣言	1977年，ILO で採択された。労働慣行，雇用条件に関して，政府，多国籍企業，使用者団体および労働者団体に指針を提供する。
GRI（Global Reporting Initiative）	2000年に国際 NGO の GRI（Global Reporting Initiative）により第1版が発行された。持続可能性報告のための国際的なガイドライン。

（出所）　筆者作成。

企業の社会的責任をどのように評価するかをステイクホルダーエンゲージメント（利害関係者との関係構築）から検討する。

［1］　企業の社会的責任とその日本的特徴

①企業の社会的責任（Corporate Social Responsibility：CSR）

　企業の社会的責任とは，「企業活動のプロセスに社会的公正性や倫理性，環境や人権への配慮を組み込み，ステイクホルダーに対して，アカウンタビリティをはたしていくこと」（谷本，2006，59）である。ステイクホルダーとは企業経営にかかわる利害関係者のことで，具体的には消費者，従業員，株主，取引先，地域社会，行政機関などを指す。企業の社会的責任という考え方は，日本では2003年を契機とし，急速に拡大し今日に至る（岡本，梅津，2006；谷本，2006）。企業のグローバル展開が進行する中で，CSR に関する国際的フレームワークを認識することは必須である。表3-4に CSR の国際的フレームワークの参考となる6つのガイドラインを示した。これらのガイドラインの中で最も参照されているのは GRI である（経済産業省，2014）。本章でこれまで取り上げてきた労働環境の問題は，人権や労働慣行といった分野に相当し，どのガ

表3-5 取組み分野別企業割合と取組み内容

(単位：%)

取組み分野	取組み企業割合	取組み内容				
		法令遵守	法令遵守を超え，国際的規範，ガイドラインに則った活動	法令遵守を超え，自社の行動規範，倫理基準に則った活動	法令遵守，国際的規範，自社の行動規範，倫理基準を超えた持続可能な社会の創造に向けた活動	法令遵守，国際的規範，自社の行動規範，倫理基準を超えた自社の新たな価値創造に向けた活動
製品・サービスの安全・品質	91	7	14	38	12	27
消費者対応	77	19	5	43	14	18
個人情報保護，情報セキュリティ	89	29	8	47	9	7
労働慣行	92	18	13	47	10	12
人権の尊重	92	13	18	46	13	10
環境への配慮	97	8	12	24	37	18
地域貢献を含む社会貢献	97	5	2	36	37	19
コーポレート・ガバナンスの整備	92	20	16	42	13	15
企業情報の開示	91	14	21	36	13	15
各種ステークホルダーとの対話	90	10	9	42	16	22
地球規模の課題解決への取り組み	84	14	8	24	34	19
反汚職・反腐敗	84	28	16	41	11	4
サプライチェーンへの関与	76	26	13	33	17	10

（注） 回答企業167社。取組みの「その他」、取組み内容の無回答は省略した。
（出所） 企業市民協議会，2017，「CSR 実態調査結果」より筆者作成。

イドラインにも含まれている。2010年以降，特に人権への配慮ならびに人権デューデリジェンス[9]が最重要問題のひとつとして認識されている。この問題は国内にとどまらず海外での企業活動やサプライチェーンでの雇用や労働条件のあり方に波及するため，CSR の観点からの取組みが必要となっている。

②日本企業の CSR

日本企業の CSR はどのように進められているであろう。企業市民協議会が2017年に行った調査結果によれば，最も取り組まれている分野は「環境への配慮」「地域貢献を含む社会貢献」（両分野とも調査回答企業の97%），次いで「労働慣行」「人権の尊重」「コーポレートガバナンスの整備」（調査回答企業の92%）

である。最も取り組まれていない分野は，「サプライチェーンへの関与」（調査回答企業の76％）であった（**表3-5**）。本章で扱った労働環境の問題は，「労働慣行」や「人権の尊重」に当たるが，9割以上の企業がCSRとして取り組んでいると答えている。取組み内容を見ると，「労働慣行」「人権の尊重」は法令遵守が1割から2割，法令遵守を超え国際的規範等に則った活動も1割から2割ほどで，自社の行動規範等に則った活動が最も多く約5割となっている。より積極的な（持続可能な社会の創造や自社の新たな価値観の創造）活動はあわせて約2割にとどまっている。一方，「環境への配慮」「地域貢献を含む社会貢献」は，法令遵守や自社の行動規範を超えた活動を行っており，より積極的な活動が約6割を占める。ここから日本企業は環境問題や地域貢献にかかわるCSRについては積極的な取組みを行っているが，労働や人権に関しては法律や自社行動規範を守る活動に止まっていることがわかる。

［2］最低賃金制度——法令遵守の一例として

①日本の最低賃金制度の沿革

　法令遵守の一例として，最低賃金制度を概観してみよう。本制度は，低賃金労働者を保護するために制度化された。日本での沿革について笹島（2009，141）は，最低賃金議論開始時は不明であるが記録に残されている議論として1919年の大日本労働総同盟友愛会大会をあげている。しかし制度の確立は1947年の労働基準法成立を待たなければならなかった。労働基準法に基づき設けられた中央賃金審議会の答申を経て最低賃金法（以下最賃法）が成立した。当初の最低賃金決定は「業者間協定方式」（業者間で協定した賃金の最低額を申請に基づき法定の最低賃金として決定する）によるものであったが，その方式が「労使平等参与（ILO 第26号条約）」といえるかが問題となり，1968年に最賃法は改正され，現在の「審議会方式」となっている（労働調査会出版局編，2009，246）。その後，2007年に40年ぶりの法改正が行われた。改正の理由は，最低賃金が非正規労働者の増加，低賃金労働者層の増大などの環境変化に適切に機能することが一層求められるようになったからである。最低賃金は，法的強制力をもち，

使用者はその金額以上の賃金を労働者に払わなければならない。

②最低賃金決定のしくみ

　日本の最低賃金の決定は，最低賃金審議会で決定する審議会方式がとられている。最低賃金には地域別最低賃金と特定最低賃金（産業別最低賃金）の2種類ある。地域別最低賃金は最賃法第9条によって「地域における労働者の生計費及び賃金並びに通常の事業の賃金支払い能力を考慮して定められなければならない」とされている。労働者の生計費を考慮することとは，労働者が健康で文化的な最低限度の生活を営むことができる生計費であり，生活保護にかかわる施策との整合性に配慮することとなっている（詳細は第6章参照）。最低賃金は毎月支払われる基本的な賃金に限定され，時間額として定められ，都道府県ごとに「〇〇県最低賃金」の名称で示される。対象となる労働者は，原則として当該都道府県内の事業場で働くすべての労働者（臨時，パートタイマーを含む），使用者は労働者を一人でも雇用していれば最賃法が適用される（労働調査会出版局編，2009，9）。最低賃金以上の賃金を支払わなかった場合，最賃法第4条違反として，50万円以下の罰金に処せられることとなっている（労働調査会出版局編，2009，11）。

③最低賃金の履行状況

　最低賃金を下回る賃金を支払っている企業は，最賃法違反企業である。法令違反の状況，違反事業所の最低賃金認識状況を**表3-6**に示した。違反率を見ると，2000年，2005年，2010年は1割を下回っていたが，2015年から2018年の違反率は1割を超えている。違反事業場が最低賃金を認識しているか否かについて，2010年までは最低賃金額を知っている事業場は3割であったが，2015年以降は4割に増えた。最低賃金の適用について無知であった事業場は2010年以降は1割以下となった。つまり，9割の事業場は最低賃金を認識しているにもかかわらず違反している。

　表3-7に最低賃金未満の労働者の割合（以下，未満労働者率と呼ぶ）を示す。未満労働者率は全労働者の2.1%，未満労働者の内訳を見ると，女性が79.4%，パート・アルバイトが77.4%，障害者が2.3%，外国人が1.8%であり，最低賃

表3-6　最低賃金の履行確保を主眼とする監督指導結果

年	法違反の状況			法違反事業場の認識状況（％）		
	監督実施事業場数	違反事業場数	違反率（％）	最低賃金額を知っている	金額は知らないが適用されることは知っている	最低賃金が適用されることは知らなかった
	A	B	B／A			
2000	15295	1447	9.5	25.5	64.4	10.1
2005	11820	753	6.4	30.9	50.5	18.6
2010	13559	1055	7.8	34.2	57.6	8.2
2015	13295	1545	11.6	40.1	52.2	7.6
2016	12925	1715	13.3	39.4	51.7	8.9
2017	15413	2166	14.1	41.8	52.3	5.9
2018	15602	1985	12.7	47.3	48.2	4.6

（注）　各年とも1〜12月の間の結果である。
（出所）　労働調査会出版局編，2014,『平成26年度版最低賃金決定要覧』18頁，同，2019,『平成31年度版最低賃金決定要覧』15頁，筆者により一部削除した。

表3-7　2017年監督指導時における最低賃金未満労働者の状況（全国）

（単位：人）

最低賃金未満労働者数	6386
男性	1317（20.6）
女性	5069（79.4）
パート・アルバイト	4942（77.4）
障害者	149（ 2.3）
外国人	117（ 1.8）

（注）　1：（　）は，最低賃金未満労働者全体に対する割合（％）。
　　　　2：出所文献には男性のデータはなかったので，筆者が労働者数全体から女性数を差し引き算出した。
（出所）　労働調査会出版局編，2019,『平成31年度　最低賃金決定要覧』労働調査会，16頁。

金未満の違法な低賃金で働いている約8割が女性，パート・アルバイトの者であることが明らかになった。

③　企業の社会的責任をどのようにして評価するか

　これまでも労働や人権問題に関して，日本企業の取組みが遅れていることが指摘されてきた（斎藤，2009）。法令遵守のレベルで見ても，先述のように最低

表3-8 ISO 26000 における労働慣行の課題とその内容

1．雇用および 雇用関係	ディーセント・ワークを実現するために自組織だけでなく，サプライチェーンの契約上の配慮を行う。場当たり的な労働力の使用，臨時雇いの過度な使用を回避するとして，非正規雇用の問題も配慮する。
2．労働条件および 社会的保護	賃金，労働時間，週休，休日，安全衛生，母性保護などに加え，ワークライフバランスへの配慮を行う。
3．社会的対話	雇用主と労働者間のあらゆる種類の交渉，協議，情報交換で健全な労使関係を構築。
4．労働における 安全衛生	安全衛生改善のための情報収集，マニュアル，訓練プログラムの策定・普及活動を行っている。
5．職場における人材 育成および訓練	個人の能力および就業能力を高める。技能開発，訓練などのキャリアアップの機会を与える。解雇された職員の新たな雇用支援を行う。

(注) ディーセント・ワークとは「十分な所得および機会，労働の権利，社会的対話と同様に社会的保護も備えた就業」を意味する（伊藤，2006，7）
(出所) 筆者作成。

賃金違反企業が存在する。私たちは企業の社会的責任をどのように評価したらよいのだろうか。

①ステイクホルダーとして

私たちは，ステイクホルダーとしてさまざまに企業と関係している。例えば，**表3-4**に示したガイドラインの一つである ISO 26000 は，90以上の国のステイクホルダー代表（政府，消費者，産業界，労働組合，NGO など）で議論を行い，作成されたものである。ISO 26000 は，企業が社会的責任を認識し，その影響，利害，期待を考慮すること，ステイクホルダーの特定およびステイクホルダーエンゲージメント（利害関係者との関係構築）の重要性を説く。私たちもステイクホルダーの1人として，企業との関係を構築することが求められている。

②CSR 報告書などに目を通してみよう

多くの企業が CSR 報告書やサステイナビリティ報告書を公表している。これらの報告書は先に述べた CSR の国際的フレームワークをもとにして作成されており，企業のさまざまなデータや情報が含まれる。例えば，本章で扱った雇用環境問題について，ISO 26000 では労働慣行として5つの課題が設定されている（**表3-8**）。こうしたフレームワークを参考にしながら，企業のデータ，情報を読み，企業が社会的責任を果たしているかを評価することができる。

▶▶ *Column* ◀◀

「ブラック企業」にどう立ち向かうか

　今や「ブラック企業」という言葉を知らない者はいないといっても過言ではないほど,「ブラック企業」という言葉は世の中に浸透している。もともとはネットスラングであったのに,社会でこれだけ広まったのは,その言葉を裏打ちする厳しい労働条件が厳然と存在しているからである（特に若者を中心として,それは存在する）。こうなってくると,どうやって「ブラック企業」を回避するかという方向へ視線がもっていかれるのも無理はないといえる。

　しかし,「ブラック企業」を完全に見抜くことはできない。確かに,離職率や女性労働者の状況,固定残業代など,「ブラック企業」を見抜くための指標は存在する。しかし,あくまでも指標に過ぎない。例えば,某牛丼チェーン店を運営する会社は,当該業種の平均離職率より低い数値であるが,信じられないほどの長時間労働を行わざるをえない状況になっている。また,入社時に「ブラック企業」ではなくても,経営陣が変わったり,会社が方針を変えたりすれば,「ブラック化」することがある。

　結局,問題は,「ブラック企業」に入った場合にどう対処するかということになる。

　まず,「ブラック企業」を辞める,という選択肢が考えられる。本当に,命や健康が危ういという状況であれば辞めることを選択肢に入れるべきであろう。もうひとつは,「ブラック企業」の中にあって,労働者の権利を実現する方向だ。

　後者は簡単なことではないが,実は,労働者の権利を獲得・実現してきたのは,こうした抵抗があったからなのだ。権利は行使しなければ死んでしまう。行使されない権利を誰かが勝手に向上させてくれるということはない。

　では,どうすればいいのだろうか。実は,労働者には団結する権利がある（憲法第28条）。この権利によって労働組合を作る。労働組合は法律で保護されているので会社も軽視できない。こうした「抵抗」が実は「ブラック企業」を絶滅させるための一番の近道なのである。

（佐々木亮）

考えてみましょう

①変化する労働環境の中で，あなたはどのような働き方を望むだろうか。そのために今，何をしたらよいだろうか。

②関心のある企業を選び，表3-8に示した ISO 26000 の労働慣行の課題についてその企業の状況を CSR 報告書などから調べてみよう。

注

(1)　終身雇用とは入社してから定年まで同じ企業で働き続けることである。年功賃金制度とは，労働者の学歴，年齢，勤続年数を基準として賃金を決定することである。この他，日本的経営を代表する制度として企業別労働組合があげられる。

(2)　日経連（日本経営者団体連盟）は2002年に経団連（経済団体連合会）と統合し，現在では日本経済団体連合会となっている。

(3)　「長期蓄積能力活用型」とは従来の長期継続雇用の考え方に立ち，企業としても働き続けてほしい人材の処遇。「高度専門能力活用型」は企業の抱える課題解決に専門的熟練・能力をもって応える人材であるが，必ずしも長期雇用を前提としない。「雇用柔軟型」は企業の求めるさまざまな業務（定型業務から専門的業務まで）に有期雇用契約を結ぶ人材である（日本経営者団体連盟，1995，32-33）。

(4)　8つの法律とは労働基準法，じん肺法，労働施策総合推進法（雇用対策法），労働安全衛生法，労働者派遣法，労働時間等設定改善法，パートタイム・有期雇用労働法，労働契約法である。

(5)　ここで用いられる同一労働同一賃金は，欧州で普及している同一労働同一賃金とは異なっている。欧州で「同一労働同一賃金」概念は，「同一価値労働同一賃金（報酬）」を指し，ILO 100号条約（1951年）に規定されたものである。「同一価値労働同一賃金（報酬）」とは，異なる職務間での処遇の公平性を考慮し，職種が違っていても同一価値の労働であれば同一労働と同様に，性別などによる差別を禁止するために作られた概念である。

(6)　(1)金融商品開発，(2)資産運用の業務又は有価証券の売買その他の取引の業務，(3)有価証券市場における相場等の動向，有価証券価値等の分析，金融商品開発，(4)企業の事業運営調査，分析，コンサルタント，(5)新たな技術，商品等の研究開発に従事する年収1075万円以上の労働者が対象となっている。

(7)　加盟店と本部の紛争は既存の法律では対処しにくいため，経済産業省は根拠法のない「任意の要請」という異例の措置で大手各社に人手不足を是正する行動計画づくりを求めた。本件のチェーンの行動計画では営業時間の短縮について「最終判断は加盟店オーナーに委ねる」とした。

(8)　アカウンタビリティとは説明責任を意味する。

(9)　「人権デューデリジェンス」とは，人権に関して組織が引き起こすマイナスの影

68

響を回避・緩和することを目的として，事前に認識・防止・対処するために取引先などを精査するプロセスを示す。2011年に国連事務総長特別代表ジョン・ラギーが提唱した。

⑽　審議会方式とは，厚生労働大臣または都道府県労働局長が一定の事業，職業または地域について，賃金が低い労働者の労働条件の改善を図る必要があると認めるときに，公益，労働者，使用者のそれぞれを代表する同数の委員で構成する最低賃金審議会に調査審議を求め（諮問），その意見（答申）を聴いて最低賃金を決定するというやり方である（労働調査会出版局編，2009，7）。

（斎藤悦子）

<table>
<tr><td>第4章</td><td>家計収入・支出の構造に見るジェンダー</td></tr>
</table>

《本章のねらい》

　本章では，生活の場である世帯における女性と男性の経済的地位に注目し，家計関連統計を用いたジェンダー分析を行います。一人暮らしの世帯では，女性と男性の収入と支出の違いを見ていきます。2人以上の世帯では，男女の働き方の違いが，世帯の収入や支出にどのように反映されるのかを検討します。さらに，自営業世帯，高齢世帯の家計の実態を把握し，生涯を通して性別格差がどのような経済的問題をもたらすのかを考えます。

Keywords▶家計関連統計，ジェンダー分析，収入と支出，貯蓄と負債，世帯主

第1節　家計関連統計とジェンダー

1 家計関連統計で何を明らかにできるか

　男女の共同参画の前進や，生活における性別格差にかかわる諸問題には，男女それぞれの収入や資産の大きさが一定の影響を与えている可能性がある。そこで，男女の経済的地位にかかわって，家計・資産が注目されることになる。

　この分野で性区分を徹底すれば，家計収支では，誰がどのような種類の収入をどれだけ得ているのか，そこから，世帯の共同消費部分と個人の消費部分にどのように配分しているのかが，男女別に明らかになる。生活の場である世帯におけるフローとストックにおいて，男女の差異とその関係性を見出すことを通し，女性と男性の社会的状況や地位などを明らかにすることが期待される。以下に示す現行の家計・資産関連統計では，単身世帯については，これらを示すことができるが，2人以上の世帯については，次のような課題がある。すな

70

わち，属性別の集計では世帯主の属性が中心となるため，女性の情報が見えにくい。世帯主と配偶者の収入は，性別・個人別に集計されているが，他の世帯員の性区分がない。支出については世帯の共同消費部分と個人の消費部分を分離することができない。貯蓄・負債に関しては世帯単位の集計のみで，誰の資産かわからず性別区分も不明である。このため，男女別にフローからストックへの移転状況と経済的地位の形成過程を解き明かすには，制約がある（天野，2015）。

〔2〕 家計関連統計の特徴と沿革

家計費は，世帯における一定期間の財やサービスの購入を貨幣量でとらえる家計簿式家計調査で把握することができる。家計調査は，目的や調査対象によってさまざまな主体により実施されてきたが，政府統計としては総務省統計局による「家計調査」，「全国消費実態調査」（2019年より「全国家計構造調査」に名称変更）がある。また，調査の中で家計に関するデータを収録したものとしては，厚生労働省「国民生活基礎調査」などがあげられるが，支出についての情報はほとんど得られないため，収入と支出の双方がそろっているのは，前述の総務省統計局の2つの調査である。

「家計調査」は，1946年（消費者価格調査）から始まり，現行の「家計調査」は1962年からの継続である。調査は毎月行われ，調査対象は単身の学生などの世帯を除く全国の消費者世帯である。「家計調査」は2人以上の世帯を調査対象としていたが，1995年から開始した「単身世帯収支調査」が2002年に「家計調査」に統合され，約9000世帯（1999年7月から農林漁家世帯も対象）が調査対象となっている。また，2人以上の世帯では，金融資産のストックのデータを補うために1958年から実施された「貯蓄動向調査」も，2002年から「家計調査」に統合された。

「家計調査」では毎月，毎年の時系列変化が示されるのに対して，「全国消費実態調査」は，家計収支，主要耐久消費財，資産・負債の構造把握を主目的として1959年から5年ごとに実施され，標本数も多い（2014年：約5万6400世帯，

うち単身世帯約4700世帯）。このため，「家計調査」に比べるとさまざまな属性別の分析が可能であり，ジェンダー分析の多くは「全国消費実態調査」のデータを使用することになる。本章では脱稿が2019年実施の「全国家計構造調査」の結果公表前であったため2014年「全国消費実態調査」のデータを用いているが，5年ごとに実施される最新データでその後の動向を確かめていただきたい。

　この他，関連統計として，購入頻度が少ない高額商品・サービスおよびIT関連の消費動向を把握する総務省統計局「家計消費状況調査」，耐久消費財などのストックや消費意識を内容とする内閣府経済社会総合研究所「消費動向調査」などがある。

③ 家計分析のための収支項目分類とジェンダー

　家計収入は，「実収入」「実収入以外の受取」「繰入金」に分けられるが，実際に世帯に入ってくるのは世帯員の現金収入を指す「実収入」である。「実収入」から税金，社会保険料などの「非消費支出」を差し引いた額は「可処分所得」といわれ，いわゆる手取り収入を指す。「実収入以外の受取」は，預貯金引出などのみせかけの収入である。「家計調査」では，収入主体の男女別表示は，勤め先収入について「世帯主，うち男」と「世帯主，うち妻」というジェンダー・バイアスがかかったデータしか示されていないが，「全国消費実態調査」では1989年から男女別表示が採用されている。

　家計支出は「実支出」「実支出以外の支払」「繰越金」に分けられる。「実支出」は実際に家計から出ていく支出であり，資産の減少につながる。「実支出」はさらに，日々の生活に必要な財やサービスを購入することによって支払われる「消費支出」と，税・社会保障費として義務的に支払われる「非消費支出」に分類される。「実支出以外の支払」は，預貯金などのみせかけの支出である。

　「家計調査」や「全国消費実態調査」において，収入の内訳が明示されるのは勤労者世帯の家計である。日本では，全世帯の6割強が「賃金・給与」を主な家計収入としている。本章では50歳代までの家計については「勤労者世帯」

のデータを使用し，給与所得を主な収入とする世帯のジェンダー分析を行った
のち，退職後の高齢無職世帯の家計を取り上げる。

第2節　単身世帯の家計のジェンダー分析

1　年齢階級別に見た男女の収入

　第1章で示されたように，現在の日本の世帯構造は，家族類型で見ても，世
帯人数で見ても，最も多いのは単身世帯である。一人暮らしをするには，どの
くらい費用がかかるだろうか。

　家計は世帯単位で集計されるため，支出の内訳については誰がどのくらい消
費しているのかは不明であるが，個人の収支状況が明瞭な単身勤労者世帯を見
ると，男女の格差が明らかとなる。女性単身勤労者の家計収入は，実収入・勤
め先収入とも女性は男性より低く，男性は50歳代（実収入45万5116円，勤め先収
入42万3713円）まで収入が上がっていくが，女性は40歳代（実収入30万3725円，勤
め先収入28万9461円）をピークに下降する（**表4-1**）。男性の勤め先収入を100と
した場合の女性の勤め先収入は，30歳未満では77，30歳代では84，40歳代では
88，50歳代では61と少なく，格差は大きい。50歳代の女性は男性の6割しか勤
め先収入を得られておらず，他の経常収入に分類される社会保障給付等を含め
ても，実収入は男性の6割にとどまる。

2　年齢階級別に見た男女の支出と貯蓄・負債

　消費支出は，男女ともに50歳代まで増加していく（**表4-2**）。収入の格差に
比べると，性，年齢階級でみた消費支出の総額の差は小さい。しかし，個々の
費目では，男女差が顕著に見られる。男性の支出を100とした指数である性別
格差で見ると，ほとんどの年齢階級で保健医療，被服及び履物，家具・家事用
品は女性のほうが多く，食料，教養娯楽費は少ない。特に食料費の内容では，
男性は外食に女性の1.5～2.9倍を支出しており，調理食品についても30歳代を
除き1.5～1.8倍の支出である。これらには，男性の生活技術の未熟さや，長時

表4-1　性, 年齢階級別単身勤労者世帯の1世帯当たり1カ月平均の収入と格差指数(2014年)

(単位：円)

	30歳未満			30～39歳			40～49歳			50～59歳		
	女性	男性	性別格差	女性	男性	性別格差	女性	男性	性別格差	女性	男性	性別格差
実収入	215,661	274,210	79	261,494	304,317	86	303,725	330,300	92	284,039	455,116	62
経常収入	210,237	271,651	77	257,737	302,828	85	301,143	327,986	92	281,383	431,037	65
勤め先収入	209,501	270,547	77	252,611	299,022	84	289,461	327,319	88	258,169	423,713	61
本業以外の勤め先収入	36	1,008	4	5,036	1,484	339	1,086	191	569	3,341	73	4577
他の経常収入	700	95	737	90	2,322	4	10,596	477	2221	19,873	7,251	274
特別収入	5,424	2,559	212	3,756	1,489	252	2,581	2,313	112	2,656	24,079	11
可処分所得	183,193	230,433	79	209,370	250,985	83	243,521	269,587	90	235,056	372,438	63

(注)　性別格差は, 男性の値を100とした場合の女性の値の指数。
(出所)　総務省統計局「平成26年 全国消費実態調査」より筆者作成。

表4-2　性, 年齢階級別単身勤労者世帯の1世帯当たり1カ月平均の支出及び貯蓄と格差指数(2014年)

(単位：円)

	30歳未満			30～39歳			40～49歳			50～59歳		
	女性	男性	性別格差	女性	男性	性別格差	女性	男性	性別格差	女性	男性	性別格差
実支出	193,415	199,560	97	234,032	222,398	105	247,758	243,170	102	262,241	303,440	86
消費支出	160,947	155,783	103	181,908	169,066	108	187,554	182,457	103	213,257	220,762	97
食料	26,877	37,163	72	37,871	44,591	85	38,089	50,144	76	40,890	56,863	72
調理食品	4,453	6,572	68	7,863	7,128	110	5,778	10,629	54	6,330	9,610	66
外食	10,602	17,102	62	11,456	21,600	53	11,145	16,969	66	8,420	24,648	34
住居	42,151	39,011	108	40,437	36,961	109	19,116	33,799	57	19,050	19,908	96
光熱・水道	8,413	7,898	107	8,992	8,940	101	10,493	9,564	110	10,965	9,832	112
家具・家事用品	2,330	3,081	76	12,756	1,794	711	4,973	3,707	134	7,945	4,835	164
被服及び履物	8,871	5,138	173	15,125	5,723	264	12,135	6,784	179	13,920	9,733	143
保健医療	3,223	1,204	268	6,442	1,521	424	8,073	5,200	155	12,552	7,083	177
交通・通信	29,277	21,863	134	22,037	28,943	76	29,577	23,873	124	31,452	37,781	83
教育	869	30	—	—	—	—	—	—	—	—	—	—
教養娯楽	18,307	24,755	74	16,549	18,054	92	18,463	25,272	73	20,485	28,615	72
その他の消費支出	20,628	15,639	132	21,700	22,539	96	46,636	24,114	193	55,999	46,113	121
非消費支出	32,468	43,777	74	52,124	53,333	98	60,204	60,713	99	48,983	82,678	59
貯蓄現在高（千円）	1,489	1,903	78	3,670	5,926	62	9,718	7,848	124	13,542	15,164	89
負債現在高（千円）	832	2,721	31	361	4,746	8	4,090	2,990	137	1,788	2,414	74
うち住宅・土地のための負債（千円）	545	2,399	23	247	4,429	6	3,872	2,753	141	1,625	2,103	77

(注)　性別格差は, 男性の値を100とした場合の女性の値の指数。
(出所)　総務省統計局「平成26年 全国消費実態調査」より筆者作成。

間労働による家での滞在時間の差など，複数の要因が考えられる。

　また，貯蓄と負債を男女で比べると，40歳代を除き，貯蓄・負債額とも男性のほうが多い。負債額の大半は男女ともに住宅ローンである。資産データは，収入と支出，貯蓄と負債の関係から多面的にとらえる必要がある。

第3節　妻の就業状況別に見た家計のジェンダー分析

〔1〕　夫妻の勤め先収入の現状

　世帯の収入は，妻の職の有無や就業形態によって異なる。そこで，夫婦共稼ぎ世帯と世帯主だけが稼いでいる世帯の家計に注目しよう。共稼ぎには，短時間雇用のパートタイマーも常勤のフルタイマーも含まれる。毎月毎年調査される「家計調査」では，妻が短時間雇用の場合とフルタイム雇用の場合の両方を合わせた平均値しかわからない。そこで，「全国消費実態調査」で，妻の就業状況別に共稼ぎ世帯と世帯主だけが稼いでいる世帯の家計を見てみよう。なお，冒頭にも述べたが，本章では現在利用できる「全国消費実態調査」2014年のデータを用いているが，5年ごとに実施される最新データ（2019年より「全国家計構造調査」）でその後の動向を確かめてほしい。

　表4－3は，妻が「普通勤務・職員」の共稼ぎ世帯（以下，「妻普通勤務職員」と表記），妻が「パートタイム・労務作業者」の共稼ぎ世帯（以下，「妻パート労務」と表記），世帯主だけが稼いでいる世帯，という3つのタイプ別に家計を示したものである。

　まず，世帯収入をこの3つの世帯で比べよう。実収入は「妻普通勤務職員」世帯で66万8761円，「妻パート労務」世帯で47万503円，「世帯主だけが稼いでいる」世帯で41万3388円である。「世帯主だけが稼いでいる」世帯に比べた世帯収入は，「妻普通勤務職員」世帯で1.62倍，「妻パート労務」世帯で1.14倍となっている。そこで，夫妻の勤め先収入の合計を100とした場合の妻と夫の収入割合を示すと，「妻普通勤務職員」世帯では夫61対妻39，「妻パート労務」世帯では夫83対妻17である。妻が普通勤務職員の共稼ぎ世帯であっても，妻の収

表4-3 「共稼ぎ世帯」・「世帯主だけが稼いでいる世帯」の1世帯当たり1カ月平均の収入と支出（2014年）

（単位：円・倍）

妻の就業形態	共稼ぎ世帯[1]		（C）世帯主だけが稼いでいる世帯	共稼ぎ世帯／世帯主だけが稼いでいる世帯	
	（A）普通勤務・職員[2]	（B）パートタイム・労務作業者[3]		（A/C）普通勤務・職員	（B/C）パートタイム・労務作業者
世帯人員（人）	3.47	3.56	3.08		
世帯主の年齢（歳）	45.2	49.7	48.0		
実収入	668,761	470,503	413,388	1.62	1.14
勤め先収入	625,586	431,753	350,918	1.78	1.23
（再掲）夫婦の勤め先収入	613,637	410,731			
夫の勤め先収入	375,350	341,506			
妻の勤め先収入	238,287	69,226			
事業・内職収入	592	370	2	296.00	185.00
本業以外の勤め先・事業・内職収入	2,227	2,197	3,464	0.64	0.63
他の経常収入	32,275	28,884	49,780	0.65	0.58
実支出	506,057	377,180	360,677	1.40	1.05
消費支出	375,265	303,097	287,568	1.30	1.05
食料	81,728	72,263	68,633	1.19	1.05
住居	22,478	15,778	20,840	1.08	0.76
光熱・水道	20,307	21,193	19,234	1.06	1.10
家具・家事用品	11,820	9,467	9,735	1.21	0.97
被服及び履物	18,781	11,229	11,922	1.58	0.94
保健医療	13,352	9,996	11,540	1.16	0.87
交通・通信	64,303	55,028	45,949	1.40	1.20
教育	22,904	22,683	17,054	1.34	1.33
教養娯楽	36,579	25,537	28,466	1.29	0.90
その他の消費支出	83,014	59,924	54,195	1.53	1.11
非消費支出	130,792	74,084	73,109	1.79	1.01
直接税	51,763	27,082	30,046	1.72	0.90
社会保険料	78,937	46,901	43,000	1.84	1.09
貯蓄現在高（千円）	13,642	8,646	11,862	1.15	0.73
負債現在高（千円）	9,623	7,127	6,218	1.55	1.15
うち住宅・土地のための負債（千円）	9,015	6,517	5,851	1.54	1.11

（注） 1) 世帯主が勤労者でその配偶者も勤労者である2人以上の世帯。
2) 妻が労務作業者でパート・アルバイト。
3) 妻が職員で正規の職員・従業員。
（出所） 総務省統計局「平成26年 全国消費実態調査」より筆者作成。

入は夫に比べてなお低い。これは，男女の賃金格差，家事労働が妻に集中する
ことから生じる勤務時間の減少，労働環境の影響などが，妻の収入に反映され
た結果といえよう。また，パートタイムの妻の収入は，これらに加えて，配偶
者控除・第3号被保険者の維持などこれまでの税・社会保障制度による「就業
調整」の結果が反映された金額となっている。

（2）支出の特徴

　次に支出を見てみよう。「妻普通勤務職員」世帯の消費支出の総額は37万
5265円で，「世帯主だけが稼いでいる」世帯の1.30倍である。すべての消費支
出が「世帯主だけが稼いでいる」世帯よりも多いのが特徴で，その中でも際
立っているのは，被服及び履物，その他の消費支出，交通・通信費である。表
には示していないが，「その他の消費支出」の内容では，仕送り金が3.30倍，
諸雑費1.45倍，交際費1.39倍となっている。

　「妻パート労務」世帯の消費支出の総額は30万3097円で，「世帯主だけが稼
いでいる」世帯の1.05倍である（前掲**表4-3**の右列）。「世帯主だけが稼いでい
る」世帯よりも支出が多い費目では教育費が1.33倍と際立っている一方，住居
費，保健医療費，教養娯楽費などは0.76〜0.90倍と少ない。

　なお，消費支出の中の住居費は，家賃・地代と設備修繕・維持費から成るた
め，住宅ローンは含まれない。したがって，持ち家率が高くなるほど家賃・地
代がゼロという世帯が多くなり，家賃・地代の平均値は小さくなる点に注意
が必要である。同調査において家賃・地代を支払っている世帯の割合は，「世
帯主だけが稼いでいる」世帯が最も多く29.2％，「妻普通勤務職員」世帯で
22.6％，「妻パートタイム労務作業者」世帯で21.7％である。

（3）貯蓄と負債の特徴

　貯蓄と負債の現在高を「世帯主だけが稼いでいる」世帯と比べると，「妻
パート労務」世帯では貯蓄現在高が少なく，負債現在高が多いのに対して，
「妻普通勤務職員」世帯では貯蓄現在高，負債現在高とも多くなっている（前

掲表4-3の下列）。負債の大半は住宅ローンである。共稼ぎ世帯のほうが持ち家率も若干高く，妻が稼ぐことで住宅ローンの返済を可能にしているともいえよう。

　以上からは，「妻パート労務」世帯では支出を抑えながらパート収入で教育費と住宅ローンを補っている様子がうかがえる。貯蓄が他の世帯より低いのは，住宅ローン返済の影響が大きいためと思われる。一方，「妻普通勤務職員」世帯では，就業にかかわる支出を伴いながら消費支出全般を増加させ，住宅ローンを返済しながら貯蓄もしていく傾向が見られる。

第4節　自営業世帯の家計

1 自営業世帯の家計

　皆さんの周りに自営業を営んでいる人はどのくらいいるだろうか。本節では，産業構造の変化を背景に，比重を変化させてきた自営業世帯に焦点を当て，前節の給与所得者の家計と比較しながら，世帯主の職業別にその特徴を把握する。次に自営業のうち，農家に着目し，農家家計の特徴と女性農業者のペイド・アンペイドワークへの評価とのかかわり，労働報酬の有無，「家族経営協定」[1]の取組み等について取り上げ，さらに自営業者の女性の経済的エンパワーメントにかかわるジェンダー問題を指摘する。

　はじめに，2019年「家計調査（家計収支編　詳細結果表）」の「〈用途分類〉1世帯当たり1カ月の収入と支出」の統計表中，第5表「世帯主の職業別，総世帯」[2]を用いて自営業世帯の家計に迫ってみよう。自営業は勤労者以外の世帯のうちの個人営業世帯に分類され，さらに世帯主が商人及び職人，個人経営者，農林漁業従事者の3種類に分けられる。この個人営業世帯などの勤労者・無職以外の世帯については，支出のみが「家計簿」により調査されている。勤労者世帯とは給与所得者，大雑把にいえば労働者階級のことである。勤労者以外の世帯（無職世帯を除く）の収入結果は得られず[3]，支出の結果数字しか得られないという限界がある。個人営業世帯の家計をジェンダー視点で分析することは，

表 4-4　世帯主の職業別 1 世帯当たり 1 カ月間の支出（総世帯）

項　目	勤労者世帯	勤労者以外の世帯	個人営業	商人及び職人	個　人経営者	農林漁業従事者
世帯数分布（抽出率調整）	5,176	4,824	721	560	76	85
集計世帯数	4,240	3,942	647	510	70	67
世帯人員（人）	2.60	1.98	2.62	2.57	2.82	2.88
有業人員（人）	1.53	0.58	1.81	1.77	1.68	2.17
世帯主の年齢（歳）	47.8	71.5	62.7	62.5	59.1	66.8
持家率（%）	65.9	87.7	87.3	85.5	87.1	98.4
家賃・地代を支払っている世帯の割合（%）	30.9	10.7	10.9	12.4	11.9	1.6
消費支出（円）	280,531	216,588	248,509	242,915	288,721	262,514
食料	67,342	59,330	68,737	68,879	74,163	64,628
住居	21,783	14,667	16,224	17,659	17,513	6,544
光熱・水道	18,225	18,765	21,769	21,307	22,258	24,780
家具・家事用品	9,831	8,936	9,824	9,580	9,744	11,277
被服及び履物	11,208	6,786	9,610	9,563	14,419	7,050
保健医療	10,827	12,887	12,634	12,831	10,549	13,124
交通・通信	46,679	24,563	29,158	27,570	28,744	41,285
教育	12,873	1,998	6,733	7,182	9,238	3,112
教養娯楽	28,219	23,133	25,813	24,060	42,398	26,558
その他の消費支出	53,542	45,524	48,008	44,284	59,694	64,155
エンゲル係数（%）	24.0	27.4	27.7	28.4	25.7	24.6
調整集計世帯数	517,538	482,408	72,052	56,013	7,553	8,486

（出所）　総務省統計局「家計調査（家計収支編　総世帯　詳細結果表）2019年」第 5 表より筆者作成（2020年8 月 4 日閲覧）。

家計調査では，収入結果が得られないため不可能である。

　勤労者世帯と，自営業世帯として個人営業世帯（商人及び職人・個人経営者・農林漁業従事者）を取り上げて比較する（表 4-4）。

　集計世帯数にはかなりばらつきはあるが，各項目を比較してみる。世帯人員は勤労者世帯が2.60人に比べ，個人営業世帯のうち，個人経営者2.62人，農林漁業従事者2.88人と若干多い。有業人員は農林漁業従事者世帯のほうが多い。世帯主の年齢では，勤労者世帯よりも約11から23歳高いことに注意を要する。持ち家率は，勤労者世帯が65.9%に比べ，個人営業世帯では85%以上であ

り，農林漁業従事者世帯においては98.4％である。これも年齢との関係もあるが，個人営業世帯は持ち家率が高い。

　消費支出を見ると，勤労者世帯に比べて，勤労者以外の世帯は，個人経営者世帯を除き，その支出は少ない。個人営業世帯の支出の多い項目は，食料，光熱・水道，保健医療である。ただ個人営業世帯のうち個人経営者世帯は，勤労者世帯に比べ消費支出は8190円多い。一方，個人営業世帯のうち，最も消費支出の少ないのは商人及び職人世帯の24万2915円で勤労者世帯に比べ約3万7600円支出が少ない。勤労者世帯よりも農林漁業従事者世帯のほうが支出の多い項目は，光熱・水道，家具・家事用品，保健医療，その他の消費支出である。保健医療が高いのは，年齢が高いことによるものと思われる。食料費は勤労者世帯は約6万7300円で，農林漁業従事者世帯は約6万4600円と，個人営業世帯の中では最も少ない。これは，農林漁業従事者世帯特徴である現物総額[4]の影響が推測される。これら消費支出の状況から，それぞれの世帯のライフスタイルの概要を読み取ることができる。

（2）自営業の女性の経済的貢献等をめぐる問題

①農家世帯の家計の特徴とジェンダー問題

　ここで，勤労者以外の世帯の農林漁業従事者世帯の中の農家家計について考えてみよう。勤労者世帯では，労働力の再生産に必要な物は生産されないから，生活手段を購入しなくてはならない。しかも労働力を販売するのが世帯員個人で，その賃金は個人に支払われる。これに対して農家では，農産物を生産しているから，その自家生産物を自ら消費することができる。すなわち，農家では労働力再生産に必要な生活手段は，一部が自家生産物であり，他が購入されることになる。さらに農家では個人ではなく家族単位で農業に従事し，農産物を生産し，これを販売して利益を得る。

　したがって農家は第1の面では生活手段は自家生産物の消費と他の生活手段の購入とで消費を賄い家計を営むという特質があり，第2の面では，農家経営と家計が区分しがたいという特質がある。農家家計は，勤労者以外の世帯の家

図 4-1　農家における女性の現在の報酬・満足度

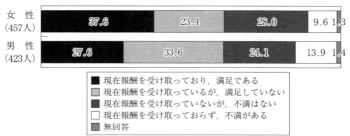

凡例:
- 現在報酬を受け取っており，満足である
- 現在報酬を受け取っているが，満足していない
- 現在報酬を受け取っていないが，不満はない
- 現在報酬を受け取っておらず，不満がある
- 無回答

(注)　2017年12月下旬から2018年1月中旬にかけて，女性農業者3000名及びその配偶者（男性農業者）3000名に対して実施され，女性農業者457名及びその配偶者（男性農業者）3423名から回答を得た結果による。

(出所)　農林水産省大臣官房統計部「農業における男女共同参画に関する意向調査結果（2018年6月19日公表）」より筆者作成（2020年8月4日閲覧）。

計の中でも明確な特徴をもち，農林水産省によって統一した調査が行われている。農業生産物を販売することを目的とした農業経営体（個別経営）の農業経営収支等の実態については，「農業経営統計調査」の「経営形態別経営統計（個別経営）」[5]でとらえることができる（ただし，推計家計費の表章は，2016年の農業経営統計調査の変更により，2017年結果から取り止めとなった）。

　このように，家族経営の農家では，経営と生活との境が不明確となりがちである。その際，所得は家族・世帯全体のものでありながら，世帯主あるいは経営主に帰属していた。家族従業者である多くの女性農業者たちは，ペイドワークに従事しているにもかかわらず，働きに見合った所得は個人に配分されてこなかった。これは農家世帯の家計におけるジェンダー問題である。図 4-1 は，女性における現在の報酬（給与など）のあり方に対する満足度を示している。報酬を受け取っている女性は，61.0％で，そのうち満足しているのは37.6％である。37.6％は報酬を受け取っておらず，そのうち1割程度は不満がある。このような状態の解決を目指して，女性農業者の生産労働と家事・育児・介護などの再生産労働を可視化して評価し，正当な報酬とともにペイドワークとアンペイドワークを男女が衡平・平等に担うことを目指す「家族経営協定」が推進されている（本章コラム参照）。

②自営業を支える女性たちの経済的貢献をめぐる問題

　次に農家のみならず地域経済の担い手として重要な役割を果たしている中小企業を含む自営業者の，家族経営における女性の経済的エンパワーメントにかかわるジェンダー課題を見てみよう。女性差別撤廃条約第14条において，農山漁村の女性差別の撤廃について規定している。この条文に関連して国際連合女性差別撤廃委員会は，日本の所得税法第56条が，個人事業主による配偶者と親族への対価の支払いを，税法上，必要経費として認めておらず，農業や中小業者の家族従業員の働き分が必要経費と認められていないことを懸念し，所得税法の改善を勧告した（2016年）。労働の対価であるにもかかわらず，働き手が親族であるということで，個人事業主の所得から控除されるのは，配偶者が年間86万円，家族が同50万円と低額であり，最低賃金にも満たない（日本弁護士連合会，2017，61-62）。このことは，家族従業者の社会的・経済的自立を妨げるジェンダー課題であり，所得税法第56条の廃止の検討が求められている。なお，世界の主要国では，家族従業者は従業員と同じと扱われており，その働き分は必要経費と認められている。

　また，国際連合は，2017年の国連総会において，2019～2028年を国連「家族農業の10年」と定めた。これは，家族農業が，世界の食料安全保障確保と貧困・飢餓撲滅に大きな役割を果たしていることによる。日本においても，農業経営体数約138万経営体（2015年）のうち，家族経営体は農業経営体全体の98％（134万経営体）を占めている。EU，アメリカなど他の先進国も同様の割合であり，家族農業の課題は，開発途上国のみならず先進国においても共通の課題である。

第5節　高齢世帯の家計

[1] 高齢期の収入と年金

①高齢期の所得格差に見るジェンダー

　高齢期の収入は，現役時代と比べてどのように変化するのだろうか。厚生労

図4-2　65歳以上,男女単独世帯と夫婦のみの世帯の年間所得階級別構成割合(2018年)

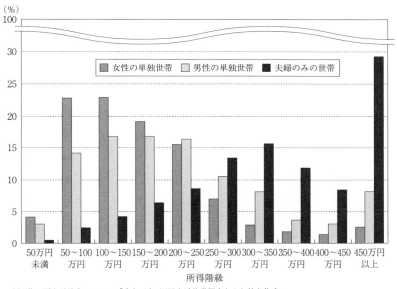

(出所)　厚生労働省，2020d,「令和元年　国民生活基礎調査」より筆者作成。

働省「令和元年　国民生活基礎調査」によると，65歳以上の高齢者世帯（65歳以上の者のみ，またはこれに18歳未満の未婚の者が加わった世帯）の平均所得（2018年の年額）は，312万6000円で，全世帯平均約552万3000円の約6割である。

　しかし，これは所得が多い世帯と少ない世帯の平均値である。そこで，高齢者世帯の所得分布に注目し，世帯類型別（夫婦のみの世帯，女性の単独世帯，男性の単独世帯）に構成割合を見ると，女性の単独世帯で低所得層への集中が顕著である（図4-2）。

　②高齢者世帯の所得の6割を占める年金

　高齢期の所得格差は，何によるものだろうか。高齢者世帯の平均所得の内訳は，「公的年金・恩給」64％，「稼働所得」23％，「財産所得」7％，「公的年金・恩給以外の社会保障給付金」1％，「仕送り・企業年金・個人年金等・その他の所得」6％（「令和元年　国民生活基礎調査」）となっており，約6割が年金である。公的年金・恩給を受給している高齢者世帯の中で，「公的年金・恩

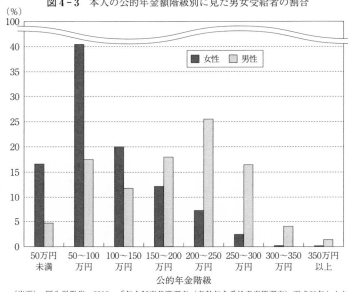

図 4 - 3　本人の公的年金額階級別に見た男女受給者の割合

（出所）　厚生労働省，2018c，「年金制度基礎調査（老齢年金受給者実態調査）平成29年」より
　　　　筆者作成。

　給の総所得に占める割合が100％の世帯」も約 5 割に及び，年金が多くの高齢
者の生活を支えていることがわかる。そこで，高齢期の公的年金受給額の分布
を男女別に見ると，女性の年金受給額の階級が低い金額に偏っていることがわ
かる（図 4 - 3 ）。

　日本の公的年金制度は，「 2 階建て」と呼ばれる構造になっている。 1 階部
分は，現役世代がすべて国民年金の被保険者となり，「基礎年金」の給付を受
ける。 2 階部分は，これに加え，会社員や公務員が「厚生年金」に加入し，基
礎年金の上乗せとして所得比例年金の給付を受けるものである。

　低所得高齢者が生じる原因のひとつに，公的年金を受給できないか，できて
も金額が少ないことがあげられる。公的年金を受給するには，2019年 7 月まで
は，保険料納付済期間と保険料免除期間の合計が25年以上であることが条件で
あり， 1 カ月でも不足すれば「無年金」になる恐れがあった。2012年 8 月に成
立・公布された「年金機能強化法」では，年金の受給資格期間について，これ

までの25年（300月）を10年（120月）に短縮することが盛り込まれ，2019年8月から適用されている。また，公的年金は，原則として，20歳から60歳になるまでの40年間の全期間保険料を納めると，65歳から満額（2019年度 78万100円）の老齢基礎年金が支給されるが，高齢者の中で保険料を40年間納め続けられた人はむしろ少なく，老齢基礎年金のみの受給権者の平均年金月額は5万53円である（2017年度）。

　③年金問題とジェンダー

　日本の年金制度は，専業主婦世帯をモデルとして設計され，1997年以降雇用者共稼ぎ世帯が専業主婦世帯を上回っている中で，制度設計が実態に合わなくなっている。大沢（2013，2018）は，日本の高齢単身女性の貧困率が主要国に比べてきわめて高い要因を分析し，「公的年金制度の設計も『男性稼ぎ主』中心であり，死別や離別を経験した高齢女性の貧困リスクを軽減するようには設計されていない」こと，「現役時代に加入した年金の種類と就業歴およびその収入水準が，年金の水準を規定する」が，日本では子どもがいる世帯や共稼ぎなど世帯の成人が全員就業する世帯において，政府による所得再分配が貧困を削減する効果がきわめて貧弱であることを指摘する。そして，税・社会保障制度には女性が就業することを「罰する」ようなジェンダーバイアスがあり，それが高齢女性の貧困リスクが高止まりする事情のひとつであることを論じている。

　現役時代の経歴類型別に男女の公的年金平均受給額を比較すると，いずれの経歴においても，女性の年金受給額は男性より低い（厚生労働省「年金制度基礎調査 平成29年」）。女性は性別役割分業の下で家事・育児・介護等のため，非正規雇用に就いたり就業を断念することが多く，就業期間も短い傾向にある。給与所得者は「2階建て」の部分として「老齢厚生年金」が上積みされるが，現役時代の賃金に比例するため，現役時代の賃金が多いほど年金受給額は増加する。就業時の賃金格差や就労期間が高齢期の年金等の格差に反映される。

　一方，給与所得者の妻は，「第3号被保険者制度」により，年収130万円（従業員501人以上の企業で一定の要件を満たす場合は106万円[6]）を超えなければ年金保険

料を支払うことなく老後に基礎年金を受給できるが，保険料は加入者全体で負担することになるため，不公平感も指摘されてきた。現役時代に「収入を伴う仕事をしていない期間中心」の女性の公的年金平均受給額は100.9万円で，「常勤パート中心」の女性の年金受給額88.9万円よりも高くなっている（厚生労働省「年金制度基礎調査　平成29年」）。すでに2014年の年金財政検証において，給付と負担のアンバランスがもたらす楽観できない将来状況が示されたが，駒村（2014）は，厚生年金の適用対象をパートなどの非正規労働者に広げることは，老後に困窮する人を減らすために，避けて通れない課題であることを指摘している。誰もが配偶関係や就労形態にかかわりなく，働いて税や社会保険料を納めることのできる制度や，それを可能にする環境整備が求められているといえよう（第6章コラム参照）。

［2］ 年金で暮らす夫婦高齢者世帯の収入と支出

　公的年金は原則として65歳から支給される。そこで，公的年金の受給額階級別に，夫妻ともに65歳以上の「夫婦高齢者世帯」のうち「有業者のいない世帯」の家計を見てみよう（表4-5）。実収入の平均は約23万4273円，実支出の平均は約26万7892円である。いずれの年金受給階級においても，実収入に占める公的年金の割合は85〜96％である。年金等で生活できているかは，実収入から実支出を引いた「黒字」欄を見るとわかる。数値が＋なら黒字，−なら赤字である。520万円以上を除いたすべての年金受給額階級において，支出が収入を上回る赤字となっており，赤字金額約11万円〜2万円は貯蓄等の取り崩しで賄っていると思われる。貯蓄現在高は公的年金給付が多い世帯で高く，現役時の収入や黒字が，退職後の主な収入源の年金受給額や，赤字を埋める貯蓄の大きさに結びついている様子がうかがえる。

　支出に目を転じると，年金受給額が高いほど消費支出も増加しているが，可処分所得に占める消費支出の割合（平均消費性向）は年金受給額が少ない階級で高くなる傾向が見られる。エンゲル係数（消費支出に占める食料費の割合）は年金受給額が低めの層で約30％と高い。

表4-5　公的年金・恩給受給階級別にみた夫婦高齢者世帯（うち有業者なし）の
1世帯当たり1カ月平均の収入と支出

(単位：円)

収支項目	平均	公的年金・恩給受給額階級（万円）										
		80未満	80~120	120~160	160~200	200~240	240~280	280~320	320~360	360~440	440~520	520以上
世帯主の年齢（歳）	75.3	75.3	75.7	76.1	74.6	74.1	74.4	74.2	75.6	77.2	77.3	78.4
持ち家率（現住居）(%)	91.5	78.6	83.7	81.1	83.2	82.0	89.2	95.0	96.4	95.3	96.9	94.4
年間収入（千円）	3,681	1,465	1,897	2,258	2,459	2,860	3,259	3,643	4,085	4,621	5,310	6,483
実収入	234,273	97,325	113,656	131,605	158,337	178,452	209,375	231,883	263,774	294,601	340,118	392,472
社会保障給付	220,018	85,054	101,319	114,194	142,563	168,934	195,400	219,476	248,547	276,976	326,460	377,874
公的年金給付	218,831	82,900	98,706	113,569	141,635	166,077	194,832	217,980	247,727	276,260	324,797	377,117
可処分所得	205,302	82,665	100,459	113,609	143,649	158,641	184,975	204,143	229,899	257,376	289,121	335,209
実支出	267,892	206,253	157,980	182,601	192,443	218,994	244,069	272,000	290,786	322,528	359,559	369,588
消費支出	238,920	191,593	144,782	164,604	177,755	199,182	219,668	244,261	256,911	285,303	308,561	312,325
食料	63,525	56,098	47,329	47,659	54,569	57,784	60,032	64,690	67,344	69,810	77,459	72,512
住居	17,038	11,513	11,081	13,700	9,601	15,122	12,965	19,205	18,545	22,918	14,412	14,049
光熱・水道	18,707	16,800	17,172	18,232	17,273	17,231	18,123	18,375	19,303	19,995	21,223	20,746
家具・家事用品	9,305	14,362	5,605	6,134	6,940	7,422	8,366	9,716	9,929	10,717	13,974	11,355
被服及び履物	7,217	6,625	2,999	4,444	4,690	5,544	6,461	7,481	7,692	9,385	9,943	9,719
保健医療	15,412	8,397	9,327	11,149	12,367	12,724	13,767	14,393	16,544	18,433	23,230	30,201
交通・通信	28,743	21,169	14,321	20,675	18,643	23,338	27,306	30,149	28,430	36,042	42,473	38,579
教育	18	—	—	—	—	—	2	4	10	0	379	—
教養娯楽	28,318	19,680	14,467	14,979	17,212	19,488	23,770	28,746	32,402	37,100	41,254	49,859
その他の消費支出	50,639	36,950	22,481	27,633	36,459	40,528	48,876	51,501	56,713	60,902	64,215	65,305
非消費支出	28,972	14,660	13,197	17,996	14,688	19,812	24,400	27,739	33,875	37,225	50,997	57,263
直接税	9,580	3,901	6,396	8,989	4,007	5,990	7,122	7,856	10,678	13,228	22,882	23,946
社会保険料	19,370	10,759	6,801	8,954	10,627	13,819	17,253	19,877	23,185	23,968	28,039	33,317
黒字	-33,619	-108,928	-44,324	-50,996	-34,106	-40,542	-34,694	-40,117	-27,012	-27,927	-19,441	22,884
平均消費性向(%)	116.4	231.8	144.1	144.9	123.7	125.6	118.8	119.7	111.7	110.9	106.7	93.2
エンゲル係数(%)	26.6	29.3	32.7	29.0	30.7	29.0	27.3	26.5	26.2	24.5	25.1	23.2
貯蓄現在高（千円）	20,954	8,960	9,479	13,099	11,462	13,955	16,075	19,235	24,749	29,898	33,672	40,240
負債現在高（千円）	401	239	94	263	150	396	933	484	297	239	140	82
消費支出の構成比（%）												
消費支出	100.0	100.0	100.0	100.0	100.0	100.0	100.0	100.0	100.0	100.0	100.0	100.0
食料	26.6	29.3	32.7	29.0	30.7	29.0	27.3	26.5	26.2	24.5	25.1	23.2
住居	7.1	6.0	7.7	8.3	5.4	7.6	5.9	7.9	7.2	8.0	4.7	4.5
光熱・水道	7.8	8.8	11.9	11.1	9.7	8.7	8.3	7.5	7.5	7.0	6.9	6.6
家具・家事用品	3.9	7.5	3.9	3.7	3.9	3.7	3.8	4.0	3.9	3.8	4.5	3.6
被服及び履物	3.0	3.5	2.1	2.7	2.6	2.8	2.9	3.1	3.0	3.3	3.2	3.1
保健医療	6.5	4.4	6.4	6.8	6.9	6.3	6.4	5.9	6.4	6.5	7.5	9.7
交通・通信	12.0	11.0	9.9	12.6	10.5	11.7	12.4	12.3	11.1	12.6	13.8	12.4
教育	0.0	—	—	—	—	—	0.0	0.0	0.0	0.0	0.1	—
教養娯楽	11.9	10.3	10.0	9.1	9.7	9.8	10.8	11.8	12.6	13.0	13.4	16.0
その他の消費支出	21.2	19.3	15.5	16.8	20.5	20.3	22.2	21.1	22.1	21.3	20.8	20.9

(注)　公的年金・恩給を受給している世帯。

(出所)　総務省統計局「平成26年　全国消費実態調査」全国，高齢者世帯編第21表より筆者作成。

③ 高齢者一人暮らしの収入と支出

　高齢単身世帯（65歳以上）の収入分布は前掲図4-2に示したが，個人の収入と支出の内訳がどちらも把握できる家計データは，65歳以上の男女単身世帯の平均値に限られる。そこで，65歳以上の単身世帯のうち無職世帯の収入と支出を，男女別に見てみよう（表4-6）。実収入は女性13万875円，男性13万9385円で，それぞれ公的年金給付が88％，90％と9割近くを占める。黒字欄はマイナスで，支出が収入を上回っており，女性3万1992円，男性3万231円の赤字を貯蓄などから補てんしていることになる。

　消費支出は女性15万3433円，男性14万9260円で，平均消費性向はそれぞれ126.3％，125.4％である。男女差が大きな費目をあげると，被服及び履物，保険医療，その他の消費支出で女性の支出が多く，交通通信の自動車関係費では男性の支出が多い。また食料費の内訳では，男性は酒類に女性の約4.1倍，外食に約1.7倍，調理食品に1.3倍を支出しており，女性で多いのは果物が男性の1.5倍，菓子類が1.4倍となっている。なお，その他の消費支出の諸雑費は女性1万7191円，男性1万1188円となっているが，この「諸雑費」には「介護サービス」にかかった費用も含まれていることに注意が必要である。

　以上から，単身，フルタイムの共稼ぎ，パートタイムの共稼ぎ，高齢世帯の女性のいずれにおいても大きな影響としてあらわれたのは，現役期の男女の賃金格差および非正規雇用への女性の偏りがもたらす賃金の低さであった。2018年の男性一般労働者（短時間労働者を含まない）の1時間当たり所定内給与額を100とすると，女性一般労働者は73.3，男性非正規労働者は66.2，女性非正規労働者は53.5である（厚生労働省「平成30年 賃金構造基本統計調査」）。正社員・正職員であっても賃金格差が大きく，さらに男女ともに増加している非正規労働者の中で，女性が多くを占めている事実は変わらず，非正規労働者の低い賃金が女性の貧困化に大きな影響を及ぼしている。女性は家事・育児・介護等のため，非正規職に就いたり就業を断念することが多く，就業期間も短い傾向にある。高齢期までの働き方や賃金格差が，高齢女性の収入の低さにあらわれていた[7]といえよう。

表4-6　65歳以上の男女単身無職世帯の1世帯当たり1カ月平均の収入と支出

（単位：円）

収支項目	女　性	男　性	性別格差
年齢（歳）	75.4	75.3	—
持ち家率（現住居）（％）	82.4	78.0	—
年間収入（千円）	1,965	2,367	83
実収入	130,875	139,385	94
社会保障給付	117,088	128,981	91
公的年金給付	114,595	125,227	92
可処分所得	121,441	119,029	102
実支出	162,867	169,616	96
消費支出	153,433	149,260	103
食料	33,583	38,062	88
穀類	2,762	2,924	94
魚介類	3,169	3,097	102
肉類	2,337	1,807	129
乳卵類	1,876	1,637	115
野菜・海藻	5,060	3,815	133
果物	2,336	1,616	145
油脂・調味料	1,724	1,480	116
菓子類	2,459	1,705	144
調理食品	4,600	5,983	77
飲料	1,816	1,978	92
酒類	761	3,109	24
外食	4,681	8,909	53
住居	16,066	14,670	110
光熱・水道	12,169	12,033	101
家具・家事用品	6,070	5,239	116
被服及び履物	7,066	3,316	213
保健医療	8,179	6,821	120
医薬品	1,737	1,897	92
健康保持用摂取品	1,532	1,161	132
保健医療用品・器具	1,058	596	178
保健医療サービス	3,852	3,167	122
交通・通信	13,197	18,314	72
交通	3,229	4,106	79
自動車等関係費	4,733	8,635	55
通信	5,235	5,572	94
教育	0	—	—
教養娯楽	18,293	23,163	79
その他の消費支出	38,810	27,642	140
諸雑費	17,191	11,188	154
交際費	20,451	14,747	139
仕送り金	1,109	1,560	71
非消費支出	9,434	20,356	46
直接税	3,921	8,018	49
社会保険料	5,503	12,207	45
黒字	−31,992	−30,231	—
平均消費性向（％）	126.3	125.4	—
エンゲル係数（％）	21.9	25.5	—
貯蓄現在高（千円）	13,979	14,743	95
負債現在高（千円）	147	388	38

（注）　性別格差は，男性の値を100とした場合の女性の値の指数。

（出所）　総務省統計局「平成26年　全国消費実態調査」より筆者作成。

女性農業者による起業と家族経営協定

　1990年代以降，女性農業者や農村女性は，6次産業化の牽引役として位置づけられている。2010年12月「地域資源を活用した農林漁業者等による新事業の創出等及び地域の農林水産物の促進に関する法律」（「6次産業化・地産地消法」）が公布され，農林水産業の「6次産業化」が，農村地域の活性化の方策として注目を浴びている。

　農村女性起業の継承や農地の所有や相続，女性名義での財産形成は継続的な課題であるものの，農村女性起業による環境保全や農業生産の維持といった公共性の高い地域の課題を解決する活動として，社会的企業，ソーシャル・ビジネス，農村版コミュニティ・ビジネス，ソーシャルファーム（Social Firm），市民参加型農園（Community Supported Agriculture：CSA）等の展開もみられる。

　一例を挙げると，青森県青森市内にある直売店舗「Vegetable Shop Mugwort TOMATO」（代表：小田桐雅子氏）は，東京都内で妻はブライダルコーディネーターを，夫は IT 企業の仕事をしていたが，50歳代に転職・キャリア変更し，新規就農・起業を選んだ夫妻の事例である。

　夫の「60歳定年まで10年過ごすより，何かを始めたくなった」という決断に賛同し，雇用労働から農業へ転職した。夫妻は，就農1年後の2015年に青森市農業委員会の立会いのもと「家族経営協定」を締結している。小田桐夫妻の家族経営協定の主な内容は，目的，経営の方針決定，役割分担，労働報酬，労働時間・福利厚生・作業安全等，暮らし方であり，生活設計に「家族経営協定」を取り入れている。さらに彼らは，直売の店舗を，近隣で店舗を経営する若い世代と一緒にシェアをし，店舗の中の小さなスペースを，昼間はカフェとして，夜はバーとして活用するなど，地域コミュニティにおける新しい取り組みへと展開している（粕谷2019）。

直売店舗
「Vegetable Shop Mugwort TOMATO」

2018年8月3日筆者撮影。

（粕谷美砂子）

考えてみましょう

①単身世帯，２人以上の世帯，高齢者世帯のそれぞれについて，男性に比べて女性の収入が少ない理由を考えてみよう。
②家計のジェンダー分析を通して明らかになった問題を整理し，問題を解決していくために必要なことがらを話し合ってみよう。

注

(1)「家族経営協定」とは，家族農業経営を構成する世帯員が対等な立場で共同して経営体づくりとその運営に参画できるように，家族間において，経営上の位置や役割分担，労働時間，働きに見合った所得の配分等の就業条件，資産形成を含む生活条件，家事・育児・介護等にかかわる生活ルール等について，話し合いに基づき取り決めることである。農林水産省が1995年に推進通達を発し，農林水産省経営局就農・女性課女性活躍推進室が，家族経営協定の実態調査結果，締結事例について紹介している。施策開始直後の1996年の全国の締結農家数は5335戸であったが，2020年には５万8799戸と締結数は10倍以上に増加している。

(2)　２人以上の世帯については，総務省統計局「家計調査（家計収支編　二人以上の世帯　詳細結果表）2019年　第３-３表　世帯主の職業別１世帯当たり１カ月間の収入と支出」を参照。

(3)　個人営業世帯の年間収入は，家計調査「年間収入階級別1世帯当たり１カ月の収入と支出」において，2017年までは確認可能であった。一方，2014年全国消費実態調査では，世帯主の職業別に，２人以上の世帯の個人営業世帯の年間収入は，707万円，農林漁家世帯別は，621万円である。

(4)　現物総額とは，外部からのもらい物（プレゼント，お中元，お歳暮など），現物給与（勤務先からの定期券の支給など），自家産物（自家菜園の産物の自家消費または贈与など）のことである。家計調査としては，現物の収支は，地域によってかなり差があると思われることなども含め，現物の収支も明らかにすべきであるとし，1953年から調査されてきた。ILO（国際労働機関）の第17回国際労働統計家会議で採択された「家計収支統計に関する決議」（2003年）でも，現物の取扱いについて「現物及び現物サービスの社会移転の消費は可能な限り収集する必要がある」としている。しかしながら，「現物総額」は，1991年以降減少傾向にある。2018年調査から，「現物」は，「実収入」や「消費支出」には含めず別に表章（サテライト勘定）し，「現物」は，「現物収入」として３区分に分類し，「現物支出」として10大費目と自家産物に分類して集計，調査世帯では「現物」の見積額を家計簿に記入することとなった（総務省統計局「『家計調査』における現物の取扱い」（家計調査の改善に関するタスクフォース（第３回，資料３-１），2016年）https://www.stat.go.jp/info/kenkyu/skenkyu/pdf/160712-shiryou1.pdf（2020年８月３日閲覧））。

(5) 「個別経営」とは，農業生産物を販売することを目的とした農業経営体のうち，世帯による農業経営体をいい，このうち法人格を有するものを「個別法人経営」という。農業経営統計調査「経営形態別経営統計（個別統計）」の調査事項は，農業粗収益，農業経営費，農業生産関連事業収支，農外収入，農外支出，年金等の収入，租税公課諸負担，共催・補助金等である（農林水産省「経営形態別経営統計（個別経営）」: https://www.maff.go.jp/j/tokei/kouhyou/noukei/einou_syusi/index.html, (2020年8月3日閲覧)。

(6) 2016年10月から厚生年金保険の非正規雇用への適用拡大によるが，山田（2019）は新たに設けられた賃金要件に焦点を当て，既存の参照基準「最低賃金」からの「逸脱」や低賃金雇用者の排除となっていること等を指摘している。駒村（2019）の補足も参照されたい。

(7) 藤森（2018）は，高齢単身女性の貧困に対して求められる対応として，短時間労働者への厚生年金の一層の拡大，子育て期も働き続けられる環境の整備，高齢者に特化した新たな生活保護制度の創設をあげている。

（天野晴子・粕谷美砂子）

第5章　家計の所得格差・貧困と所得再分配

《本章のねらい》

　長期的な傾向として，日本では所得格差が広がっており，貧困層も増えています。その背景には，経済のグローバリゼーションに伴う労働市場の変化がありますが（第1章および第3章を参照），政府の所得再分配によって，格差・貧困の拡大を防ぐことは可能です。本章では，政府による所得再分配の機能と日本の特徴について，生活経済の視点から考えます。

Keywords▶格差，貧困，所得再分配，税，社会保障

第1節　所得再分配と政府の役割

　国民経済は〈家計〉〈企業〉〈政府〉の3つの経済主体から構成される。家計は企業に対して労働力・土地・資本といった生産要素を提供し，その見返りに賃金・地代・利子などの所得を得る。企業は生産要素を用いて財やサービスを生産し，家計や政府，他の企業に販売することで利潤を得る。政府は家計と企業に税・社会保険料の納付を課し，その収入で年金や福祉などの社会保障，道路や学校などの公共財を提供する。そして政府は政策を通して経済全体の循環を調整する。

　このような国民経済の循環において，家計の所得格差や貧困はどこから生まれるのか。

　格差や貧困が生じるひとつの可能性は，家計と企業との関係，つまり"雇用・労働問題"である。家計が企業に生産要素を提供して得られる所得は「当初所得」と呼ぶ。代表的なのは賃金である。働いて得られる賃金は，どの企業

に勤めるか，どのような仕事をするかによって異なり，当初所得の格差は大きい。しかも病気や失業で働くことができなければ当初所得はゼロで貧困に陥る。人口の高齢化率が高まり，労働市場から引退した高齢者だけで構成される家計が増えれば，当初所得で見た貧困は増えるだろう。

　しかし私たちは当初所得で暮らしているわけではない。実際の家計は当初所得をそのまま全額使用することはできず，税金や社会保険料を政府に納めなければならないからである。その代わりに政府は家計に対して児童手当，失業給付，老齢年金といった社会保障給付を行う。このような政府の機能を「所得再分配」と呼び，政府の所得再分配を経た後の家計の所得を「再分配所得」という。再分配所得は「可処分所得」と同義であり，私たちは通常，この再分配所得（可処分所得）で暮らしている。

　格差や貧困が生じるもうひとつの可能性は，この家計と政府との関係，つまり"税・社会保障"である。なぜなら政府は税や社会保障などの政策を通して，政府の所得再分配機能を強めることも弱めることもできるからである。実際に私たちは当初所得ではなく再分配所得（可処分所得）で暮らしており，家計を拠点に考察する生活経済論は政府との関係を無視することはできない。

　格差や貧困が"雇用・労働問題"から生じる可能性については，第1章や第3章で取り上げた。本章では"税・社会保障"から生じる可能性と家計の現状について考えてみよう。

第2節　所得再分配の時系列比較と国際比較

　日本の所得格差・貧困はいかなる現状にあるのか。現状や実態を知り，それを評価し判断するためには，測定指標と比較軸が必要となる。本節では，格差を測定する指標として「ジニ係数」，貧困を測定する指標として「相対的貧困率」を用いて，時系列比較と国際比較で確認してみよう。

1 時系列比較

　図5-1は，1985年から2015年まで30年間の日本のジニ係数の推移である。
「全人口」で見た場合，再分配前のジニ係数は1985年0.345から2015年0.504ま
で大きく上昇し，格差が拡大していることがわかる。だが再分配後を見ると，
1985年0.304から2015年0.339までの上昇にとどまり，政府の所得再分配によっ
て格差の拡大を抑えている。

　政府が果たす役割がより大きいのは高齢者層の所得格差の是正である。1985
年から2015年までの30年間に，高齢者層（引退年齢人口）の再分配前のジニ係
数は0.498から0.712まで大きく上昇し，稼働年齢層（労働年齢人口）以上に格
差が拡大した。しかし再分配後を見ると，高齢者層のジニ係数は0.369から
0.351までこの30年間で低下しており，所得格差は縮小している。稼働年齢層
のジニ係数はこの30年間で上昇し，再分配の前後の差も小さいのに対して，政
府の所得再分配は高齢者層の所得格差を是正している。

　図5-2は，同時期の相対的貧困率の推移を見たものである。「全人口」で見
た場合，1985年の貧困率は，再分配前12.5%，再分配後12.0%とほとんど違い
がなく，政府は貧困削減をわずかしか行っていなかった。それが2015年では再
分配前33.0%に対して再分配後15.7%と貧困率が低下しており，政府は貧困
削減の役割を果たしていることがわかる。だがその役割は高齢者層（引退年齢
人口）に対して大きい一方，稼働年齢層（労働年齢人口）に対しては限定的であ
る。稼働年齢層の貧困率を見ると，1985年時点では，再分配前10.5%，再分配
後10.6%と再分配後のほうが貧困率は高く，政府の所得再分配で貧困層が減少
するどころかむしろ増加していた。その後そのような逆転現象は解消されてい
るが，2015年時点の貧困率は，再分配前18.4%，再分配後13.6%と，わずかな
低下にとどまる。

　以上の時系列比較で確認できることは，日本はこの30年間で当初所得で見た
再分配前のジニ係数・相対的貧困率が上昇し，所得格差・貧困が拡大したこと
である。だが，再分配後の数値で見ると一定の上昇にとどまる。それは，政府
の所得再分配で格差と貧困の拡大を抑えたからであり，格差是正と貧困削減に

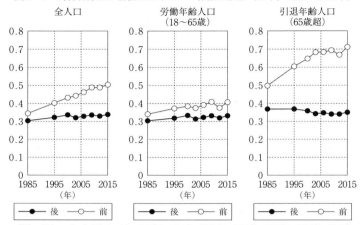

図5-1 所得再分配の前後におけるジニ係数の推移（日本，1985～2015年）

（注）　日本のデータがあるのは，1985年，1995年，2000年，2003年，2006年，2009年，2012年，2015年。
（出所）　OECD Stat.（2020年7月27日閲覧）より筆者作成。

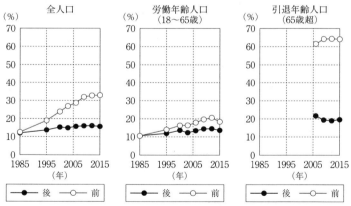

図5-2 所得再分配の前後における貧困率の推移（日本，1985～2015年）

（注）　日本のデータがあるのは，1985年，1995年，2000年，2003年，2006年，2009年，2012年，2015年（引退年齢人口のデータは2006年，2009年，2012年，2015年）。
（出所）　OECD Stat.（2020年7月27日閲覧）より筆者作成。

対して政府が果たしている役割を確認することができる。では，このような日本の現状は他の先進諸国と比べてどうなのだろうか。2015年の数値を他国と比較して見てみよう。

2 国際比較

　政府の所得再分配による格差是正効果や貧困削減効果は，稼働年齢層（労働年齢人口）に比べて高齢者層（引退年齢人口）のほうが大きいため，国際比較をする場合は各国の高齢化率の違いを考慮しなければならない。そこで本節では「労働年齢人口」（18〜65歳：稼働年齢層）に比較対象をそろえて，各国の違いを確認してみよう。

　表5-1は，所得再分配の前後における労働年齢人口のジニ係数と貧困率の変化を表したものである。表にあげた6カ国のうち，再分配後のジニ係数は高い順にアメリカ0.384，イギリス0.360，日本0.332であり，日本は3番目である。アメリカやイギリスは所得格差が大きいことは一般に知られていよう。だが再分配前のジニ係数では順位が異なる。高い順にイギリス0.470，アメリカ0.469，フランス0.454，ドイツ0.419，日本0.407，スウェーデン0.364であり，日本はスウェーデンに次いで格差が小さい国となっている。日本はもともとドイツやフランスより格差が小さいにもかかわらず，再分配後ではアメリカとイギリスに次いで格差が大きい国になるのは，政府による格差是正効果[4]が18.4％とアメリカ（18.1％）と同程度に小さいからである。

　例えばフランスは，再分配前では6カ国のうち3番目に格差が大きいにもかかわらず（0.454），再分配後ではスウェーデンに次いで格差が小さくなる（0.299）。それは政府による格差是正効果が34.1％と大きいからである。一般的に北欧諸国は「大きな政府」をもつとされ，社会保障が充実しているイメージがある。たしかにスウェーデンは最も格差が小さい（0.269）が，政府による格差是正効果は26.1％とそれほど大きいわけではない。むしろ再分配前の所得格差が小さい（0.364）ことが特徴であり，家計と政府の関係（税・社会保障）だけでなく，家計と企業の関係（雇用・労働問題）が果たしている役割も大きい。

　貧困率の変化はどうか。日本の労働年齢人口の再分配後の貧困率13.6％は，アメリカ（14.8％）に次いで高く，日本は貧困率の高い国に位置づけられる。だが再分配前で最も貧困率が高いのはフランス（26.2％）であり，アメリカの貧困率（19.8％）は再分配前ではドイツ（20.0％）やイギリス（20.8％）よりも

表 5 - 1　所得再分配の前後におけるジニ係数・貧困率の変化
（労働年齢人口，2015年）

	ジニ係数			貧困率		
	所得再分配		格差是正	所得再分配		貧困削減
	前	後	効果	前	後	効果
日　本	0.407	0.332	18.4%	18.4%	13.6%	26.1%
アメリカ	0.469	0.384	18.1%	19.8%	14.8%	25.3%
イギリス	0.470	0.360	23.4%	20.8%	10.0%	51.9%
ドイツ	0.419	0.301	28.2%	20.0%	10.0%	50.0%
フランス	0.454	0.299	34.1%	26.2%	8.3%	68.3%
スウェーデン	0.364	0.269	26.1%	14.5%	8.5%	41.4%

（注）　格差是正効果および貧困削減効果は「（再分配前の数値－再分配後の数値）÷
再分配前の数値×100」で算出したもの。
（出所）　OECD Stat.（2020年 7 月27日閲覧）より筆者作成。

低い。つまり，各国の貧困率は家計と企業の関係（雇用・労働問題）だけから生じるのではなく，家計と政府の関係（税・社会保障）で左右されることがわかる。再分配の前後で貧困率がどの程度変化したのか貧困削減効果をみると，フランスが68.3％と最も高く，ドイツとイギリスも50％を超えているのに対して，日本とアメリカは25％程度と小さい。スウェーデンは41.4％と日本やアメリカほど小さくないが，イギリス，フランス，ドイツほど大きくもなく，政府の所得再分配による貧困削減効果は中程度である。

第 3 節　所得再分配と税・社会保障の役割

　稼働年齢層（労働年齢人口）の格差や貧困は，家計と企業との関係，つまり雇用・労働問題から生じると一般的には考えられている。もちろん当初所得で見た格差や貧困はどの国でも一定の大きさで生じている。だが私たちは当初所得で暮らしているわけではない。政府の所得再分配によって再分配所得（可処分所得）の格差や貧困を縮小することは可能である。前節において，日本はアメリカと並んで，政府による格差是正効果，貧困削減効果が小さいことを確認した。日本とアメリカの稼働年齢層（労働年齢人口）の貧困率の高さは，雇用・労働問題から生じているというよりも，むしろ政府の所得再分配によって改善

されない結果，生じていると考えることができる。政府の政策がもたらしたものであれば，政府の政策で状況を変えることは可能である。政府のどのような政策が，格差を是正し，貧困を改善するのか，税・社会保障の役割を考えてみよう。

1　〈家計〉から〈政府〉への所得移転

　まず，家計から政府に所得が移転される「拠出」面について見る。家計が政府に対して拠出する主なものは税金と社会保険料である。税金には，国に納める国税と地方自治体に納める地方税があり，課税の種類としては所得課税（所得税，法人税，住民税等），消費課税（消費税，酒税，自動車税等），資産課税（相続税，贈与税，固定資産税等）がある。税率は，高い課税対象所得には高い税率を課す累進課税と，課税所得に関係なく一律の税を課す比例課税がある。累進課税の場合，高い課税所得には高い割合で税が課されることから，政府に税を拠出する前と比べて，拠出した後では，家計の所得格差は小さくなる。

　社会保険料とは，あらかじめ想定したリスクに備えて保険料を拠出しておき，リスクが顕在化したときに給付が行われる社会保険の保険料である。日本には，健康保険，年金保険，労働者災害補償保険，雇用保険，介護保険という5つの社会保険がある。生命保険や火災保険など民間の保険会社が販売している保険商品とは異なり，社会保障制度としての社会保険は，制度の要件に当てはまれば必ず加入しなければならない（強制加入）。社会全体でリスクに備える制度であるからこそ，制度の運用には政府が関与し，保険料だけでなく税金も加えて制度が維持されている。社会保険料は，雇用労働者として社会保険制度に加入する場合，労働者本人と使用者である企業が半分ずつ負担し（労使折半），保険料は累進的ではなく一律の割合で課せられる。[6]雇用労働者として社会保険に加入できない場合は，雇用労働者である家族の被扶養者として加入するか，市区町村の窓口で制度に加入する。[7]

　このような家計から政府への「拠出」は，格差の是正や貧困の削減にどのようにかかわるのか。税金や社会保険料が比例的に課される場合は，高所得者も

低所得者も当初所得から一律割合で所得を拠出することから，家計間の所得格差は是正されない。だが高い課税所得には高い税率を課したり低所得者には保険料を免除・軽減する仕組みがあれば，拠出前と比べて拠出後の家計間の所得格差は縮小する。つまり，このような拠出の仕組みがあれば，拠出には格差を是正する機能がある。

　一方で，拠出には貧困を削減する機能はない。高所得者も低所得者も政府に税や社会保険料を拠出した後の所得は，当初所得と比べて少なくなるからである。拠出前の当初所得では貧困ラインを超えていた家計が，拠出によって貧困ライン未満の所得まで下がると，貧困率は上昇する。つまり拠出は貧困を増やす可能性があることに留意する必要がある。

［2］〈政府〉から〈家計〉への所得移転

　政府から家計に所得が移転される「給付」面はどうだろうか。政府は社会保障制度を通して，また税制度を通して，家計に給付を行い，家計の所得を支えている。

　社会保障制度からの給付には，社会保険としての給付と，それ以外の給付がある。社会保険としての給付は，老齢というリスクが顕在化したときには年金保険制度から老齢年金が給付され，失業というリスクが顕在化したときには雇用保険制度から失業手当（求職者給付）が給付されるといったように，5つの社会保険制度があらかじめ想定したリスクが顕在化したときに現金または現物が給付される(8)。5つの社会保険制度以外の給付としては，現金給付として生活保護や児童手当などがあり，現物給付として保育所や学童保育（放課後児童クラブ），妊産婦・乳幼児の母子保健，障害者福祉サービスなどがある。現金給付は家計の所得を増やし，現物給付は家計の所得が減るのを防ぐ形で家計の所得を支える。

　税制度にも給付の機能がある。税を通して家計の所得を支えることは財政福祉と呼ばれ，一般には減税として知られている(9)。減税方法としては，当初所得から一定所得額を差し引き課税所得を少なくすることで税額を減らす方法（所

得控除[10])，当初所得から算出された税額から一定所得額を差し引くことで税額を減らす方法（税額控除[11])がある。とはいえ，もともと当初所得が少なく，納めるべき税金がゼロや少額の場合は，減税で可処分所得が増える効果を得ることができない。それゆえ課税額よりも減税額が大きいときはその差額を家計に給付する方法（給付付き税額控除[12])がある。

　このような政府から家計への「給付」は，格差の是正や貧困の削減にどのようにかかわるのか。社会保障制度からの給付でも税制度からの給付でも，給付後の家計の所得は給付前と比べて増加することから，貧困を削減する機能がある。高齢者世帯や失業世帯は，当初所得がたとえ貧困ライン未満であっても，老齢年金や失業手当といった給付で貧困ライン以上の所得が得られれば，貧困から抜け出すことができる。

　ただし，給付は必ずしも格差を是正しない。政府からの給付が高所得層に対しても低所得層に対しても同額であれば，給付後の所得格差は給付前と変わらないからである。また，高所得層に対してより手厚い給付が行われる場合は，所得格差はむしろ拡大することもありうる。

　実際，社会保険としての給付が行われるのは，あらかじめ想定したリスクが顕在化したときであり，当初所得が少ないことを理由に給付されるわけではない。社会保険以外の給付は，生活保護のように当初所得が少ない世帯が給付対象であれば所得格差を是正する機能があるが，日本の社会保障は社会保険からの給付が多く，社会保険以外の給付は少ない。税を通した給付も，日本は給付付き税額控除が存在せず，税額控除も少なく，所得控除が中心である。所得控除による減税効果は，累進税率のもとでは，高い税率が課される高所得者ほど大きい[13]。つまり政府からの給付は，貧困は削減しても格差を是正するとは限らず，むしろ所得格差を広げる可能性があることに留意する必要がある。

第4節　家計から見た所得再分配

　では実際に，私たちの家計は政府にどれだけの所得額を拠出し，そして政府

から給付されるのか，2つの政府統計より確認してみよう。

1 厚生労働省「所得再分配調査」

　表5-2は，厚生労働省「所得再分配調査」より，世帯主29歳以下の若年世帯，世帯主40～44歳の壮年世帯，母子世帯，高齢者世帯の家計を対象に，拠出と給付を見たものである。

　若年世帯の場合，当初所得313.0万円を得ているが，その17.5%に相当する54.8万円を政府に拠出している。拠出額の内訳は，税金19.9万円，社会保険料35.0万円であり，社会保険料の額のほうが大きい。政府から受け取る現金給付額は7.5万円とわずかであり，当初所得の2.4%相当にすぎない。結果として，可処分所得は265.7万円と当初所得より47.3万円減少している。若年世帯にとって，政府による所得再分配は，所得の減少を招くものとなっている。

　壮年世帯の場合，当初所得が659.7万円と若年世帯よりも高い。その分，政府に対する拠出も高額であり，当初所得の26.5%に相当する174.6万円を政府に拠出している。世帯主がこの年齢層になると子どもや高齢者と暮らすケースも増えるため，政府から23.3万円の現金給付を受け取っている。しかし給付額よりも拠出額のほうがはるかに多いことから，可処分所得は当初所得より151.3万円も少なくなり，所得の減少を招いている。

　母子世帯の場合，当初所得は236.7万円と少ないが，可処分所得は258.3万円と当初所得より21.6万円増加している。それは，政府から66.4万円の現金給付を受け取るからである。夫と死別した母子世帯に対する遺族年金，一定所得未満の母子世帯に対する児童扶養手当，さらに中学校修了までの児童の養育者に支給される児童手当など，社会保障制度による現金給付が，母子世帯の家計を支えている。だが66.4万円の現金給付があるにもかかわらず，可処分所得は21.6万円しか増えていない。それは母子世帯も政府に対して税と社会保険料を27.1万円拠出しているからであり，給付額の半分相当は拠出額で相殺されている。

　高齢者世帯はどうか。当初所得は100.4万円と最も少ないにもかかわらず，

表5-2　厚生労働省「所得再分配調査」からみた拠出と給付
（世帯主の年齢階級別・世帯類型別）2017年

		総　数		世帯主29歳以下		世帯主40～44歳		母子世帯		高齢者世帯	
世帯数	（世帯）	4,415		172		334		60		1,423	
世帯人員数	（人）	2.38		1.57		3.14		2.60		1.58	
有業人員数	（人）	1.20		1.07		1.57		1.05		0.34	
当初所得（年間）A	（万円）	429.2	100.0%	313.0	100.0%	659.7	100.0%	236.7	100.0%	100.4	100.0%
拠出額（年間）B	（万円）	111.5	26.0%	54.8	17.5%	174.6	26.5%	44.8	18.9%	43.5	43.3%
税金		53.5	12.5%	19.9	6.4%	83.8	12.7%	17.7	7.5%	23.8	23.7%
社会保険料計		58.0	13.5%	35.0	11.2%	90.8	13.8%	27.1	11.4%	19.6	19.5%
うち年金		26.5	6.2%	21.4	6.8%	49.8	7.5%	14.6	6.2%	0.6	0.6%
うち医療		23.4	5.5%	12.1	3.9%	32.4	4.9%	10.1	4.3%	10.7	10.7%
うち介護・その他		8.1	1.9%	1.5	0.5%	8.6	1.3%	2.4	1.0%	8.4	8.4%
現金給付額（年間）C	（万円）	115.2	26.8%	7.5	2.4%	23.3	3.5%	66.4	28.1%	214.1	213.2%
うち年金・恩給		108.4	25.3%	1.9	0.6%	9.1	1.4%	21.9	9.3%	211.0	210.2%
可処分所得（A－B＋C）（万円）		432.9	100.9%	265.7	84.9%	508.4	77.1%	258.3	109.1%	271.0	269.9%
可処分所得－当初所得	（万円）	3.7		−47.3		−151.3		21.6		170.6	

(注)　「世帯主」とは，年齢や所得にかかわらず，世帯の中心となって物事をとりはかる者として世帯側から申告された者。

　　　「母子世帯」とは，死別・離婚・その他の理由（未婚の場合を含む）で，現に配偶者のいない65歳未満の女（配偶者が長期間生死不明の場合を含む）と20歳未満のその子（養子を含む）のみで構成している世帯。

　　　「高齢者世帯」とは，65歳以上の者のみで構成するか，またはこれに18歳未満の未婚の者が加わった世帯。

(出所)　厚生労働省，2017b，「平成29年所得再分配調査」より筆者作成。

可処分所得は271.0万円と若者世帯や母子世帯より多くなる。それは政府から214.1万円の現金給付を受け取るからである。高齢者がこのようなまとまった現金給付を政府から受け取ることができるのは，若年期や壮年期に社会保険料を拠出していたからであり，労働年齢の時期の拠出は引退年齢の時期の給付で報われると考えることも可能である。ただし引退した高齢期においても政府への拠出がなくなるわけではなく，高齢者世帯も税金として23.8万円，社会保険料として19.6万円を政府に拠出している。[14]

［2］総務省統計局「全国消費実態調査」

　政府による所得再分配の国際比較において，日本とアメリカは，他国と比べて，稼働年齢層（労働年齢人口）に対する格差是正効果，貧困削減効果が小さいことを確認した。世帯主が稼働年齢層の世帯には子どもが育てられているこ

表5-3　総務省「全国消費実態調査」からみた拠出と給付（勤労者世帯）2014年

		母子世帯		18歳未満の子どもがいる世帯	
集計世帯数	（世帯）	459		11,727	
世帯人員	（人）	2.60		3.87	
18歳未満人員	（人）	1.60		1.84	
有業人員	（人）	1.03		1.56	
世帯主の年齢	（歳）	40.1		40.9	
実収入	（円）	215,458		486,095	
勤め先収入		181,869	100.0%	449,507	100.0%
事業・内職収入		—	—	1,693	0.4%
本業以外の勤め先・事業・内職収入		1,160	0.6%	2,402	0.5%
他の経常収入		26,616	14.6%	24,630	5.5%
社会保障給付		22,608	12.4%	21,593	4.8%
実支出	（円）	216,402		384,203	
消費支出		190,464	104.7%	297,206	66.1%
非消費支出		25,938	14.3%	86,997	19.4%
直接税		6,124	3.4%	34,917	7.8%
社会保険料		19,666	10.8%	51,993	11.6%
可処分所得（実収入－非消費支出）	（円）	189,520		399,098	
可処分所得－勤め先収入	（円）	7,651		−50,409	

（注）　「母子世帯」とは，母親と18歳未満の未婚の子どもの世帯。
　　　　「18歳未満の子どもがいる世帯」とは，18歳未満の未婚の子どもがいる世帯（18歳以上の
　　　子どももいる世帯は除く）。
（出所）　総務省統計局「平成26年全国消費実態調査」より筆者作成。

とが多いことから，稼働年齢層の貧困は「子どもの貧困」とかかわる。そこで，
総務省統計局「全国消費実態調査」より，世帯主が勤労者で子どもを育ててい
る2つの家計を見てみよう。

　表5-3は，「母子世帯」と「18歳未満の子どもがいる世帯」の家計収支を示
したものである。勤め先収入はそれぞれ18万1869円，44万9507円，実収入は21
万5458円，48万6095円と2倍を超える差があり，低所得層と中所得層の子育て
家計である。

　まず，家計から政府に対する「拠出」について。2つの家計の非消費支出を
見ると，「母子世帯」は直接税として6124円，社会保険料として1万9666円を
政府に拠出している。絶対額として直接税よりも社会保険料のほうが高く，税

の3倍以上の金額を社会保険料として拠出している。「18歳未満の子どものい
る世帯」の拠出額は，実収入が高い分，「母子世帯」よりも多額である。勤め
先収入を100％とした場合，直接税の比率は，「母子世帯」3.4％，「18歳未満の
子どものいる世帯」7.8％で，勤め先収入の少ない母子世帯は税の負担が軽い。
だが社会保険料の比率は，「母子世帯」10.8％，「18歳未満の子どものいる世
帯」11.6％とそれほど違いがない。低所得層の家計は税金の負担は軽いものの，
社会保険料については中所得層の家計と同程度の負担が課せられており，同じ
拠出（非消費支出）であっても税金と社会保険料の負担の大きさは同じではな
い。
⁽¹⁵⁾

　次に，政府から家計に対する「給付」について。2つの家計の社会保障給付
を見ると，「母子世帯」は2万2608円，「18歳未満の子どもがいる世帯」は2万
1593円である。勤め先収入に対する社会保障給付の比率は，「18歳未満の子ど
ものいる世帯」の4.8％に対して「母子世帯」は12.4％と高く，勤め先収入の
低い母子世帯にとって社会保障給付は家計の支えとなっている。

　政府による所得再分配で家計収入がどのように変動するか，勤め先収入と可
処分所得を比べると，「母子世帯」は18万1869円から18万9520円へ，7651円増
加している。つまり，母子世帯の家計は，勤め先収入だけよりも，政府の所得
再分配があったほうが可処分所得は増加する。ただし，2万2608円の社会保障
給付があるにもかかわらず，可処分所得の増加は7651円とわずかである。それ
は，低所得層の母子世帯も政府に対して税金と社会保険料を拠出するからであ
り，その拠出額2万5938円は社会保障給付を上回っている。

　「18歳未満の子どもがいる世帯」はどうか。勤め先収入と可処分所得を比べ
ると，44万9507円から39万9098円へ，5万409円減少している。なぜなら，政
府からの社会保障給付2万1593円よりも，税と社会保険料の拠出である非消費
支出8万6997円のほうが，はるかに高額だからである。

　所得再分配の前後を比べると，「18歳未満の子どもがいる世帯」は再分配後
の可処分所得のほうが家計の所得は減少しており，政府による所得再分配は所
得を増やすどころか，むしろ低下させる危険性があることを示している。「母

子世帯」は再分配後の可処分所得のほうが家計の所得は増加するが，その増加額はわずかである。国際比較において，日本は他国と比べて稼働年齢層（労働年齢人口）に対する貧困削減効果が小さいことを確認したが，それはこのような家計と政府の関係，拠出と給付の仕組みに基づく。中所得層の子育て世帯にとって，政府による所得再分配は，家計の安定をもたらすどころかむしろ家計を苦しめる存在となっており，結果的に，税金や社会保険料を納めて社会保障を充実させることへの抵抗感も強くなるだろう。政府による所得再分配ではなく，自分の生活は自分で守るべきといった「自己責任」意識が高まれば，家計は生活リスクに備えた貯蓄に励む必要が生じるため，消費は抑制される。将来不安から消費が抑制されれば，生産と消費という国民経済の循環は停滞し，当初所得である賃金に跳ね返る。

第5節　政府の役割と私たちの選択

　政府による所得再分配が，格差を是正するか，貧困を削減するかは，一様ではない。家計から政府への「拠出」は，高所得者と低所得者の拠出能力に配慮して，高所得者の拠出割合が低所得者より高ければ所得格差は縮小するが，同じ割合なら格差は是正されない。むしろ拠出は家計の所得をより少なくさせることから，貧困を増やすこともある。一方，政府から家計への「給付」は，家計の所得をより増やすことから，貧困削減には効果がある。ただし，低所得者も高所得者も同じ給付割合なら格差是正には効果はなく，高所得者により大きな給付が行われる場合は格差が広がることもある。

　経済のグローバリゼーションに伴い，当初所得で見た格差や貧困は，日本以外の国でも広がる傾向にある。だが当初所得の格差や貧困が，可処分所得の格差や貧困に直結しないよう，抑えることができるのが政府の役割であり，所得再分配という機能である。日本の所得再分配は，他国と比べて，稼働年齢層（労働年齢人口）に対する格差是正効果，貧困削減効果が小さい。日本の税・社会保障制度は，格差や貧困の広がりに対してどのような役割を果たしているの

か，時系列比較，国際比較，家計の事例から，現状を学んだ。各人が現状を学び，自らが望む社会のあり方を考えることは大切である。政府の政策は，有権者の判断で変えることができるからである。

（考えてみましょう）

①自分の家計と政府の関係について，何を拠出し，何が給付されているか，考えてみよう。

②税を通した給付として，給付付き税額控除とはどのようなものか，調べてみよう。

注

(1)　〈政府〉からの給付には，手当や年金などの現金給付だけでなく医療・介護・保育などの現物給付（サービス給付）もあり，厚生労働省「所得再分配調査」は現物給付も加えた「再分配所得」を算出している。だが現物給付はあくまでサービスであり，現金としての所得ではない。本章の「再分配所得」は現物給付は含めず，可処分所得と同じ意味で使用する。

(2)　ジニ係数とは，所得分配の不平等度を表す指標である。0から1までの数値で表され，0に近づけば平等度が高まり，1に近づけば不平等度が高まることを示す。

(3)　相対的貧困率とは，当該社会における貧困層の割合を表す指標である。貧困ラインは，当該社会の等価可処分所得（世帯の可処分所得を世帯人員の平方根で割って調整した所得）の中央値の一定割合（50％，60％等）であり，本章では中央値の50％を貧困ラインとした数値を使用する。

(4)　格差是正効果は，再分配前に比べて再分配後にジニ係数がどの程度変化したかを数値で表したものであり，「（再分配前のジニ係数−再分配後のジニ係数）÷再分配前のジニ係数」で算出している。

(5)　貧困削減効果は，再分配前に比べて再分配後に貧困率がどの程度変化したかを数値で表したものであり，「（再分配前の貧困率−再分配後の貧困率）÷再分配前の貧困率」で算出している。

(6)　2020年4月現在，厚生年金保険料率は18.3％，全国健康保険協会管掌健康保険料は都道府県別に9.87％（東京都），9.93％（神奈川県），10.22％（大阪府）などである。

(7)　市区町村の窓口で加入する場合，例えば国民年金保険料は1カ月1万6540円（2020年度）と定額だが，前年所得が少ないなど保険料の拠出が難しい場合は，免除制度や納付猶予制度がある。国民健康保険の保険料も市区町村で異なるが，世帯の加入者数や所得に応じて保険料を拠出する。

(8)　現物の給付とは，例えば健康保険の場合，保険を使って病気やケガの治療を行う

こと（診療，検査，投薬，手術，入院等）である。

⑼　例えば家計の当初所得は昨年と今年で同じであっても，政府に納める今年の税金が昨年より２万円減税されると，家計の可処分所得は昨年より２万円増加する。家計の可処分所得が２万円増えるという意味において，２万円の給付と２万円の減税は同じである。

⑽　当初所得500万円の場合，50万円の所得控除があれば，課税所得は450万円になる。課税対象500万円の場合の税額と450万円の場合の税額の差が，所得控除による減税である。

⑾　Ａさんの税額100万，Ｂさんの税額50万円，Ｃさんの税額10万円の場合，そこから税額控除として一定の割合や金額（10%減税，５万円減税等）を差し引く方法である。

⑿　税額控除として一律20万円の減税が行われる場合，Ａさんは税額100万円から80万円に，Ｂさんは税額50万円から30万円へ，ともに20万円減税されるが，Ｃさんの税額は税額10万円からゼロになるだけで，減税効果は平等ではない。それゆえ，Ｃさんには減税できなかった差額の10万円を給付する方法である。多くの先進国で導入されているが，日本では2020年現在，この仕組みの税は導入されていない。

⒀　2020年現在，所得税の税率は５%から45%の７段階で区分されている。38万円の所得控除が適用されることによる減税額は，最低税率５%適用では１万9000円であるのに対して，10%では３万8000円，20%では７万6000円と順に減税額は高くなり，最大税率45%では17万1000円が減税される。

⒁　老齢年金の受け取りは雑所得として所得税が課税される（障害年金と遺族年金は課税対象ではない）。また国民年金保険料の拠出は一定年齢で終了するが，健康保険料と介護保険料の拠出は生涯続く。

⒂　このことは**表５-２**でも確認できる。当初所得に違いがある「世帯主40〜44歳」と「母子世帯」を見ると，税金の負担割合は12.7%，7.5%と差があるのに対して，社会保険料の負担割合は13.8%，11.4%と差が小さい。

⒃　世帯員に年金受給者がいる場合は，その年金額もこの社会保障給付に含まれるため，勤労者である世帯主や18歳未満の子ども向けの給付とは限らない。

（藤原千沙）

▶▶ *Column* ◀◀

ケイパビリティ・アプローチからみた貧困：女性非正規雇用者の場合

　一般的に，貧困は，相対的貧困率という所得を用いた指標から測られる。厚生労働省の「国民生活基礎調査」によると，2018年の日本の貧困率は15.7％であり，日本に暮らす7人に1人が貧困に苦しんでいることを示している。貧困率はマクロな視点で貧困を考える際には有効な指標であるが，その7人に1人の人がどのような人で，具体的にどのように生活が苦しいのかはよく見えてこない。

　そこで本コラムでは，個人個人の特性や生活する背景に配慮して貧困を考察できるケイパビリティ・アプローチを紹介したい。ケイパビリティ・アプローチは，1998年ノーベル経済学賞の受賞者であるアマルティア・センが提唱し，共同研究者のマーサ・ヌスバウムらとともに発展させてきた。ケイパビリティ・アプローチは，人が財などの資源を利用して自分にとって価値がある行動をしたり，価値がある状態になるという観点から生活の質をとらえるアプローチである。よって，ケイパビリティ・アプローチから貧困をみるときは，所得の不十分さのみに着目するのではなく，財などの資源を生活に必要な行動や在り方に変換する能力（ケイパビリティ）の欠如に着目する。

　貧困に陥る要因のひとつとして，非正規雇用の増加が問題視されている。非正規雇用者の約7割は女性であり，女性非正規雇用者の約8割が年収200万円未満という低収入であること（総務省統計局労働力調査，2020）や，正規雇用への転職率が約2割であり就業継続が不安定（総務省統計局就業構造基本調査，2012）という問題がある。

　ケイパビリティ・アプローチを用いて女性非正規雇用者の生活実態を分析したところ，「一人暮らしができない」，「給料日前になるとバランスの良い食事がとれない」などの生活困難を抱えていた。また，単に金銭的に生活が苦しいということに留まらず，低収入・不安定な働き方がこの先も続くのかという不安から，「人生設計が描けない」など自分の将来を展望できない状況に追い込まれている様子が明らかになった（山本，2017）。このようにケイパビリティ・アプローチは，所得の不十分さのみならず，本人が価値を置く生活を送れているのかという視点で考察できる点において，貧困分析に大きく貢献できる。

（山本咲子）

第6章	社会保障と最低生活保障

《本章のねらい》

　本章では，私たちが人生において直面するかもしれないさまざまなリスク（傷病，老齢，要介護，障害，多子，死別，失業など）に備える政策である社会保障が，どのようにして誕生し，展開してきたのかについて，1章で学んだ資本制社会における必然性という文脈から取り上げます。さらに，社会保障の政策目的である生存権保障について，「健康で文化的な最低限度の生活」とはいかなる内容なのか，それを保障している諸制度とともにジェンダーの視点から考えます。

Keywords▶社会保障，生存権，最低生活費，生活保護制度，最低賃金

第1節　社会保障の登場と展開

1 社会保障という政策の登場

　世界で初めて「社会保障」という用語が使われたのは，旧ソ連が勤労者を対象に制定した「社会保障規則」（1918年）である。ただし，本章では資本制社会において社会保障という政策が登場したことの必然性を重要なテーマの一つとして位置付けているので，資本主義圏で初めて「社会保障」という用語が使われたアメリカの「社会保障法（Social Security Act）」から取り上げてみよう。1935年に同法が制定される時代的な背景には，1929年の世界恐慌によって，失業・飢餓・病気・貧困が満ちていた状況があった。この時期にさまざまな社会運動の気運が高まり，ストライキが頻発する状況で，フランクリン・ルーズベルト大統領によってニューディール政策が実施されることになる。このニューディール政策に「社会保障法」制定が含まれていた。同法の内容は老齢保険

（年金保険）や失業保険であったが，医療保険は含まれていなかった。ちなみに，アメリカでは未だに全国民を包括するような公的医療保険が存在しておらず，深刻な社会問題となっているが，この社会保障のスタート時に医療保険が欠けていたことも少なからず影響していると言えるだろう。⁽¹⁾

　真の意味で社会保障という政策が誕生するのは，もう少し後になる。1942年，戦後の資本主義経済における社会保障モデルとなる「社会保険および関連サービス（通称ベヴァリッジ報告）」が英国で発表された。作成者のW・ベヴァリッジは，英国の失業問題の権威であり，国家による経済への積極的介入を容認するケインズ主義者であった。のちに英国の福祉政策を象徴するスローガンである「ゆりかごから墓場まで」の土台ともなった同報告書は，今日の社会保障の内実を初めて表したものである。同報告書が作成されたのは，戦争に対する士気を高めるために，社会保障計画を国民に示す必要があったからである。

　同報告書では社会保障を次のように定義付けている。「失業・疾病もしくは災害によって収入が中断された場合にこれに代わるための，また老齢による退職や本人以外の者の死亡による扶養の喪失に備えるための，さらに出生・死亡・結婚などに関連する特別な支出を賄うための，所得の保障（the securing of an income）を意味する」。この社会保障＝所得保障という概念が，欧米では一般的である。

2　資本制社会保障の歴史的形成過程

　先述したように，社会保障政策は第2次世界大戦後に各国でスタートする。ただし，戦後の新しい憲法や国際文書によって，あるいは官僚や研究者らによる制度設計によって社会保障が誕生したわけではない。社会保障は，資本主義の発展過程で段階的に，社会的必然に基づいて形成された政策であるという視点に立つことが，この政策を理解する上で重要である。以下，資本主義の発展過程を3つの段階に分けて振り返りながら，社会保障の形成過程を見ていく。

　まずは，18世紀末から19世紀末にかけての産業資本主義段階である。「産業革命」が起こした社会的・経済的諸変革によって「産業資本主義」段階に移行

する。産業革命によって，旧来の「家内工業」や「マニュファクチュア」は駆逐され，機械制工場制度が成立する。このような変革過程において小商品生産者は没落し，一方で産業資本家（ブルジョアジー）が本格的に確立する。産業資本は経済・社会・政治の各面で主導権を握っていく。自助原則が厳格に適用されたこの時期における生活保障策には，熟練労働者が相互扶助の精神に基づき，不慮の事故や災害，疾病等に備える基金を準備した自主共済，自立できない生活困窮者を国家が恩恵的に援助した救貧制度などが挙げられる。ただし，いずれも社会保障と呼べるものではなかった。

　その後，世界経済はイギリスにおける経済不況を契機とする長期的な不況期に突入する。産業革命の過程で地位を確立した産業資本は，自由競争のもとに生産規模を拡大し，資本の集積・集中が進展する（独占資本主義への移行）。この過程で機械化や新たな生産方式の導入等の産業の合理化が進行したいっぽう，その影響から労働条件が悪化する。低賃金や長時間労働，労働災害が蔓延するなかで労働問題が政治課題となる。労働者が直面する失業，老齢，疾病等のリスクに対応するために，ドイツの疾病保険（1883年）に代表される社会保険が創設される。また，生活困窮者の救済が「恩恵」ではなく，国家の責務となった公的扶助が制度化されるのもこの時期である。今日の社会保障にみられる社会保険や公的扶助といった制度が独占資本主義段階に誕生しているが，まだこれらの制度を社会保障とは呼ぶことはできない。なぜなら，生存権保障の概念が成熟しておらず，制度によって保障されるレベルがあまりにも低すぎたからである。

　真の意味で社会保障が登場するのは，世界恐慌以降の国家独占資本主義段階になってからである。アメリカで発生した世界恐慌は，たちまち世界に波及し，各国の資本主義体制に深刻な影響を与えた。深刻な経済的・政治的危機に直面した各国の課題は，いかに「資本主義的」にこの危機を克服・脱出するかであった。従来の政策の延長線上で恐慌が起こったとの認識に立てば，政策転換は必然であり，各国は国家の機構と機能を強化し，その強化された国家権力をもって経済への介入を強めるようになる。そして，新たな政策である社会保障

の政策目的とは，生存権の保障，すなわち人間らしく生きる権利であった。つまり，国家が国民に対して生存権を保障することができなければ，資本主義体制そのものを維持することが困難になったがために，社会保障という政策が実現したのである。

［3］ 社会保障と自助原理

歴史を顧みれば，人間社会には生産関係に照応した生活原理が存在することが確認できる。封建制社会には，各個人の生活は身分的従属関係で保障されていた。支配―被支配関係があり，身分が上位の者は下位の者の生活の面倒を見ることは身分関係の維持のために当然であった。つまり，この時代には生活不安・貧困の個人責任的要素は存在しなかったのである。

その後，資本制社会になると，生産関係の基軸は，平等な市民間の自由な契約関係に移行する。形式的には，労働者は身分的拘束から解放され，生産の不可欠な要素である「労働力」の所有者になった。実質的には，生産手段の所有者（資本家）と「労働力」の所有者（労働者）との間には自由な交換契約関係が結ばれた。このとき労働者は，身分的拘束から解放されたが，同時に生産手段から「自由」になった。つまり，労働者は原料や機械設備などの生産手段を一切所有しないために，労働力を販売するしか生活の糧を得ることができなくなる。こうして，身分的拘束からの解放の代償として労働者は自助（自己責任）という宿命を背負うことになったのである。

ところが，先述したように資本主義発展の過程において自助の物的条件である雇用保障や賃金保障が危うくなり，労働者・国民は生存の危機に瀕することになる。そこで資本制国家は，別の原理を取り入れて自助を基本としながらも，それを修正して体制を維持しようとしたのである。この別の原理こそが，国庫・公費負担や企業・使用者拠出によって社会保障財政が担われることを意味する社会的扶養原理であり，自助に相反する原理である。そして，この社会的扶養を取り入れて自助を修正して資本制社会を維持させた政策こそが，社会保障なのである。(2)

日本における社会保障の展開

　1950年，GHQ の勧告によって作られた社会保障制度審議会（内閣総理大臣の公的な諮問機関）が「社会保障制度に関する勧告」（通称50年勧告）を公表する。50年勧告では，社会保障制度を以下のように規定している。「いわゆる社会保障制度とは，疾病・負傷・分娩・廃疾・死亡・老齢・失業・多子その他困窮の原因に対し，保険的方法又は直接公の負担において経済保障の途を講じ，生活困窮に陥った者に対しては，国家扶助によって最低限度の生活を保障するとともに公衆衛生及び社会福祉の向上を図り，もってすべての国民が文化的社会の成員たるに値する生活を営むことができるようにすることをいうのである」。

　日本における社会保障の概念は，①社会保険，②公的扶助（生活保護），③社会福祉，④公衆衛生まで含んでいる。先のイギリスのベヴァリッジ報告に代表されるような欧米の概念よりも広いことが特徴である。

　1950年代後半以降，日本経済は高度経済成長期を迎えて財政状況が好転したことにより，社会保険を中心に制度の整備が進んでいく。特に，制度の網からこぼれていた未適用者をなくすために，1959年には国民年金法の制定と国民健康保険法の全面改訂が同時に行われたのは画期的であった。これにより，1961年にはすべての国民が何らかの公的年金制度および医療保険制度に加入する「国民皆年金・国民皆保険」体制が整う。さらに1973年には，70歳以上の高齢者の医療費無料化（窓口負担ゼロ）が始まる（ただし，老人保健法により1982年以降は再び有料化している）。同年には厚生年金保険の5万円年金が実現するなど社会保障分野での前進が見られたことから，政府は1973年を「福祉元年」と宣言した。しかしながら，オイルショックに見舞われた日本経済は低成長の時代に突入し，人口の高齢化も相まって，社会保障政策は転換を迫られることになる。低成長経済や急速な高齢化は全くの想定外であり，当時の社会経済情勢の下で設計された「1970年代モデル」の社会保障が立ち行かなくなるのは，ある意味当然のことである。したがって，この後，低成長経済や少子高齢社会など新たな社会経済情勢に適応した新しいモデルの社会保障へと「改革」が進められていく。

　1990年代に入ると，社会保障の「改革」の議論が活発になる。1995年に社会保障制度審議会は，「社会保障体制の再構築——安心して暮らせる21世紀の社会をめざして」（通称，95年勧告）を公表する。ここでは，社会保障制度を取りまく環境の変化を踏まえ，それに対応しうる社会保障体制を再構築するために，国民の自立と社会連帯の仕組みが必要であるとしている。

　その後，改革の第一歩として，2000年4月から介護保険制度がスタートしたのを皮切りに，2004年には年金制度，2005年には介護保険と障害者福祉，2006年には医療制度，それぞれの分野で改革が行われた[3]。

　しかし，これらの改革でも増大し続ける社会保障費をどう賄うのか，財源問題が最重要課題として残されていた。2012年成立の「税制抜本改革法」で社会保障の安定財源として消費税率の段階的な10％への引き上げが決定する。

　さらに，2012年に成立した「社会保障制度改革推進法」第2条では，「（社会保障制度改革は）自助，共助及び公助が最も適切に組み合わされるよう留意しつつ，国民が自立した生活を営むことができるよう，家族相互及び国民相互の助け合いの仕組みを通じてその実現を支援していくこと」という改革の基本的な考え方が示された。公助（＝国家責任）が大幅に後退するとともに，自助や相互扶助が前面に押し出されるようになったのは，社会保障の形成過程を見れば歴史に逆行していると言わざるを得ない。

第2節　社会保障の構造，体系，しくみ

1　社会保障の構造，体系

　本章では社会保障を構造的に理解する。

　表6-1に示したように，社会保障はニーズを満たす方法によって，所得保障とサービス保障とに大別される。現金を給付して生活を保障するのが，所得保障である。貨幣経済が発達した現代において，所得保障が生活保障で重要な役割を担っていることについては異論がないだろう。また，所得保障を細分化すると，Ⅰ．社会保険，Ⅱ．公的扶助，Ⅲ．社会手当の3つに分けられる。こ

表6-1　社会保障の構造

所得保障
Ⅰ．社会保険……中核制度 　①　年金保険──国民年金，厚生年金，国民年金基金 　②　医療保険──国民健康保険，協会けんぽ，組合管掌健康保険，各種共済組合，後期高齢者医療制度 　③　雇用保険──失業等給付（求職者給付・就職促進給付・教育訓練給付・雇用継続給付） 　　　　　　　　雇用2事業（雇用安定事業・能力開発事業） 　④　労働者災害補償保険 　⑤　介護保険 Ⅱ．公的扶助（生活保護）……補完制度 Ⅲ．社会手当……補充制度 　　　　　　──児童手当，児童扶養手当，特別児童扶養手当，特別障害者手当，障害児福祉手当
サービス保障
Ⅳ．社会福祉──児童，高齢者，障害者（児），ひとり親，生活困窮者 　　医療保障

（出所）　筆者作成。

の中で社会保険が資本制社会に最も適合した制度である。なぜならば，保険料の拠出という資本制社会の生活原理である自助が含まれている制度だからである。この社会保険が社会保障の中核制度を担っている。

　その一方で，公的扶助や社会手当は，主に租税を財源としており，社会保険とは異なり無拠出の制度となっている。公的扶助については，詳細は後節で述べるとして，受給要件を満たすか否かを判断するためにミーンズテスト（資力調査）を伴うことが特徴である。社会保険ではカバーできなかった生活困窮層の生活を保障する制度であり，社会保険を補完する役割を担っている。社会手当については，一定の所得制限が設けられる場合もあるが，公的扶助のようなミーンズテストが課されることはない。社会保険が従前の所得の喪失や減少をカバーするのに対して，社会手当は追加的な費用をカバーする場合が多い。その意味で補充的な制度と言えるだろう。

　所得保障では満たされないニーズを人やモノのサービスでカバーするのがサービス保障である。個人で負担すると莫大な費用になってしまうようなニーズについては，公共的なサービスとして提供した方がかえって効率的になる。

サービス保障の制度としては，社会福祉や医療保障などが含まれる。

［2］　5つの社会保険

　先に紹介したように，公的扶助や社会手当は主に租税が財源であり，税方式（社会扶助方式）の制度である。いっぽう社会保険は，保険の技術を使って，保険料を財源にして給付をまかなうしくみ（＝社会保険方式）である。簡単に言うと，被保険者があらかじめ将来のリスクに備えて保険料を負担しておき，何か起こった際にはその集めた保険料（基金）から給付を受けるしくみである。現在，わが国では5つの社会保険が存在する。

　①年金保険

　20歳以上になれば誰もが国民年金に加入する「国民皆年金」のしくみをとっている。収入がなくなる（もしくは減少する）高齢期の所得保障としての役割が最も知られているところであるが（＝老齢年金），障害を負った場合（＝障害年金）や一家の大黒柱が亡くなった場合（＝遺族年金）などの生活保障の役割もある。また，雇われている人（＝被用者）については，国民年金とは別に厚生年金にも加入しており，国民年金（基礎年金）に上乗せされる「二階建て」の構造をとっている。

　②医療保険

　傷病の治療に必要な医療費を保障するための社会保険である。わが国では，すべての国民が何らかの医療保険に加入する「国民皆保険」のしくみをとっている。被用者については，主に協会けんぽ（中小企業の従業員が加入），組合健保（大企業の従業員が加入），共済組合（公務員，私学教職員などが加入）が加入対象となっている。このうち，協会けんぽと組合健保をまとめて「健康保険」と呼んでいる。また，これらの制度に該当しない自営業者や農業者，そして会社等を定年退職した人などが加入するのが，国民健康保険（国保）で，75歳以上の後期高齢者が加入するのが後期高齢者医療制度である。医療保険は制度間の格差が著しく大きいことが特に問題視されている。

③雇用保険

適用事業で雇われている人が失業したり，雇用の継続が困難になったりした場合に，所得が保障されるほか，職業に関する職業訓練などにも給付が受けられる制度である。

④労災保険

業務中や通勤の途中での傷病や障害，死亡等に対して，必要な保険給付を行う社会保険。全額事業主負担で労働者の保険料拠出はない。

⑤介護保険

2000年4月からスタートした最も新しい社会保険。原則，40歳以上の人が加入し，介護が必要になった際に要介護認定を受けて，その程度に応じた保険給付（介護サービスに要した費用の一部）を受けることができる。

第3節　最低限度の生活とは

［1］「最低限度の生活」のとらえ方

憲法25条「すべて国民は健康で文化的な最低限度の生活を営む権利を有する」は，憲法の条文の中でもよく知られているが，ここで謳われているは「健康で文化的な最低限度の生活」とは，どのような生活なのだろうか。一般的にはギリギリで生きていけるくらいの水準がイメージされている。しかし，最低限度＝minimum とは，「それ以上は切りつめたり小さくしたりはできないという限界」という意味であり，けっして the lowest でもなければ the worst でもないのである。むしろ，「普通の生活」に近い概念であることを本節で解説してみたい。

社会保障の政策目的は，生存権保障であることは先に述べたが，ここでは国家が保障している生存権の内容をどのように解釈すればよいのだろうか。憲法学者である木村草太は，生存権保障の在り方について3つの段階に分けて説明している（木村，2013）。

第一段階は，生命維持の要請を満たすことである。衣食住をはじめとする基

礎的ニーズが満たされているか否かが重要である。おそらく，多く人びとはこの段階までを生存権保障の水準であるととらえているのではないだろうか。木村は，さらにこれを上回る水準を想定する。

第二段階は，基礎的ニーズを満たす財・サービスが，人間らしく生きるための「質」を確保していることである。健康なからだをつくるには，主食である穀類，主菜である肉や魚・卵・豆などのおかず，副菜である野菜・きのこ・海藻など，それに乳製品や果物などを組み合わせたバランスのとれた食事が大切である。ただし，このような「質」にこだわることは，その分コストがかかってくる。

第三段階は，相互に支え合う「人間関係」により，人間の尊厳が実現していることである。人間は社会の中で孤立しては生きられない。他者と交流することで，ストレスを発散したり，生きる喜びを見出したりする。社会の中で孤立しないためには，あるいは利他的な生き方をするためには，「人間関係」が不可欠である。ただ，やはり「人間関係」にもコストがかかる。

［2］最低生活費の意味

このような憲法25条「健康で文化的な最低限度の生活」のとらえ方をしたときに，それでは最低限度の生活を実現するための費用（＝最低生活費）がどのくらいの水準になるのかを把握しておく必要がある。なぜならば，最低限度の生活の実現をめざした制度を設計する際に，あらかじめその制度によって保障すべきレベルをわかっておかなければならないからである。

最低生活費研究の嚆矢は，Ｃ・ブースやＢ・Ｓ・ラウントリーによる貧困調査である。特に，ラウントリーはイギリスの地方都市ヨークでの調査を行い，貧困に陥る原因は個人にあるという当時の社会通念を覆して，貧困は経済的社会的な要因の結果であることを客観的に立証した功績がある。このときラウントリーが最低生活費を決めるために考案した方法が，「マーケット・バスケット方式」である。最低限度の生活を実現するために必要な生活必需品の種類・量を決めて，それぞれに普通の労働者が購入する際の単価を乗じて，食費・住

宅費・水道光熱費・被服費・交通費・教育費など個別的に積み上げていく方法である。日本でもかつては生活保護基準の改定方式として採用されていた。そのほかにも最低生活費の計測に関する研究は，主観的調査にもとづく最低生活費の算出，市民の合意形成による最低生活費の算出，実態家計の中から法則性を見出しての最低生活費の算出等，多様なアプローチが存在する[4]。最低生活とは何か，あるいは貧困とは何かについて，さまざまなとらえ方がある中で，一つの正解があるわけでなく，むしろ多様なアプローチが必要であると考えるべきであろう。

[3] 現代版マーケット・バスケット方式による最低生活費の試算

　調査方法としての「マーケット・バスケット方式」には，最低限度の生活に必要となる財やサービスを一つひとつ積み上げていくので，具体的でわかりやすいという長所があるいっぽうで，次のような欠点も指摘される。第1に「財・サービスの選定が分析者の主観に左右されやすいこと」と，第2に「食費についてはカロリー計算や必要栄養を満たすような栄養学による一定の指標が存在するが，それ以外の費目については，具体的な指標が存在しないこと」の2点である。前者は，数多ある財・サービスの中から何を積算の根拠にするのか，分析者の主観で決めた場合に，偏りが生じてしまい国民の生活実態を反映できない可能性があるということである。また後者は，食費については「25歳男性＝2650キロカロリー」などのように1日に必要な熱量のデータがあり，それを満たすのに必要な食品群も，穀類＝○g，肉類＝○g，野菜類＝○gのような定められた科学的指標が存在するのであるが，それ以外の費目については，たとえば被服費なら「ワイシャツ」だったら何枚所有するのが適当なのか，あるいは娯楽費なら「1泊以上の旅行」のは年間何回行くことが適当なのか等の指標が存在しないということである。

　これらの欠点を克服するために，筆者が監修した最低生活費調査では，次の3調査（①生活実態調査：大まかな生活実態を把握し，生活パターンを決定する基礎資料とする，②持ち物財調査：ふだん使いしている品目と数量をチェックしてもらい，保

表6-2　最低生活費試算調査若年単身世帯総括表

都道府県名	北海道		東京都		長野県		京都府		沖縄県	
自治体名	札幌市		北区		長野市		京都市		那覇市	
性別	男性	女性	男性	女性	男性	女性	男性	女性	男性	女性
最賃ランク	C		A		B		B		D	
消費支出	163,805	159,471	179,804	176,824	183,113	184,772	178,390	175,640	179,439	182,095
食費	39,991	32,310	44,361	35,858	41,323	32,926	44,441	35347	41,266	33200
住居費	32,000	32,000	57,292	57,292	40,625	40,625	41,667	41667	36,458	36458
水道・光熱	10,206	9,933	6,955	6,780	7,298	7,114	7,419	8434	8,764	10424
家具・家事用品	4,071	4,398	2,540	2,703	4,342	4,937	3,836	3922	3,826	3851
被服・履物	5,828	4,431	6,806	5,302	7,522	7,406	5,921	4247	5,021	3339
保健医療	4,558	3,274	1,009	2,885	1,026	2,934	1,137	2733	1,142	3643
交通・通信	16,660	17,438	12,075	12,075	29,359	31,799	18,612	18612	33,794	33794
教養・娯楽	30,068	30,068	25,577	25,613	26,393	26,393	27,510	27531	25,620	25177
その他	20,423	25,619	23,189	28,316	25,225	30,638	27,847	33147	23,548	32209
非消費支出	44,878	44,878	51,938	51,938	53,399	53,399	49,595	49595	48,977	48977
予備費	16,300	15,900	17,900	17,600	18,300	18,400	17,800	17500	17,900	18200
最低生計費（月額）税抜	180,105	175,371	197,704	194,424	201,413	203,172	196,190	193,140	197,339	200,295
税込	224,983	220,249	249,642	246,362	254,812	256,571	245,785	242,735	246,316	249,272
年額（税込）	2,699,796	2,642,988	2,995,704	2,956,344	3,057,744	3,078,852	2,949,420	2,912,820	2,955,792	2,991,264
月150時間換算	1,500	1,468	1,664	1,642	1,699	1,710	1,639	1,618	1,642	1,662
2023年最低賃金額	920		1,072		908		968		853	

（注）　1　：調査は22都道府県で実施し、掲載のうち、長野、沖縄は2020年に、東京は2020年に、長野は2019年に、北海道は2018年に、京都は2016年にそれぞれ実施された。
　　　　2　：25歳単身・賃貸ワンルームマンション・アパート（25㎡）に居住という条件で試算。
　　　　3　：その他には理美容品費、理美容サービス費、身の回り品費、交際費、自由裁量費（1ヵ月6,000円）を含む。
　　　　4　：非消費支出＝所得税＋住民税＋社会保険料。
　　　　5　：地域別最低賃金は1978年より47都道府県をA〜Dの4ランクに分け、中央最低賃金審議会の前に目安額を示している。以降、人口の多いAランクは引き上げ幅を高く、反対に人口の少ないC・Dランクは引き上げ幅を低く設定する傾向にあり、大都市と地方との格差は拡大してきた。
（出所）　全国労働組合総連合ほか、2020年。

有率が原則7割を超えるものを必需品として決定する基礎資料とする，③価格調査：持ち物財調査で保有を決定した品目について市場価格を調べる）を実施し，さらにそれらのデータに基づいて「合意形成会議」も開催した。「合意形成会議」では，当事者に集まっていただき意見を聴取し，それを積み上げる際の参考としている⁽⁵⁾。

　このような方法で試算した最低生活費のうち，25歳単身世帯の結果をまとめた一覧が**表6-2**である。一人暮らしの若者が健康で文化的な最低限度の暮らしをするためには，月額約22〜25万円（税・社会保険料込み）が必要であるという結果が得られた。ここで想定しているのは，食べるのに精いっぱいで余暇を楽しめないような暮らしではなく，たまには外食に行ける，人づきあいができる，年に数回は旅行に行けるような暮らしである。つまり，「健康で文化的な最低限度の生活」とは，質素ながらも「普通の生活」なのである。

第4節　最低限度の生活を実現するために

［1］生活保護制度とは

　本節では，どうやって最低限度の生活を実現するのか，そのための諸制度について解説していく。まずは，生活保護制度について解説する。生活保護には，次のような原理がある（括弧内は該当する生活保護法の条文）。

　無差別平等の原理（第2条）：生活が困窮した原因にかかわらず，その世帯（個人）が経済的に困窮しているかどうか，この1点のみに着目して保護が行われる。
　最低生活の原理（第3条）：生活保護制度は，憲法25条を具体化する制度である。
　補足性の原理（第4条）：働ける人は働く，年金などの資格がある人はまずそれを受ける，最低生活に必要のない自動車，不動産，貴金属など財産・資産のある人はまずそれを処分する，親・子・兄弟姉妹・前夫（子どもの父親）

などから援助の受けられる人はまずそれを受け取る。それでも生活が困窮している場合のみに保護が受けられるということである。※

※　生活保護法第4条については，第1項にある「その利用し得る資産，能力その他あらゆるものを，その最低限度の生活の維持のために活用すること」は要件であるが，第2項にある「扶養義務者の扶養及び他の法律に定める扶助」は優先事項であり，必須ではないことには注意しなければならない。

［ 2 ］ 生活保護制度の目的と実態

　生活保護法第1条には，「この法律は，（中略）その最低限度の生活を保障するとともに，その自立を助長することを目的とする」とあるように，生活保護制度の目的として，まず国の責任で生活が困窮した国民に対して最低限度の生活を保障することが明記されている。果たして，この目的は達成されているのだろうか。保護基準額は所在地域や年齢，世帯人数によりそれぞれ定められているが，保護基準額自体は一般世帯の消費水準とバランスを図って改訂されている（水準均衡方式）。つまり，絶対的な水準ではなくて，相対的な比較で決定されていることになる。この方式によると，一般世帯の生活水準が下がると，被保護世帯が「健康で文化的な最低限度の生活」が実現できるか否かに関係なく，自動的に保護基準額が引き下げられることになる。実際に，2013年から生活保護のうち生活費に関する生活扶助基準が平均6.5％，最大で10％引き下げられている。改めて，現在の保護基準額で「健康で文化的な最低限度の生活」が実現可能なのか検証する必要があるだろう。

　また，第1条には生活保護のもうひとつの目的として「自立の助長」が明記されている。生活保護制度は，たびたび「最後のセーフティネット（安全網）」にたとえられる。サーカスの空中ブランコでは，万が一，演者が落下した時に備えて下には安全網が張ってある。同様に私たちが人生でさまざまなリスクに直面し，下に落ちてしまうかもしれないリスクに対して，生活保護は生命を守るセーフティネットの役割を果たさなければならない。さらに空中ブランコでは落下してしまった演者は，再び登っていき演技を続ける。つまり，生活保護制度には，生活に困窮した人を単に受け止めるだけではなく，元の生活に戻れ

るようにサポートするスプリングボードの機能も備わっていなければならない。しかしながら，現実の生活保護はセーフティネットやスプリングボードから程遠い。

　生活保護基準以下で生活する者のうち，実際に保護が適用されている割合を捕捉率という。論者によって異なるが，高くても4割以下，低いものでは1割程度と指摘されている（唐鎌，2012，287）。保護を受ける要件を満たしているのに保護を受けられない漏給が仮に9割にも達するのであれば，セーフティネットの役割はまったく果たされていないことになる。また，労働者が貧困に陥ったときに生活保護はスプリングボードとして機能していないことは，当事者のみならず社会全体にとってもマイナスである。

［3］貧困と格差を生み出している最低賃金

　最低賃金は，これまでそれほど重要な賃金とは見なされてこなかった。なぜなら，あまりにも水準が低くて，「食べられない賃金」であったからである。どうして日本の最低賃金の水準は低いのだろうか。それは日本の最低賃金の根底に，雇用差別が根強く残っているからである。大人の男性・正規の仕事は，きちんとした仕事，食べていける仕事であるのに対して，女性・学生・非正規の仕事は，補助的な仕事，（誰かに扶養されていることを前提にした）食べていけなくてもよい仕事であると，長らく見なされてきた。つまりは，後者の仕事に対して支払われる最低賃金は，「男性稼ぎ主モデル」の中に組み込まれていて，そもそも自立した個人の生計を想定していないのである。これは大きなジェンダー問題の一つである。

　確かに，かつてはパートの主婦は扶養の範囲内で家計補助的に働くことは一般的であった。ところが，現在では非正規といえども基幹的な業務を任せられ，主な生計維持者となっている労働者が男女ともに増加している。このような状況のもとで，最低賃金は「食べられない賃金」のままでよいのだろうか。仕事に見合った賃金がきちんと支払われ，1日8時間働けば普通の生活ができるような賃金に最低賃金を変えなければならない。

　現在，日本の最低賃金制度は，次のような問題を抱えている。

　第一に，1日8時間週40時間フルタイムで働いたとしても，まともには暮らすことができないほどの低い水準である。2022年10月からの最低賃金の加重平均額は961円である。1日8時間週40時間月160時間働いたとしても，約15万3000円であり，ここから税金や社会保険料を差し引くと，手取りは11万円ほどになる。これは，国が公表している相対的貧困線とほぼ同じラインであり，働いていても貧困状態に陥っているワーキング・プアになってしまうのだ[6]。

　第二に，47都道府県に不当とも言える格差がつけられている。現在の最高額1072円（東京都）と最低額853円（沖縄県，秋田県など）とでは219円もの格差がある。最低賃金に格差がつけられているために，ほぼ同じ仕事をしているのに，どの都道府県で働くかによって賃金に格差が生じている。コンビニ店しかり，ファストフード店しかり，病院しかり，介護施設しかりである。したがって，地方から都市への人口流出が止まらないのである。

　このような都道府県別の格差最賃が容認されてきた理由の一つには，大都市は家賃や物価が高く生活費が必要なのに対して，地方では反対に物価が安いので生活費があまり必要でないという“常識”があった。しかし，全国で実施した最低生活費調査の結果は，この“常識”を否定している。確かに，住居費に関しては，都市部のほうが高いが，交通費は，電車，バスなどの公共交通機関が利用できる都市部は低く抑えられる。それに対して，公共交通機関が発達していない地方都市では自動車が通勤，買い物，通院，レジャーなどの必需品であり，ガソリン代，駐車場代，メンテナンス費を含めて生活費を押し上げてしまう。結局，住居費の差が交通費で相殺されてしまうのだ。また，近年広範に利用が進んでいるインターネット通販を思い浮かべて欲しい。オンライン上の商品・サービスの購入にかかる費用は全国どこでも同じである。つまり，全国どこに住んでも生活費にそれほど差はないのだ。

4　一人ひとりが自立できる社会の実現

　一人ひとりが自立して生きられる社会とは，自助（自己責任）や地域の支え

合い（相互扶助）だけで生きることではなく，本章で紹介した社会保障制度を
はじめとするさまざまな制度を利用しながら個々人の自己決定で生きていける
社会のことである。それはすなわち，一人ひとりの人権が大切にされている社
会を意味する。

　2019年，全国生協労働組合連合会（生協労連）では，そのような社会の実現
を目指して「年収270万円で暮らせる社会の実現」という提言を行った[7]。そこ
で提唱されているのは，簡単に言うと賃金と社会保障との組み合わせで成り立
つ社会の実現である。これまでの日本は賃金に依存した社会システムであり，
賃金ですべてをまかなおうとするあまり，働きすぎになり，生活からゆとりが
失われてしまった。ほどほどの働き方でも生きられるようにするためには，
生活における賃金の依存度をもう少し下げて，代わりに社会保障を充実させな
ければならない。なお，このような社会は EU 各国では当たり前のことであり，
けっして絵空事ではないのだ。生協労連では，そのような社会を実現するため
に，次のようなことを提言している。

賃金：①どこでもだれでも最低賃金1,500円に　②公正な賃金制度（同一価値労働同
　一賃金）
働くルール：①１日７時間，週35時間労働　②年間所定労働時間1,800時間　③サー
　ビス労働をなくす　④有休消化100％など休日を増やす　⑤失業時の保障
住宅：①公営住宅を増やす　②家賃補助制度（住宅手当）の拡充
社会保障：①最低保障年金の創設　②医療・介護制度の拡充（窓口負担をゼロ）
教育・子育て：①児童手当の拡充　②教育の完全無償化　③給付制奨学金制度の拡充

　男女を問わず，すべての人が健康で文化的な生活，すなわち普通の生活を実
現するために，皆さんならどのような社会制度を望み，また選択するだろうか。

考えてみましょう

①　自分にとって何が「普通の生活」になるのか，衣・食・住・働く・余暇・教養な
　どの場面ごとに挙げていき，皆で共有しよう。
　　また，章末のワークシートを使って，「健康で文化的な最低限度の生活」を営む
　ために必要な１カ月の生活費を考えてみよう。その生活費と**表6-2**，あなたの暮
　らす地域の最低賃金で１カ月働いた場合の収入を比較してみよう。

②　自分や家族の生活で社会保障がどのように役立っているのか調べてみよう。

注

(1)　アメリカの医療システムの実態については，マイケル・ムーアの映画『シッコ』
　　（2007年）を参照のこと。

(2)　もちろん，社会保障が登場した背景には，生存を要求した当時の労働者・国民の
　　運動があり，社会保障は体制維持のための譲歩でもあった。

(3)　2004年の年金改革は，①基礎年金における国庫負担の割合を 2 分の 1 に引き上げ，
　　②厚生年金の保険料率および国民年金の保険料を段階的に引き上げていき，最終的
　　には固定する，③年金制度を支える被保険者数の減少率や平均余命などを給付額改
　　定に反映させる給付自動調整（マクロ経済スライド）方式の導入などが主な内容で
　　ある。
　　　2005年の介護保険改革ついては，①予防重視型の新予防給付の創設，②介護保険
　　施設のホテルコスト（居住費と食費）の見直し，③新サービス体系（「小規模多機
　　能型居宅介護」や「認知症対応型共同生活介護」などの地域密着型サービスや地域
　　包括支援センター）の創設などが主な内容。障害者福祉改革については，障害者自
　　立支援法の成立が主な内容。
　　　2006年の医療制度改革については，①健診および保健指導の義務付け，②後期高
　　齢者医療制度の創設，③保険者として公法人の「全国健康保険協会」の設立などが
　　主な内容である。

(4)　主観的調査に基づく最低生活費の算出については山田ほか（2012），市民の合意
　　形成による最低生活費の算出については岩田ほか（2012），実態家計の中から法則
　　性を見出しての最低生活費の算出については岩田ほか（2011）を参照のこと。

(5)　例えば，東京都の若年単身世帯の最低生活費試算の際には，実際に東京で一人暮
　　らしをしている若者たちに集まってもらい，調査から得られたデータと突き合わせ
　　ながら，何を積み上げ，何を積み上げから除外していくのか，いわば「生活の棚卸
　　し」を行う。

(6)　2018年の相対的貧困線（等可処分所得の中央値の半分）は127万円（1 カ月あた
　　り約10万5800円（厚生労働省「2019年 国民生活基礎調査」）であった。

(7)　「生協労連 年収270万円で暮らせる社会の実現 公開討論資料 2019年 1 月」
　　https://www.youtube.com/watch?v=v5U1PJqWTMs（2020年 9 月 3 日閲覧）

（中澤秀一）

年金におけるジェンダー問題

　厚生労働省「平成30年度厚生年金保険・国民年金事業の概況」によると，年金の平均受給額は男性＝163,840円，女性＝102,558円である（老齢厚生年金と老齢基礎年金の合計）。年金受給額に男女間格差が生まれる背景には，加入期間と賃金の男女間格差がある。厚生年金は報酬比例のしくみとなっており，加入期間が長いほど，賃金額が高いほど，年金受給額は増える。したがって，雇用において，結婚・育児等で離職せざるを得ない，仕事の価値に見合った賃金を得られない等の不利を抱えた女性は，年金においても不利になるのである。

　そもそも，日本の年金制度は「夫は40年間正規労働者，妻は40年間専業主婦」という男性稼ぎ主モデルを念頭に置いて世帯単位で設計されている。したがって，このモデルから外れた共働き世帯はもちろん，ひとり親世帯，単身者（シングル）等は，所得代替率（現役世代の平均所得に対する年金受給額の割合）が低く抑えられる設計となっている。つまり，日本の年金はライフスタイルに非中立的であるのだ。

　これに関連して年金制度の改革のタイミングのたびに取り上げられるのが，「第3号被保険者」問題である。「第3号被保険者」制度は，1985年に導入された制度で，被用者（サラリーマンや公務員）の被扶養配偶者（年収130万円未満）を「第3号被保険者」として，本人は保険料の拠出を免除されるが，国民年金（基礎年金）の給付は受けられるようにしたしくみである。専業主婦の優遇策であるということで，そのような恩恵がない層から不公平な制度であると廃止・縮小が求められてきた。

　解決策として，厚生年金の短時間労働者への適用拡大が進められているところであるが，根本的な解決には至っていない。一人ひとりが自立して生きられるようにするためには，年金制度も個人単位化がめざされるべきであろう。

（中澤秀一）

「健康で文化的な最低限度の生活」を営むために、あなたが必要とする生活費は月額いくらになるか。卒業後の一人暮らしを想定してみよう。
＊その生活は1カ月限りでなく、長期間、持続するものとする。

Step 1　健康で文化的な最低限度の生活とは、どのような生活か。定義をしてみよう。

Step 2　1週間の献立をたて、必要な食費を計算してみよう。

| | 月曜日 | | | 火曜日 | | | 水曜日 | | | 木曜日 | | | 金曜日 | | | 土曜日 | | | 日曜日 | | |
	メニュー	必要な食材	金額	メニュー	必要な食材	金額	メニュー	必要な食材	金額	メニュー	必要な食材	金額	メニュー	必要な食材	金額	メニュー	必要な食材	金額	メニュー	必要な食材	金額
朝食																					
昼食																					
夕食																					
1日の合計 金額			円			円			円			円			円			円			円

1週間（月～日曜日）合計　円

1カ月合計（1週間×4）　円

Step 3　住居を決めよう。
地域の不動産情報から物件を探してみよう。その物件の家賃はいくらか。

探した物件			地域		間取り		家賃	
								円

選んだ理由

Step 4　1年間に必要な服と靴を考えてみよう。

	内訳（種類、品名）	金額	内訳（種類、品名）	金額	内訳（種類、品名）	金額	内訳（種類、品名）	金額
春用		円		円		円		円
夏用								
秋用								
冬用								
その他								
							合計	円
							1カ月分＊ （合計金額÷24カ月）	円

＊耐用年数を2年と考え、合計金額を24カ月で除した。

129

Step 5 1年間に必要な家具と家事用品を
あげてみよう。

内訳（種類，品名）	金額
合計	
1カ月分*（合計金額÷48カ月）	

＊耐用年数を4年とし48カ月で除した。

Step 6 1カ月に必要な交通費，通信費を
あげてみよう。

内訳（種類，品名）	金額
合計金額	

Step 7 1カ月に必要な教養娯楽費を
あげてみよう。

内訳（種類，品名）	金額
合計金額	

Step 8 1カ月に必要な光熱・水道費を
あげてみよう。

内訳（種類）	金額
電気代	円
ガス代	円
水道代	円
合計	円

＊参考　光熱・水道費
女性＝7,945円，男性＝7,199円
（30歳未満の単身世帯の平均）

Step 9 その他，1カ月に必要なものが
あったらあげてみよう。

内訳（種類，品名）	金額
合計	円

Step 10 全てを合計してみよう。

内訳（種類，品名）	金額
食料	円
住居	円
服と靴	円
家具・家事用品	円
交通・通信	円
教養娯楽	円
光熱・水道	円
その他	円
合計	円

Step 11 設定した住居のある地域の
最低賃金を調べてみよう。

地域	最低賃金
	円

Step 12 最低賃金で働いた場合の1カ月の
収入はいくらになるか。

最低賃金 [　　] ×週40時間×4週＝ [　　円]　1カ月の収入 [　　円]

あなたが計算した生活費と最低賃金
の差はいくらになったか。

130

第7章 資産形成の変化と金融教育の高まり

《本章のねらい》

　お金なしには生活を営めない現代社会では，金銭管理は重要な問題です。しかし，現金の出し入れだけで家計管理ができた時代とは異なり，さまざまな決済や資産形成の方法が登場し，生活者はモノの購入にとどまらないさまざまな消費者問題に巻き込まれています。本章では，こうした馴染みのなかった資産形成や信用金融から生じる消費者問題に焦点を当て，具体的な数値を取り上げ，現代社会の消費者のおかれた実態と金融教育の必要性を明らかにします。

Keywords▶金融商品，多重債務，クレジットカード，電子マネー，金融教育

第1節　さまざまな金融商品の出現と消費者問題の深刻化

1 資産とは何か，金融とは何か

　自給自足だった時代から物々交換の時代を経て，その交換をスムーズに行うためにできたのが金銭である。現代社会では，金銭さえあれば生活に必要なモノはほとんど手に入る。高度に発達した商品社会である現在では，生活に必要なモノの大半を金銭で購入するようになり，生活のために金銭は必要不可欠になった。また，消費者は日常の家計収支の範囲を超えて，住宅取得や教育，老後や病気や事故などのリスクで大きな金銭が必要となる事態に備えて，その金銭を貯めておく。この貯まった金銭を財産または資産という。財産・資産は貨幣価値のあるものであればよく，金銭に限らず土地，家屋などの形で保有されることもある。農家の田畑や農機具，町工場の生産機械などの生産手段ももちろん資産である。

経済が発達し資本主義経済になると，生産手段をもつ資本家とそこで働く労働者が生まれる。資本主義経済では，巨大な資本を保有するために，事業資金を集める株などの方法を生み出し，多額の金銭を調達するようになった。こうして金銭が余っているところから足りないところへ融通することが行われるようになり，「金銭の融通」の略語である「金融」という概念が生まれた。

　「金銭の融通」は，一般には銀行や証券会社など，もっぱらそれを専門に扱う機関が担っており，それらの機関を「金融機関」という。金融機関は，労働者などが「貯蓄」した金銭を資本に融通し，その資本で行われる企業の生産活動で得られた利益の一部が，借入金の利息として金銭を融通した金融機関にわたり，金融機関はさらにその一部を利息として預金者に渡すことが行われてきた。

2 金融商品の発展

　商品経済の社会では，生活に必要なモノ（財・サービス）は企業が生産し，販売して，それを消費者が購入して使用し，生活を営んでいる。この範囲での商品の販売は，生活にとって必要な使用価値という実体のある価値のやり取りである。これを実体経済と言う。企業の生産手段への資本投資や住宅や教育，老後の生活などでの資産のやりくりは実体経済のやりくりの範囲である。

　企業経営で巨額の利益を生み出すためには，資本の巨大化が求められ，資本に多くの金銭が流れる結果，金融市場は活発化する。株などの購入を通じて資本として金銭を投資すると，そこから利息や配当金などの利益を得ることができるようになる。将来的な利益期待も含めて，株の値段が上下し，実体経済で生み出す価値とは無関係に，投資によって利益を手にできる。金銭が金銭を産む。これを資産経済という。

　資産経済による利益の取得は，株だけでなく，債券，保険証券，為替などあらゆる金融資産でも同様に富を得られる。

　資産経済としての資本投資の経済活動は，当初は金融機関などの専門機関が担っていたが，消費者も金融機関を通じて投資先の金融商品を取得できるよう

になった。消費者が資産経済に参入すると資産経済市場は大きくふくれあがり，経済が活性化する。そのために消費者がこうした資産を取得しやすいように，金融機関は消費者向けのさまざまな金融商品を販売するようになった。

3 金融商品市場の拡大をはかる日本

日本では1970年代から1990年代にかけて，国債の大量発行，金利や資産調達，手数料の自由化と

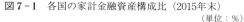

図7-1 各国の家計金融資産構成比（2015年末）

（単位：%）

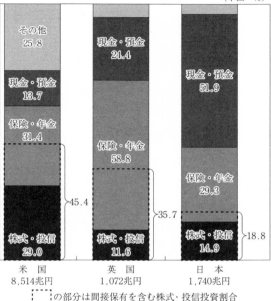

その他 25.8
現金・預金 13.7
保険・年金 31.4
株式・投信 29.0
～45.4

現金・預金 24.4
保険・年金 58.8
株式・投信 11.6
～35.7

現金・預金 51.9
保険・年金 29.3
株式・投信 14.9
～18.8

米 国   英 国   日 本
8,514兆円 1,072兆円 1,740兆円

___ の部分は間接保有を含む株式・投信投資割合

（出所）金融庁，2017，「家計の安定的な資産形成に関する有識者会議」平成29年2月3日説明資料3。

いった金融市場の自由化を推進した。こうした中で1980年代から，「ワラント（新株引受権）」「変額保険」「変額個人年金保険」「投資信託」などといった，これまで消費者にとって馴染みのなかった金融商品の購入により，大きな損を被る消費者も出てきた。

ふくれあがった資産経済の運営が行き詰まって起こった2008年9月のリーマンショックは，一企業の経営破綻に止まらず，世界経済の金融危機を引き起こし，私たちの生活経済へも大きな影響をもたらした。

日本では現在，消費者が株投資などの金融商品の保有を推進する政策に舵を切っている。2013年12月に打ち切られた上場株式などの配当や売却益への税優遇策に代わる処置とし，個人投資家のための税制優遇制度 NISA を2014年1月にスタートさせた。図7-1を見ると，日本の家計金融資産は現金・預金が

51.9％を占めていることがわかるが，2015年6月の「金融・資本市場活性化有識者会合意見書」では，こうした日本の家計資産を投資信託や株式等に振り向けることをねらって，NISA などの導入を提案した。これを受けて，2016年にジュニア NISA，2018年に積立 NISA を開始した。

第2節　消費者の資産形成の変化と増大するリスク

1　消費者の貯蓄高，負債高にみる資産保有の状況

　日本の世帯の主な資産は貯蓄と住宅保有でとらえることができる。

　2019年（平成31年）家計調査報告（貯蓄・負債編）2人以上の世帯の1世帯当たり貯蓄現在高は，平均値で1755万円，貯蓄保有世帯の中央値で1033万円，貯蓄「0」世帯を含めた中央値で967万円である。おおよそ1000万円を保有しているといえる。

　その内訳を見ると，2019年では，通貨性預貯金が28.1％，定期性預貯金が36.7％で，預貯金による保有が全体の65％と，最も多くなっている。続いて生命保険などが19.7％，有価証券は13.3％と，有価証券の構成比は低く，NISAが導入された2014年以後，有価証券の構成比が多少増加したが，現在では再びその割合が減少している（図7-2）。

　日本の貯蓄の目的で最も割合が高いのは，老後の資金調達（65.8％），続いて病気や不時の災害への備え（58.0％）である（表7-1）。これらは，公的な保障の充実度と裏腹の関係にあり，日本では公的支援が充実していないことを反映していると思われる。こうした最低限の生活保障を目的とした資産蓄積は，投資よりも，リスクを極力回避できる預貯金による資産形成に傾くことは理解できる。

　貯蓄から負債を差し引いたものが純資産である。家計調査（2019）によれば，2人以上の世帯に占める負債保有世帯の割合は約4割（39.3％）となっており，負債現在高の平均値は570万円である（図7-3）。図には示してないが，負債保有世帯の平均値は1451万円，負債保有世帯の中央値は1218万円となっている。

図 7 - 2　貯蓄の種類別貯蓄現在高及び構成比の推移（2人以上の世帯）

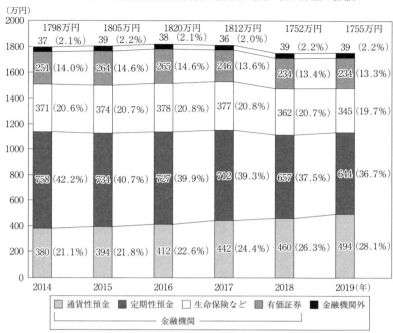

（注）　（　）内は，貯蓄現在高に占める割合。
（出所）　総務省統計局家計調査報告（貯蓄・負債編），2019年（平成31年）平均結果（2人以上の世帯）。

表 7 - 1　金融資産の保有目的（金融資産保有世帯）

（単位：％）

病気や不時の災害への備え	58.0
こどもの教育資金	32.0
こどもの結婚資金	4.7
住宅の取得または増改築などの資金	11.3
老後の生活資金	65.8
耐久消費財の購入資金	14.0
旅行・レジャーの資金	14.6
とくに目的はないが，金融資産を保有していれば安心	19.6

（出所）　金融広報中央委員会「知るぽると」（2019年）『家計の金融行
　　　　動に関する世論調査［2人以上世帯調査］』。

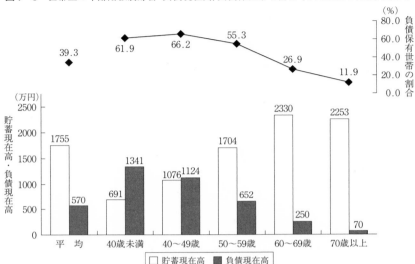

図7-3　世帯主の年齢階級別貯蓄・負債現在高, 負債保有世帯の割合（2人以上の世帯）2019年

（出所）　総務省総統計局家計調査報告（貯蓄・負債編）, 2019年（平成31年）平均結果（2人以上の世帯）。

　先の貯蓄保有世帯の平均値1755万円から, 負債現在高の平均値570万円を差し引くと, 純資産は1185万円となる。しかし, 保有世帯の年齢階級別の貯蓄・負債現在高は, 40歳未満, 40〜49歳の世帯では貯蓄より負債が上回っており, 純資産はマイナスとなる。

［2］　不動産中心の資産形成と借金体質

　不動産資産が多くても必ずしもプラスの資産になり得ていない。

　負債現在高を種類別にみると, 住宅・土地のための負債が負債現在高の約9割である。先の40歳未満, 40〜49歳で純資産がマイナスになっているのは, この世代で住宅取得が急速に進んでいることとかかわっていると推測できる。

　住宅土地統計調査によれば, 住宅の所有率は30歳頃から急増し, 50歳頃に70％に達し, その後は微増にとどまる。このことは, 30歳代頃から, 住宅ローンで住宅を所有するが, 同時にその負債が重くのしかかり, マイナスの資産を抱えることを示している（図7-4）。

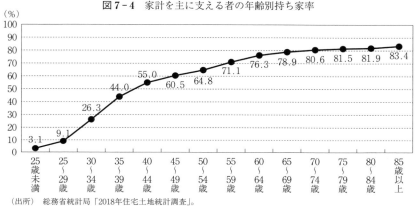

図7-4　家計を主に支える者の年齢別持ち家率

(出所)　総務省統計局「2018年住宅土地統計調査」。

図7-5　負債者が多重債務に至った主たる理由

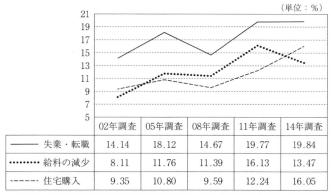

(単位：％)

	02年調査	05年調査	08年調査	11年調査	14年調査
── 失業・転職	14.14	18.12	14.67	19.77	19.84
‥‥ 給料の減少	8.11	11.76	11.39	16.13	13.47
---- 住宅購入	9.35	10.80	9.59	12.24	16.05

(出所)　日本弁護士連合会消費者問題対策委員会，2014,「破産事件及び個人再生事件
　　　　記録調査」。

　日本ではこれまで，戦後の経済成長に伴って不動産価格が上昇し続け，購入
した不動産価格が上昇し，購入価格を大きく上回る価格で転売でき，借金をし
て住宅を購入しても大きなプラス資産を形成することが可能であった。不動産
の価格は必ず値上がりするという神話に支えられ，不動産は資産形成の中心的
な役割を果たしてきた。特に1986（昭和61）年から1991（平成3）年のバブル景
気はこの不動産の高騰に支えられていた。しかし，1992年にバブルがはじける
と，不動産の資産価値が住宅ローンの金額を下回るようになり，不動産価値に

よる信用で成り立っていた住宅ローンの保証が崩れ，住宅を失いローンという
マイナス資産だけが残る住宅ローンの破産も増えてきた。

現在では，不動産価格の上昇下降が地域によって異なり，下降し始めた地域
では，不動産の保有がマイナス資産化し，家計に大きな打撃を与えている例も
少なくない。

日本弁護士連合会消費者問題対策委員会（2014）の「破産事件及び個人再生
事件記録調査」によれば，多重債務に陥って自己破産した理由として，住宅購
入をあげる債務者の割合が，近年増加し続けている。すなわち，現在では住宅
所有が必ずしもプラス資産になっていないことを示している（図7‐5）。

③ 性別に見た資産保有の状況

世帯単位の家計統計では男女別を把握しにくいが，内閣府（2006）が行った
「高齢者の経済生活に関する調査」の50歳代の性別貯蓄保有高によれば，「貯蓄
はない」と回答した者は女性が11.2％，男性が10.3％と女性の方が多い。逆に
2000万円以上の高額の貯蓄をもっている者は，女性が11.6％，男性が12.6％と，
男性の方が多い（図7‐6）。

資産となり得る住宅の性別の所有関係を見ると，持ち家は男性が79.9％，女
性が20.1％と圧倒的に男性が多い。女性の割合が比較的高くなるのは低家賃の
借家である公営の借家の48.0％，UR 公社の借家の32.5％である。このことか
ら，資産となり得る持ち家の不動産所有は男性が圧倒的に多い。不動産に見る
男女の資産格差が広がっていることがうかがえる（表7‐2）。

図7‐6 50歳代性別貯蓄保有高

（出所） 内閣府（2006）「高齢者の経済生活に関する調査」より筆者作成。

表7-2　住居の所有関係

住居の種類	戸　数	男性所有の割合	女性所有の割合
総　　数	124,296,331	74.7%	25.3%
うち住宅に住む一般世帯	123,106,170	74.7%	25.3%
主世帯	122,190,978	74.8%	25.2%
主世帯　持ち家	88,199,056	79.9%	20.1%
主世帯　公営の借家	4,270,321	52.0%	48.0%
主世帯　UR・公社の借家	1,671,774	67.5%	32.5%
主世帯　民営の借家	25,497,712	66.6%	33.4%
主世帯　給与住宅	2,582,115	83.9%	16.1%
間借り	915,192	60.0%	40.0%

（出所）　総務省総統計局2015年国勢調査。

第3節　消費者信用と電子決済の増加と身近な借金

1　消費者信用とは何か

　姉歯（2015, 168-169）によれば，「消費者信用の『信用』とはカネの貸し借りに際して取り結ばれる関係や貸し借りされる金品のこと」である。また「消費者信用とは，まず消費者を対象に取り結ばれる信用関係のことを指し，（…略…）いわゆる生産のための借り入れとは異なり，通常，個人の生活の各場面において所得を超える消費を行うに当たって発生する借入が消費者信用である」とする。消費者信用には「販売信用」と「消費者金融」の二種類がある

表7-3　消費者信用の分類

消費者信用	販売信用	クレジットカードによるショッピング 商品を購入する際に個別に結ばれる信用取引（自動車ローン，家電製品のローン等）
	消費者金融	個人向け無担保融資（消費者金融機関による貸付，銀行によるカードローン，クレジットカードによるキャッシング） 個人向け有担保融資（定期預金担保貸付，動産担保貸付（質屋など））

（出所）　金融広報中央委員会「知るぽると」金融用語解説，一般社団法人日本クレジット協会クレジットの基礎知識を参考に筆者作成。

（表 7 - 3）。

２　クレジットカードのしくみ

　クレジット払いが発達する前は，消費者と販売店の間で特別な信用関係にある場合に，販売店に代金を後払いにしてもらうこともあった（２者間契約）が，多くの消費者は現金との引き替えで商品を入手することが一般的であった。クレジット会社ができ，消費者の信用を審査しクレジットカードが発行されるようになると，消費者は各販売店との間に契約を結ばなくても，そのクレジットカードの使える販売店（クレジット加盟店）では，現金の持ち合わせなしで商品の購入（売買契約）ができたり，持っている金額以上の買い物ができるようになる。このように消費者と販売店の間にクレジット会社が入った契約を３者間契約という。その仕組みは以下のように説明できる。

　消費者にクレジットカードを使用する信用があれば，クレジット会社は消費者（顧客）の商品の代金を立替えて支払う契約をして，クレジットカードを発行する。信用とはその消費者の購入費用を立て替えても，確実にその消費者がクレジット会社に返済する確からしさのことである。一方，クレジットカードを利用できる店舗は事前にカード会社と支払いの請求，立替えの契約を結んでいる店舗（クレジットカード加盟店）である。

　消費者は，クレジットカード加盟店で，代金を払わずにクレジットカードの情報を伝えることで，商品を受け取る（売買契約をする）ことができる。この販売契約による発生した代金は，商品を販売した店舗からクレジット会社へ請求され，クレジット会社は消費者の代わりに商品の代金を立て替えて支払う。クレジット会社は立て替えた代金を消費者に請求し，消費者はその代金をクレジット会社に支払う。すなわち消費者はクレジット会社に商品代金を借金し，後で返済する仕組みである（図 7 - 7）。

　最近では，世界中に加盟店を持つ国際ブランドのクレジットカードが増えてきた。こうした国際ブランドのクレジットカードを発行する会社は，加盟店と直接契約せずに，クレジットカードを発行する役割に特化しており，クレ

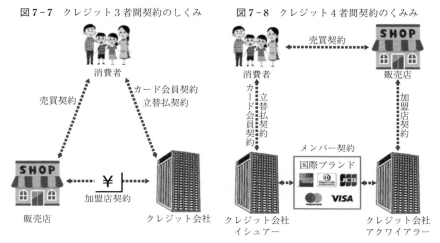

図7-7　クレジット3者間契約のしくみ

消費者
売買契約
カード会員契約
立替払契約
SHOP
販売店
¥
加盟店契約
クレジット会社

図7-8　クレジット4者間契約のくみみ

消費者
売買契約
販売店
カード会員契約
立替払契約
加盟店契約
メンバー契約
国際ブランド
クレジット会社
イシュアー
クレジット会社
アクワイアラー

（出所）　一般社団法人日本クレジット協会「クレジットの基礎知識，クレジットの契約関係」https://www.j-credit. or.jp/customer/basis/classification.html。

ジット会社（イシュアー）と呼ばれる。一方，カード会社のライセンスを取得し，加盟店の開拓や審査，管理をするクレジット会社が現われた。この会社はクレジット会社（アクワイアラー）と呼ばれ，クレジット会社（イシュアー）とは別会社になっている。アクワイアラーは，契約している加盟店と，クレジットカード会社および国際ブランドの間を取り持つ役割を果たしている。アクワイアラーは「立替払取次業者」としてクレジットカード決済での売上をスムーズに加盟店に入金したり，複数の国際ブランドと連携し，店舗はそれぞれのカード会社と契約を結ばなくても，複数のカードをまとめて導入することが可能となったりする。ある国に特化しているクレジット会社（アクワイアラー）は，その国の販売店の状況を熟知し，加盟店の開拓や審査，管理を効率よく行う。このように国際ブランドのクレジットカードの場合は，その役割によってクレジット会社が2つに分かれており，消費者と販売店と2つのクレジット会社との4者間契約になる（図7-8）。

141

3 増大するクレジットカードの発行枚数

　日本クレジット協会の統計によれば，クレジットカードの発行枚数は2004年の2万2640枚から2020年の2万9296枚へと，29％増加している。クレジットカードは店舗での購入時に使用するばかりでなく，消費者金融など担保なしで借入（フリーキャッシング）ができることから，カードを持つことによって比較的簡単に借金ができることになる。消費者が借入金額を管理しないと知らぬ間に多額の借金を背負うことになる。

　多額の借金をして返済不可能になる多重債務者の増加が社会問題となり，金融庁は2006（平成18）年に貸金業法を改定した。改正のポイントは①借入残高が収入の1／3を超える場合に新規の借り入れができなくなる総量規制，②法律上の上限金利の29.2％から10〜20％への引き下げ（グレーゾーン金利の撤廃），③国家資格のある貸金業取扱主任者の設置の義務付けの3つである。3年半の猶予期間ののち，2010（平成22）年から完全実施したことにより，一人当たり

図7-9　無担保無保証借入残高がある人数及び貸金業利用者の1人当たり残高金額の推移

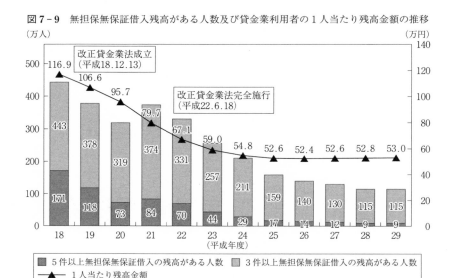

（原出所）　㈱日本信用情報機構　※推計値は平成30年3月31日時点　平成30年6月8日開催の多重債務問題及び消費者向け金融等に関する懇談会配布資料1「多重債務者対策を巡る現状及び施策の動向」
（出所）　金融庁／消費者庁／厚生労働省（自殺対策推進室）／法務省，2018。

の債務残高は減少し，無担保無保証借り入れが3件以上の多重債務者の数も減少した（図7-9）。しかし，一人当たりの借入残高は微増傾向にある。

　さらに，自己破産事件の新受件数（最高裁判所，各年）は2017（平成29）年以降微増に転じ，多重債務などの経済生活問題が原因と見られる自殺者（厚労省，2019）の割合も2016（平成28）年から微増傾向にある。数は少ないながら，多重債務による問題は深刻化しているといえよう。

［4］分割払い，リボルビング払いの増加の背景

　カード債務の返済方法として，最近は分割払いやリボルビング払いが増えてきている。リボルビング払いとは，借入金の額にかかわらず，毎月の一定の返済額に設定し返済していく方法である。だが，残額に対して利息を支払い，残りを元金の支払いに回すため，元金がなかなか減らずに，長期にわたり利息を払い続け，結局購入金額の80％ほどの利息を払うことになる（図7-10）。リボルビング払いでは，いつも支払い可能な少額の一定額が提示されるので，利用者には支払える範囲で使いやすいという印象を与える。しかし，結局は多額の利息を払い，元金が減らずに，さらに債務を重ねていくことになることが多い。雪だるま式に負債が増えていくことで返済不能に陥り，多重債務によって自己破産する場合もある。

　金融会社では，リボルビングや分割の場合利息が入り大きな利益が得られることから，リボルビング払いや分割払いを勧めることが多い。

図7-10　一括払いとリボ払いのしくみ

☆100万円の商品
一括払い：支払総額1,000,000円
リボ払い：毎月2万円（利息の実質年率18％）で支払う場合，94回払いで完済し，支払総額は1,862,236円

［5］クレジットカードや電子マネーの普及を目指す政策

　経済産業省商務・サービスグループ消費・流通政策課は2018年（平成30年）に「キャッシュレスビジョン」を示した。そこでは，スウェーデン，韓国，中国のキャッシュレス化の進展を例に挙げ（図7-11，図7-12），キャッシュレス化が経済の活性化を推進する社会を紹介している。日本では現金取扱業務につ

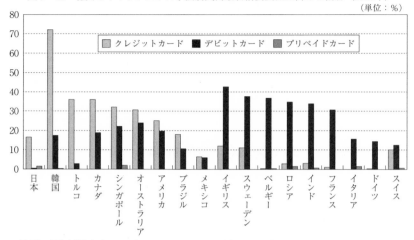

図7-11　各国のキャッシュレス手段別民間最終消費支出に占める割合（2015年）

（出所）　経済産業省商務・サービスグループ消費・流通政策課，2018，「キャッシュレス・ビジョン」平成30年4月，11頁。

図7-12　各国のキャッシュレス決済比率の状況（2015年）

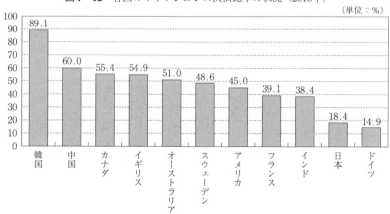

（出所）　経済産業省商務・サービスグループ消費・流通政策課，2018，「キャッシュレス・ビジョン」平成30年4月，10頁。

いては，移動，管理，集計等のオペレーションに相当なコストがかかっており，金融機関，小売事業者等の収益性向上（生産性向上）を企図したコスト削減ニーズならびに現金取扱業務の削減ニーズが高まっている。

図 7 - 13　日本のキャッシュレス決済の推移

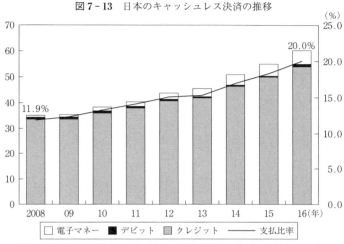

（出所）　経済産業省商務・サービスグループ消費・流通政策課，2018，「キャッシュレス・ビジョン」平成30年 4 月，22頁。

　現在，日本でもクレジットカードや電子マネーなどのキャッシュレス決済が増加傾向にあり，その支払い比率は約 2 割に達しているが（**図 7 - 13**），それをさらに進め，10年後（2027年）までにキャッシュレス決済比率を 4 割程度とすることを目指すとしている。家計収支において，クレジットカードの進展に沿って多重債務が社会問題化してきているが，さらに政府は，脱現金化，「見えないお金」（銀行引き落とし，カード化，スマホ決済，電子マネー）を推進しようとしている。リボルビング払いも含めて，家計の現在高が把握しにくくなることで，一層複雑な家計管理能力が求められる時代に突入するといえよう。

6　消費者にとっての電子マネーの問題点

　また，国の電子マネー推進政策を受けて，2019年には「ペイ」と称されるスマートフォンで決済できる電子マネー（スマホ決済）が多数登場した。

　スマホ決済導入店側は，クレジット決済よりも利用料が安く，QR コード中心の決済システムであることから，決済導入のための設備投資も少なくて済み，導入しやすくなっている。したがって今までクレジットカードによる決済が導

入できなかった小規模店舗で爆発的に増えている。消費者にとっても，小銭の管理をせずに支払いが済むことから，若者を中心に利用者が増えている。

スマホ決済システム提供会社にとっては，利用料による収入よりも，今後の企業経営に利用価値の高い，決済を利用した商品購入履歴などの個人情報の収集によるビックデータの入手が，大きな魅力になっている。

しかし ID とパスワードの不正なアクセスにより，多額の金額が盗まれ，消費者が被害に巻き込まれる事件も起きており，管理の簡便さの裏に隠れる危うさが問題となりつつある。

こうした現金主義から電子マネーへの移行は，Web 上での決済である新たな金銭である「仮想通貨」との親和性も高く，「仮想通貨」の普及につながる可能性が高い。今後は日本銀行券や為替を通した各国の通貨の流通の壁を廃して，貨幣もグローバル化する可能性もある。そうした時代にあっては，見えないお金である電子マネーの管理技術能力や，経済のグローバル化によって複雑化する貨幣交換の知識が家計管理に求められる時代になるであろう。

第4節　金融教育重点化の意図と今後の金融教育への期待

1 金融教育の歩み

さまざまな金融商品が売り出され，消費者にはその金融商品が身近になり，多くの人が利用するようになるとともに，金融商品によるトラブルも増えていることは既に述べた。日本政府は現金や貯蓄だけでなく，投資等の金融商品の一層の普及や電子マネーなどによる脱現金化の推進をはかっている。それを拡大するためには，消費者が金融によるトラブルに巻き込まれないようにする対策が重要である。こうした状況を背景に，現在，金融教育の推進が求められている。

金融教育は金融庁の外郭団体「金融広報中央委員会」が現在はその中心を担っている。金融広報中央委員会は，都道府県金融広報委員会，政府，日本銀行，地方公共団体，民間団体等と協力して，中立・公正な立場から，暮らしに

表 7 - 4　金融広報中央委員会の沿革

1946年	通貨安定対策本部を中心に「救国貯蓄運動」が始まる
1950年	各地で「都道府県貯蓄推進委員会」発足
1952年	「貯蓄増強中央委員会」設立
1958年	「貯蓄実践地区」制度を創設
1960年	「貯蓄推進員」制度を創設
1973年	「金銭教育研究校」制度を創設
1983年	活動の 3 本柱（「金融経済情報のサービス」「生活設計の勧め」「金銭教育の普及」）を決定
1988年	「貯蓄増強中央委員会」を「貯蓄広報中央委員会」に名称変更「貯蓄実践地区」を「貯蓄生活設計普及地区」に名称変更「貯蓄推進員」を「貯蓄生活設計推進員」に名称変更
2001年	「貯蓄広報中央委員会」を「金融広報中央委員会」に名称変更
2002年	「貯蓄生活設計普及地区」を「金融学習グループ」に名称変更「貯蓄生活設計推進員」を「金融広報アドバイザー」，「金融学習グループリーダー」に名称変更
2003年	「金融経済情報の提供」と「金融経済学習の支援」を両輪として活動を展開
2004年	金融広報中央委員会の愛称を「マネー情報　知るぽると」と決定
2005年	「金融教育元年」と位置付け，学校における金融教育の推進に重点を置いた活動を展開
2007年	金融広報中央委員会の愛称を「知るぽると」に変更

（出所）　金融広報中央委員会「知るぽると」HP「金融広報中央委員会の沿革」より筆者作成。

身近な金融に関する幅広い広報と金融教育の推進をはかっている組織である。そこで行われてきた金融教育の経緯を見てみよう（表 7 - 4）。

　第 2 次世界大戦後，混乱した経済社会を立て直す資金づくりのために，通貨安定対策本部を中心に「救国貯蓄運動」が始まった，この延長線上に，1952年に貯蓄増強中央委員会が発足し，小学校や中学校で，金融機関は「こども貯金通帳」の作成による貯蓄活動に取り組み，金銭教育研究校の指定をするなどの金銭教育を推進した。この金銭教育は，小遣いのやりくりと口座開設によって貯金を推奨する取組みであった。

　1988年には「貯蓄増強中央委員会」から「貯蓄広報中央委員会」に名称変更し，貯蓄増大の取組みから貯蓄の意味などを啓発する活動に転換していった。1974年のオイルショックを受けて，家計のリスク対応ならびに長期的な計画の必要性が認識され，生活設計の教育に重点を移していった。この時期は学校教育から社会教育に軸足を移し，金融機関を通じて家計簿を広く配布し，家計管

147

理の推進がはかられた。

その後，バブル経済の崩壊を受けて1996年から2001年度にかけて大規模な金融制度改革が行われた（「金融ビッグバン」）。こうした流れを受けて，2001年に貯蓄広報中央委員会は金融広報中央委員会に名称を変更した。これまではやりくり算段の家計管理の範囲での資産の形成が中心であったが，この時期からは，実体経済から借金を前提とした資産形成の生活設計に大きく舵を切った。

これ以降，政府はさまざまな金融商品を提案していく。そのひとつが NISA の創設である。金融庁の「家計の安定的な資産形成に関する有識者会議」による報告書「長期・積立・分散投資に資する投資信託に関するワーキング・グループ」（2017年3月）によれば，家計の安定的な資産形成を実現するためには，積立 NISA の普及・定着をはかることと，それにとどまらず家計の投資に関する知識（投資リテラシー）が深まるよう実践的な投資教育を進めることが重要であると述べている。家計が破たんしないように賢く適切に金融商品に投資し家計を豊かにするとともに，社会経済の発展に家計資産を活用することを目指している。消費者は，金融商品のトラブルに巻き込まれないように金融リテラシーを培う必要があり，そのための金融教育の取り組みに政府は力を入れ始めた。

金融広報中央委員会の HP では，「当委員会は『金融経済情報の提供』と『金融経済学習の支援』をいわば車の両輪とした金融に関する情報普及活動を通じ，健全で合理的な家計運営のお手伝いをしている」と述べている。また，金融商品のトラブルはそのまま消費者トラブルであり，金融庁のみならず，消費者庁なども連携して取り組んでいる。

②　イメージマップにみる金融教育のねらい

金融庁は金融教育で最低限身につけるべき金融リテラシーを表7-5に見るようなマップで示している（金融庁，2013）。そこには「分野1．家計管理」「分野2．生活設計」「分野3．金融知識及び金融経済事情の理解と適切な金融商品の利用選択」「分野4．外部の知見の適切な活用」の4分野にわたって，15

表7-5　金融リテラシー・マップ：最低限身に付けるべき金融リテラシーの4分野・15項目

分野1：家計管理 　①適切な収支管理（赤字解消・黒字確保）の習慣化 **分野2：生活設計** 　②ライフプランの明確化及びライフプランをふまえた資金の確保の必要性の理解 **分野3：金融知識及び金融経済事情の理解と適切な金融商品の利用選択** 【金融取引の基本としての素養】 　③契約にかかる基本的な姿勢の習慣化 　　情報の入手先や契約の相手方である業者が信頼できる者であるかどうかの確認の習慣化 　④情報の入手先や契約の相手方である業者が信頼できる者であるかどうかの確認の習慣化 　⑤インターネット取引は利便性が高い一方，対面取引の場合とは異なる注意点があることの理解 【金融分野共通】 　⑥金融経済教育において基礎となる重要な事項（金利（単利，複利），インフレ，デフレ，為替， 　　リスク・リターン等）や金融経済情勢に応じた金融商品の利用選択についての理解 　⑦取引の実質的なコスト（価格）について把握することの重要性の理解 【保険商品】 　⑧自分にとって保険でカバーすべき事象（死亡・疾病・火災等）が何かの理解 　⑨カバーすべき事象発現時の経済的保障の必要額の理解 【ローン・クレジット】 　⑩住宅ローンを組む際の留意点の理解 　　• 無理のない借入限度額の設定，返済計画を立てることの重要性 　　• 返済を困難とする諸事情の発生への備えの重要性 　⑪無計画・無謀なカードローン等やクレジットカードの利用を行わないことの習慣化 【資産形成商品】 　⑫人によってリスク許容度は異なるが，仮により高いリターンを得ようとする場合には，より高 　　いリスクを伴うことの理解 　⑬資産形成における分散（運用資産の分散・投資時期の分散）の効果の理解 　⑭資産形成における長期運用の効果の理解 **分野4：外部の知見の適切な活用** 　⑮金融商品を利用するにあたり，外部の知見を適切に活用する必要性の理解

（出所）　金融経済教育推進会議『金融リテラシー・マップ』「最低限身に付けるべき金融リテラシー」の「項目別・年齢層別スタンダード」（2016）より抜粋。

項目の内容を提示している。

　これを受けて，金融広報中央委員会（通称「知るぽると」）は，年齢段階を「小学生（低学年，中学年，高学年）」「中学生」「高校生」「大学生」「若年社会人」「一般社会人」「高齢者」の9ステージに分けて，身につけるべきリテラシーを整理している。

　例えば，小学校低学年を見ると，第1分野の家計管理では「お金の価値を知り，お金を大切にする」，第2分野の生活設計では「こづかいの使い方を通して計画的に買い物をすることの大切さに気付く」，第3分野の金融知識及び金

融経済事情の理解と適切な金融商品の利用選択では「ものとお金は交換されることを知る」，第4分野の外部の知見の適切な活用では「買い物，こづかい，お年玉，手伝いなどの体験を通じて，お金や社会・経済に関心をもち，主体的に考え，工夫し，努力する態度を身に付ける」などをあげている。第1分野についてのみ見ると，大学生では「必要に応じアルバイト等で収支改善をしつつ，自分の能力向上のための支出を計画的に行える」，高齢者では「リタイア後の収支計画に沿って，収支を管理し，改善のために必要な行動がとれる」などを掲げている。すなわち，それぞれの発達段階における経験知と関心事をふまえて，理解できる範囲での学習内容が提示されている。

　この教育をいつどのような場面で行うかは難しいところである。小中高校生や大学生ではそれぞれの教育機関で行う場面を設定しやすい。ただし，学習指導要領で金融教育の学習内容が書かれていれば，全国のどの学校でも学習が展開されるが，現在は社会科の「経済」や家庭科の「生活設計」等にとどまっている。したがって学校教育であっても，他の教科や学習活動（道徳，学級活動，生活科など）において授業を展開すること（大澤ほか，2018）が期待されるが，その場合には各教員の積極的な取組み意思によるところが多い。

　一方，社会人や高齢者は，対象者を集めて教育する機会は必ずしも保障されない。最近はテレビなどで高齢者に向けた啓発情報を流すなどの方法を採り始めているが，どこまで浸透できるかは今後の課題である。成人や高齢者に対する金融教育の最も効果的な機会は，金融商品を売り込む金融機関が，その金融商品のマイナス情報をきちんと伝えることであるといえよう。

［3］　金融教育の実践事例

　教育実践では使用する教材によって，学習展開が相違する。そこで「知るぽると」ではさまざまな教材を収集・開発し，オンライン上で提供している。**表7-6**は「知るぽると」に掲載されている教材・指導書と授業の進め方・実践事例である。だれもがそれらの提供を受け，授業等で使うことができる。

　その中で，比較的高等学校家庭科で使用頻度が高いのが，「これであなたも

表7-6　金融広報中央委員会（知るぽると）で作成している金融教育教材の例

教材・指導書
○これであなたもひとり立ち（指導書，電子教材あり）
○きみはリッチ？——多重債務に陥らないために（指導書あり）
○大学生のための　人生とお金の知恵
○18歳までに学ぶ　契約の知恵
○18歳が，変わる！——アキラとマモル　バンド編
○成年年齢引き下げについて，見てわかる動画
○私たち中学生で会社をつくろう——模擬起業体験を通して，経済の仕組みを学ぼう（指導書あり）
○私たち中学生で会社をつくろう——実際の起業体験を通して，経済の仕組みを学ぼう（指導書あり）
○生活に必要な金銭の流れを理解し，消費行動を見直そう——「見えないお金」が見えてくる！（指導書あり）
○ビギナーズのためのファイナンス入門
○10代のためのマネー入門
○こづかい帳（おこづかいきろく）（指導書あり）
○おかねのね
○100万円あったら，どうする？【マンガ版】
○知るぽるとシアター
○こどもクイズ
○お金の知恵を学ぶリンク集〜金融学習ナビゲーター〜

授業の進め方・実践事例
○「学校における金融教育の年齢層別目標」を取り上げている指導計画例等【小学生・中学生・高校生】
小学生低学年の例A生活設計　資金管理と意思決定
・お金は大切に使おう（2年，道徳）（PDF 590KB）
・働くことの喜び，お金の大切さ，使い方を知ろう（特別支援学級〈1〜4年〉，生活単元学習，算数，生活，特別活動〈学級活動〉）（PDF 1,047KB）
・ゆやっ子マートでお買い物（2年，生活）（PDF 3,382KB）
・お金に変身！（1年，特別活動〈学級活動〉）
○金融教育の現場レポート
○金融教育プログラム——社会の中で生きる力を育む授業とは
○はじめての金融教育——ワークシート付き入門ガイドと実践事例集
○金融教育ガイドブック〜学校における実践事例集
○先生のための金融教育セミナー
○見てわかる！金融教育（動画）

（出所）　金融広報中央委員会（知るぽると）http://www.shiruporuto.jp/public/aboutus/ より抜粋。

ひとり立ち」である。**図7-14**はその一部である。高校家庭科では生活設計の教育に力を入れており，教員たちはその教材開発に苦心してきたが，この教材は家庭科関係者も関わって開発されたこともあり，比較的，家庭科の生活設計

図7−14　金融教育の教材「これであなたもひとり立ち」

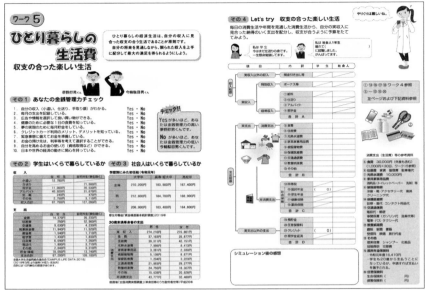

（出所）　金融広報中央委員会（知るぽると）『これであなたもひとり立ち』。

の学習の目当てに沿った学習が展開されやすいことから，利用が広まっている
と推測される。

　学校での金融教育の普及のためには，こうした学習指導要領と親和性の高い
教材の開発が進むことが望まれる。

　金融教育は，高度化・複雑化する資産形成・資産運用に不可欠な生活経済の
知識とスキルを提供するものである。今後は社会教育における有効な金融教育
の機会（場面）の設定と教材の開発が課題とされるところである。

（大竹美登利）

▶▶ *Column* ◀◀

家計相談支援の現場から思うこと

　中高年事業団やまて企業組合は，2015年4月に施行された「生活困窮者自立支援法」に基づく支援事業を自治体から受託している法人である。同法第3条で「この法律において『生活困窮者』とは，<u>就労の状況，心身の状況，地域社会との関係性その他の事情により</u>，現に経済的に困窮し，最低限度の生活を維持することができなくなるおそれのある者をいう」と規定されている（下線部は2018年法改正部分，筆者加筆）。生活保護制度等のセーフティネットと異なり，相談者の所得や資産を厳密には問わない。そのため，従来の制度よりも，さまざまな経済状況の方の相談が寄せられる。

　筆者は，神奈川県川崎市の生活自立・仕事相談センター（通称：『だいJOBセンター』）の運営と，同県横浜市生活困窮者家計改善支援事業に携わっている。「だいJOBセンター」では，就労相談，精神保健相談，居住相談と併せて，家計改善に向けた相談支援を行っている。横浜市では，制度発足時から家計相談支援事業を専門に委託を受けている。

　家計相談の内容は，日々の家計のやりくり（携帯電話料金等・生活費）や，住宅費（家賃・住宅ローン），保険料や税金滞納，借金や生命保険の支払い，年金・社会保険制度の利用，教育資金や老後の資金繰り等々，多岐にわたる。相談内容は，誰もが日常で出合う「普通の問題」である一方，さまざまな形で相談者の将来への不安が表れている。相談内容が「普通」であるがゆえに，誰にも相談できない方が多い。筆者自身，現場で「初めて，他人と家計の話をした」と言われた経験が何度もある。

　人間がお金を使うようになって2000年以上が経った。現在は仮想通貨の出現やキャッシュレス化等，お金を取り巻く環境が激変し，多様化している。すべての人に「お金に関わる正確な知識」が求められているが，ともすれば，お金に関する情報の差で経済格差が広がりかねない状況である。家計改善支援の重要性とともに金融教育の必要性を，日々感じている。

（山口耕樹）

第8章 アンペイドワークと生活時間

《本章のねらい》

　読者の皆さんは「アンペイドワーク（unpaid work）」という言葉を聞いたことがあるでしょうか。そして，その内容を説明することができるでしょうか。初めて聞いた人は「アンペイドワーク」と聞いて何をイメージしますか。この章では「アンペイドワーク」の代表格である家事労働のジェンダーによる分かち合いの状況を見ていきます。また，アンペイドワークの評価の意義と方法について国際的動向・国内の試みを取り上げます。

Keywords▶アンペイドワーク，家事労働，生活時間，固定的性別役割分業，
　　　　　アンペイドワークの評価

第1節　アンペイドワークとしての家事労働

1 アンペイドワークとは何か

　アンペイドワーク（unpaid work）とは，「不払い労働」「報酬のない労働」「無償労働」などと訳される。アンペイドワークの領域は広く，具体的には育児・介護を含む家庭内で行う家事労働，ボランティア活動，農家の自給的生産活動，自営業の家族労働，市場経済の外部で行われる人間の生命維持と再生産のための自給的な活動（サブシステンス労働）などが含まれる。先進国・途上国問わず，これらアンペイドワークの多くは，社会の力関係（家父長制）の下で確立した固定的性別役割分業に基づき女性が担っており，「男性本位の経済活動の中で長年『見えなくされてきた』」（矢澤，2000, 95）労働でもある。アンペイドワークの担い手が女性に偏ることは，労働市場や家庭内の責任について男女間で格差・不平等を生み出すことにもつながる。そのため，アンペイドワーク論は

ジェンダー問題と結びつけて論じられることが多い。

　人類の歴史を遡ると，有史以来，自給自足経済が長らく続いていた（第1章参照）。その経済システムで行われていた労働は，現在のアンペイドワークを形づくっており，ペイドワーク（有償労働）と比較して歴史の古い労働である。にもかかわらず，実態把握（記録・測定）が不十分なため，アンペイドワークに従事している多くの人々の社会的貢献に対して理解が進んでいない。この状況を克服するため，世界的にアンペイドワークの測定・評価の試みがなされている。

2　家事労働とは何か

　この章では，多様なアンペイドワークのうち，家事労働に焦点を当てていく。一般には，「家事」といわれ，料理，掃除，洗濯，日用品の買い物，育児，介護・看護を含むものである。「家事」と「家事労働」，同じ行為を意味しているようだが，労働という文字が加わるだけで意味するものは変わってくる。資本主義経済システムの発展過程で，労働は市場で交換される財・サービス（商品）を生産・流通するために必要な社会的労働（生産労働）として拡大し，市場では交換されない財・サービスを家庭内で生産する私的労働（再生産労働）については消費活動の一環とみなすようになった（落合，2004）。

　ここで，家事労働の定義を見ておこう。伊藤セツは，家事労働も職業労働と同様に「自然と人間の物質代謝の一環であり，人間労働の一形態」とみなし，「具体的目的にかなったものを作り出す有用労働と生理学的意味での人間労働力の支出」という両面をあわせもつとする。そして，家事労働を「生活手段の消費や家族員に対するサービスのために，社会的分業に組み込まれないで個別的に行われる人間労働力の支出のことであり，家族員（自分を含む）の労働力の再生産をする労働である」と定義する（伊藤，1990, 197）。その特徴として，職業労働を通じて得られた「収入によって購入された生活手段の消費の過程を無償でおこなうこと」，そして無償で行われることによって家庭の貨幣支出を減少させるため，収入とは異なるが生活経済に影響を及ぼす要素であると指摘

している。

　天野寛子は，家事労働を「個々の家庭生活の場で，家族員の広い生命活動をも含めた労働力の再生産のために行われる家事，育児，家政管理のための労働であり，今日では，それは，社会的労働過程での労働に対して私的労働であり，かつ個人的消費の過程での労働であるという性格をもっている」という。また，「家事労働は家庭生活の場で日々繰り返されることにより，家庭生活の歴史を築き，家庭生活文化を伝承し創造する」ものである（天野，1989）。つまり，家事労働には労働的側面のみならず，文化的側面があることを示唆している。その上で，生活文化の観点から，男女双方の協力によって家庭生活が営まれることを前提に，人間の基礎教育としての「生活教育と生活文化」に着目する必要性を指摘している（天野，1981，191）。

　天野の指摘同様，家事労働のもつ教育的側面に注目している文部科学省生涯学習審議会の報告書がある。そこでは，生活経験やお手伝いが豊富な子どもほど，道徳心や正義感が充実する調査結果から，生きる力をはぐくむ方策として，生活体験などの充実に向けた環境整備の必要性についてまとめている。具体的には，能動的に社会を変革していく人間づくり，地域での体験を通じた試行錯誤プロセスによる成長，各種体験機会の意図的・計画的提供の必要性を提示している（文部科学省生涯学習審議会，1999）。

　以上から，家事労働には，労働的側面に限らず，文化的側面，教育的側面があることがわかる。このような多面的な特徴を有している家事労働は，経済学，労働生理学，生活経営学，社会学，女性学など複数の学問領域からアプローチされている。また，政策レベルにおいても，内閣府男女共同参画局が「男女共同参画白書2020年版」で「『家事・育児・介護』と『仕事』のバランス〜個人は，家庭は，社会はどう向き合っていくか」という特集を組むなど，ワーク・ライフ・バランスの見直しの意義や重要性に着目している（内閣府男女共同参画局，2020）。この章では，家事労働を生活時間構造とのかかわりとの中でとらえた後，アンペイドワークの評価・測定の意義と方法を解説し，アンペイドワークのジェンダー平等な分かち合いに向けての課題を考察する。

第2節　家事労働に関する時間と規範の変化

［1］ジェンダー視点から見る現役世代の生活時間構造

　アンペイドワークとペイドワークを含む生活行動を構造的に把握する際に，生活時間統計が使用される。日本では，総務省統計局の「社会生活基本調査」および NHK 放送文化研究所の「国民生活時間調査」によって生活時間統計が作成されているが，ここでは世帯員の属性別に生活時間を把握することができる「社会生活基本調査」のデータを使用する。

　「社会生活基本調査」は予め1日の生活行動に20種類のコードを付して分類し，それぞれの行動にかかった時間を調査・集計する方法（「調査票A」を用いたプリコード方式）と，生活行動を調査した後，それぞれの行動にコードを付して集計する方法（「調査票B」を用いたアフターコード方式）の2種類の方法で実施されている。「調査票B」を用いた調査は詳細な生活行動の把握が可能であり，後で示すように国際比較にも使用されている。

　「社会生活基本調査」では，20種類の生活行動を1次活動（生理的に必要な活動），2次活動（義務的な性格の強い活動），3次活動（各人が自由に使える時間における活動）に大別しているが，この分類の仕方では私的なアンペイドワークである家事労働時間が見えにくい。そこで，20種類の生活行動を「生理的生活時間」「収入労働時間」「家事労働時間」「社会的文化的生活時間」の4つに分類し直し，どの生活行動がペイドワーク，アンペイドワークに該当するかを整理した（表8-1）。

　では，実際のところ，家事労働は男女でどのくらい行われているのだろうか。まず，15〜64歳の生活時間構造を見てみよう。この年代に限定するのは，働き方や老齢年金制度などにより，日本では65歳を境に就労に関する時間が減少することで，特に男性の生活時間構造が大きく変化するからである。高齢化の進んでいる日本では，老齢人口の増加に伴い平均的な生活時間構造にも影響があることが考えられる。そのため，日本の現役世代の生活時間の特徴を見るため，

表8-1 「社会生活基本調査」調査票Aにおける生活時間分類
（項目組み換えによる）

	調査票Aの行動分類	ペイド／アンペイド	
生理的生活時間	睡眠 身の回りの用事 食事 休養・くつろぎ 受診・療養		
収入労働時間	通勤・通学 仕事	ペイドワーク	総ワーク
家事労働時間	家事 介護・看護 育児 買い物	アンペイドワーク	
社会的・文化的生活時間	ボランティア活動・社会参加活動		
	学業 学習・自己啓発・訓練（学業以外） テレビ・ラジオ・新聞・雑誌 趣味・娯楽スポーツ 交際・付き合い 移動（通勤・通学を除く） その他		

（出所）　総務省統計局「2016年　社会生活基本調査」より筆者作成。

生産年齢人口である15〜64歳に着目する。

　図8-1は1996年から2016年の4大生活時間の変化を男女別に見たものである。男性の家事労働時間はここ20年間で14分間増加しており，女性との家事労働時間量の差もわずかながら縮小傾向にあるが，2016年時点で約6倍の開きがある。

　国際比較においても，男女の固定的性別役割分業は存在している（表8-2）。どの国においてもアンペイドワーク時間は女性により多く配分されており，ペイドワークとアンペイドワークの合計である「総ワーク」時間も女性の方が男性よりも長い。また，欧米諸国に比べて日本の男性の収入労働時間の長さと家事労働時間の短さ，アンペイドワークの性別格差が顕著である。

表8-2　男女、生活時間の国際比較（週1日平均、15～64歳）

（単位：時間．分）

国、性別／生活時間分類[1]	日本 女性	日本 男性	フィンランド 女性	フィンランド 男性	フランス 女性	フランス 男性	イタリア 女性	イタリア 男性	イギリス 女性	イギリス 男性	アメリカ 女性	アメリカ 男性	カナダ 女性	カナダ 男性
生理的生活時間	10.26	10.13	10.51	10.30	12.41	12.23	11.45	11.50	10.55	10.35	10.59	10.37	10.53	10.22
睡眠	7.15	7.28	8.32	8.25	8.36	8.29	8.32	8.34	8.32	8.24	8.51	8.45	8.47	8.34
食事	1.36	1.31	1.21	1.20	2.11	2.14	2.05	2.09	1.18	1.20	1.01	1.04	1.05	1.05
収入労働時間	3.56	6.54	2.57	3.39	2.19	3.23	1.41	3.11	3.10	4.39	3.36	4.47	3.52	5.05
仕事	3.23	5.60	2.37	3.18	1.58	2.54	1.24	2.40	2.39	3.48	3.17	4.19	3.26	4.30
通勤・通学	0.33	0.54	0.20	0.21	0.20	0.26	0.16	0.27	0.30	0.49	0.18	0.26	0.25	0.33
家事労働時間	3.41	0.38	3.53	2.33	3.44	2.15	5.04	2.08	4.06	2.18	3.54	2.20	3.40	2.25
日常家事	2.28	0.14	2.14	1.24	2.37	1.37	3.25	1.04	2.12	1.15	2.05	1.15	2.14	1.35
買い物	0.35	0.15	0.29	0.23	0.26	0.18	0.32	0.23	0.36	0.23	0.27	0.17	0.29	0.19
子どもの世話	0.32	0.07	0.31	0.13	0.29	0.13	0.33	0.16	0.37	0.15	0.40	0.16	0.37	0.18
家事労働関連の異動	-	-	0.23	0.20	0.07	0.04	0.23	0.18	0.23	0.18	0.30	0.23	0.12	0.09
社会的文化的生活時間	5.57	6.16	6.19	7.20	5.16	6.00	5.29	6.51	5.48	6.28	5.31	6.16	5.36	6.08
付き合い・交際	0.18	0.15	1.00	0.50	0.58	0.52	0.58	1.13	0.53	0.42	0.48	0.39	0.54	0.53
ボランティア	0.04	0.03	0.03	0.04	…	…	0.02	0.03	0.03	0.02	0.07	0.05	0.04	0.03
再掲　アンペイドワーク[2]	3.45	0.41	3.56	2.37	3.44	2.15	5.06	2.11	4.09	2.20	4.01	2.25	3.44	2.28
再掲　総ワーク[3]	7.41	7.35	6.53	6.16	6.03	5.38	6.47	5.22	7.19	6.59	7.37	7.12	7.36	7.33
（参考）アンペイドワークの性別格差指数[4]	18		67		60		43		56		60		66	
調査期間（年）	2016		2009～10		2009～10		2013～14		2014～15		2018		2015	

（注）　1）　4大生活時間分類の中の内訳は、主なものを抜粋して掲載した。
　　　　2）　家事労働時間＋ボランティアにより算出。
　　　　3）　ペイドワーク＋アンペイドワークにより算出。
　　　　4）　女性を100とした場合の男性の指数。

（出所）　OECD Gender data portal. 2020. Time use across the world（https://www.oecd.org/gender/data/OECD_1564_TUSupdatePortal.xlsx　2020年12月8日閲覧）をもとに、4大生活時間分類に組み替えて筆者作成。

159

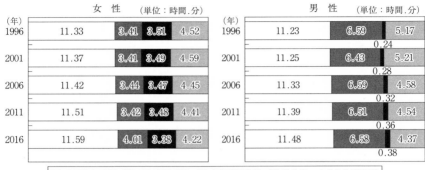

図 8-1 15〜64歳, 男女別生活時間 (2016年 週平均時間)

女 性 (単位：時間.分)

(年)	生理的な時間	収入労働時間	家事労働時間	社会的・文化的生活時間
1996	11.33	3.41	3.51	4.52
2001	11.37	3.41	3.49	4.59
2006	11.42	3.44	3.47	4.45
2011	11.51	3.42	3.48	4.41
2016	11.59	4.01	3.38	4.22

男 性 (単位：時間.分)

(年)	生理的な時間	収入労働時間	家事労働時間	社会的・文化的生活時間
1996	11.23	6.59	0.24	5.17
2001	11.25	6.43	0.28	5.21
2006	11.33	6.59	0.32	4.58
2011	11.39	6.51	0.36	4.54
2016	11.48	6.58	0.38	4.37

☐ 生理的な時間　■ 収入労働時間　■ 家事労働時間　▨ 社会的・文化的生活時間

(注)　1 : 15〜64歳の生活時間（総平均時間）の公表データはないため，著者が以下の手順で算出した。
　　　 (1) 各年の「15歳以上人口（推計人口）×総平均時間」〔A〕，「65歳以上（推計人口）×総平均時間」〔B〕
　　　　　を算出する
　　　 (2) 〔A〕と〔B〕の差を「15〜64歳人口（推計人口）×総平均時間」〔C〕とする
　　　 (3) 〔C〕を15〜64歳人口（推計人口）で除し，15〜64歳人口の総平均時間として算出する
　　　 2 : 2011・2016年調査は調査票Aを用いている。
　　　 3 : 社会生活基本調査では，調査協力者は15分単位で各行動の記録をしている。そのため，短時間の行動は報
　　　　　告されていない可能性がある。
(出所)　総務省統計局「社会生活基本調査」（各年）をもとに筆者作成。

②　子育て世代の家事労働時間と性別役割分業をめぐる意識の変化

　ここまで，15歳〜64歳までのペイドワーク，アンペイドワークの配分状況を
取り上げたが，子育て世代におけるアンペイドワークの分かち合いは進んでい
るのだろうか。末子の年齢別に夫妻の家事・育児時間の変化を，「夫が有業で
妻も有業（共働き）」の世帯と「夫が有業で妻が無業」の世帯との比較によって
見てみよう（表 8-3）。

　2006年〜2016年の10年間で，両世帯ともに夫の家事・育児時間は増加傾向に
ある。特に末子の年齢が 3 歳未満および末子の年齢が 6 歳未満では時間量も長
めである。一方，末子の年齢が 3 歳未満および末子の年齢が 6 歳未満の妻の家
事時間は両世帯とも減少傾向であるが，育児時間は増加傾向にある。アンペイ
ドワークの「平等な」分かち合いが進んでいるとは言い難い状況ではあるが，
育児休業制度の利用拡大や各事業所のワーク・ライフ・バランス施策の充実の
ほか，図 8-2 に示すように固定的性別役割分業規範（夫は外で働き，妻は家庭

表8-3　妻の就業形態別，末子の年齢別，夫妻の家事・育児時間

(単位：時間.分)

			夫が有業で妻も有業（共働き）					夫が有業で妻が無業				
			3歳未満	6歳未満	6～9歳	10～14歳	15歳以上	3歳未満	6歳未満	6～9歳	10～14歳	15歳以上
妻	家事	2006	2.48	2.53	3.44	4.00	3.27	3.48	4.02	5.04	5.36	5.14
		2011	2.50	2.58	3.44	3.48	3.29	3.50	4.03	5.04	5.50	5.14
		2016	2.31	2.42	3.24	3.56	3.20	3.23	3.42	5.22	6.03	5.03
	育児	2006	3.03	2.08	0.31	0.08	0.02	4.38	3.50	0.54	0.21	0.04
		2011	3.35	2.32	0.35	0.10	0.03	4.48	3.59	1.02	0.20	0.04
		2016	4.02	2.49	0.43	0.11	0.03	5.48	4.57	1.22	0.11	0.05
夫	家事	2006	0.13	0.14	0.10	0.10	0.11	0.07	0.07	0.09	0.06	0.11
		2011	0.18	0.15	0.13	0.11	0.11	0.10	0.09	0.07	0.06	0.12
		2016	0.26	0.21	0.14	0.13	0.12	0.11	0.10	0.07	0.11	0.12
	育児	2006	0.41	0.30	0.06	0.02	0.01	0.43	0.34	0.06	0.04	0.01
		2011	0.56	0.40	0.08	0.02	0.01	0.45	0.38	0.08	0.06	0.01
		2016	1.06	0.48	0.09	0.02	0.01	0.53	0.45	0.07	0.03	0.01

(出所)　総務省統計局「2016年　社会生活基本調査」時系列統計表より筆者作成。

図8-2　固定的性別役割分業に対する考え方の変化

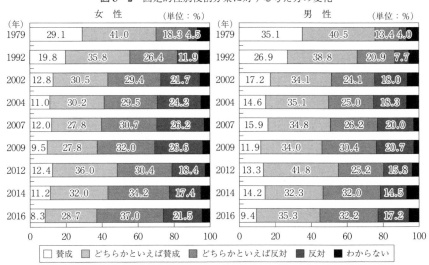

(注)　1979年，1992年調査は，『男女共同参画白書2018年版』Ⅰ-3-5図から値を引用。2014年以前の調査は20歳以上の者が対象であり，2016年の調査は18歳以上のものを対象としている。

(出所)　内閣府「婦人に関する世論調査」(1979年)，「男女平等に関する世論調査」(1992年)，「男女共同参画社会に関する世論調査」(2002，2004，2007，2009，2012，2016年)，「女性の活躍推進に関する世論調査」(2014年)より筆者作成。

を守るべきである）の変化が影響していることが考えられる。女性が家庭を守ることが最大の役割とされる価値観から脱却し，職業をもつことが当たり前と考える人の増加や，固定的性別役割分業に対する意識の変化は，女性だけでなく，男性自身の意識も変化させ，ペイドワーク，アンペイドワークのジェンダーによる平等な分かち合いを一歩ずつ前進させている。

③ なぜ夫妻の家事労働分担は進んだのか

　このような意識の変化は女性の生活に影響を与えた。就労している女性は，職場での仕事が終わると，自宅で家事労働という第2の仕事（セカンド・シフト）が待っており，家事労働の時間と就労時間を合わせた労働全体の時間が，男性のそれよりも長くなることが指摘されるようになった。この負担をダブルバーデン（二重の負担）と呼び，晩婚化や少子化の原因とも考えられた。この議論は，アメリカの社会学者ホックシールドの研究成果の影響を受け（Hockshild, 1989／田中訳，1990），男性は仕事，女性は家庭も仕事もという新たな性別役割分業を生み出した（服部，1994）。このため，女性を中心にワーク・ライフ・バランスの必要性が問われるようになった。

　近年では，日本型福祉社会の前提ともなっていた「男性稼ぎ主モデル」による生活保障システムが機能不全に陥ったことで，働き方の見直しも含めて男女ともにワーク・ライフ・バランスの実現が求められている。総務省行政評価局復興・総務・国土交通担当評価監視官室（2013）によると，性別役割分業規範を肯定している夫の育児・家事の時間が短く，否定している夫が長い傾向がある。子育て中の夫の家事労働の実態を見ると，「男は仕事，女は仕事も家庭も」という新性別役割分業とは異なる，夫婦間で家事労働の分担が進んでいる可能性も示唆されている。今後，この動向も注視していく必要があろう。

第3節 アンペイドワークの測定・評価と生活時間調査

1 家事労働の社会的・経済的評価の歴史

　家事労働に関する経済的評価がいつ頃から行われるようになったのか。その歩みをたどると，1920年代のアメリカにさかのぼることができる。この時期，家政学が家事労働の経済的評価の開発に取り組んでいた（松島・馬場，1978）。その後，ILO がまとめた報告書によると，1975～1984年にアメリカ，ドイツ，フランス，カナダ，日本など複数の国で取り組まれるようになった（Goldschmidt-Clermont，1982；同，1987）。各国の取組みは，1960年代の第2次家事労働論争や，1975年以降の「国際女性の10年」の運動の影響を受けており，「女性の経済力は，…（略）…正規の女子労働力人口が市場で生産する GNP だけでなく，非市場的な活動を算定しなければ，正確とはいえないという認識」が国際的に強まったことから，「女性の非市場的活動の筆頭」である家事労働について経済的評価をしようという機運が高まったことと関係している[(1)]（伊藤，1990，222）。

　各国政府統計局などが本格的にアンペイドワーク測定のための方法論開発を進めたのは，1990年代以降のことである。この直接的なきっかけは，第4回世界女性会議（以下，北京会議）であった。この会議が開催された1995年は，「日本のアンペイドワークをめぐる研究の分水嶺」（矢澤，2000）ともいわれている。北京会議で採択された行動綱領では，アンペイドワークの可視化を求めた。この可視化は「女性の地位向上のための制度的な仕組み」（H項）と位置づけ，国民経済計算（System of National Accounts，以下 SNA と記す）[(2)]のサテライト勘定（別勘定）[(3)]などの公的な経済計算に反映する方法やアンペイドワークの価値を数量的に計測するため，定期的な生活時間調査の必要性が明示された。

　日本政府は，1996年に経済企画庁（現，内閣府）に「無償労働に関する研究会」を発足させた。この研究会は，1981，86，91年の生活時間調査等のデータを用いて日本初の公的機関によるアンペイドワークの測定作業を行った（経済

企画庁経済研究所国民経済計算部, 1997a)。すでにアンペイドワークの測定・評価に取り組んでいる国連女性調査訓練研修所（以下 INSTRAW）[4]や国際労働機関（ILO），欧米各国政府と比べると遅い船出ではあった。その後，2018年12月の内閣府の発表に至るまで計5回，アンペイドワークの推計を行っている（経済企画庁経済研究所国民経済計算部, 1997a；同, 1997b；同, 1998；内閣府経済社会総合研究所, 2009；内閣府経済社会総合研究所国民経済計算部地域・特定勘定課, 2013；同, 2018）。この間，諸外国でも国家統計局などが中心となり無償労働の推計に関する研究の蓄積が進んでいるところである（UNECE, 2017）。

2 家事労働の社会的・経済的評価の意義

　以上のように，北京会議後，世界的に家事労働の経済的評価への注目が増したわけだが，家事労働を経済的に評価することにはどのような意義があるのだろうか。

　そもそも，家事労働の経済的評価は，経済統計には家庭内のアンペイドワークが含まれず，市場を通じて生産，消費・投資活動に偏っているという問題意識に端を発している。例えば，子どもを保育所にあずけた場合，保育士の労働は保育サービスという生産活動とみなされ GDP に含まれるが，親が家庭内で育児をした場合は生産活動とみなされないため，GDP には反映されない。同様に，家事代行サービスを利用して家庭内を掃除すると，家事代行業者の労働は GDP に反映されるが，自らが掃除をした場合は GDP に反映されない。

　一方，生産物ではないものでも GDP に含まれる場合もある。それは「持ち家」の帰属家賃である。帰属家賃とは，持ち家の自宅を賃貸した場合にいくらになるかを貨幣評価したものであり，GDP に含むことが SNA で認められている。このように，市場を介さなくても評価しやすいものは生産活動に含まれ，評価しにくい家事労働による「生産」は除外されてしまう。

　このような統計の偏りは，家事労働の主たる担い手である女性の経済への貢献を過小評価することにもなり，結果として，労働や社会保障などの各種政策においても女性が不利益を被ることとなる。このような不利益を最小のものに

するため，アンペイドワークの経済的評価が求められていった。矢澤は，「ア
ンペイドワークの社会的コストの量的把握と認識」し，「公共政策に公正な
形で反映させることは，ジェンダー間の権力（パワー）関係の不平等を是正し，
女性のエンパワーメントを実現するための重要な基本戦略として国際的に広く
認識されるようになった」と指摘している（矢澤，2000，96）。途上国では，生
産的な労働であるサブシステンス活動でさえも，市場労働の外となり GDP に
換算されないこともある。単に，資本主義における消費活動としての家事労働
の可視化だけでなく，広範なアンペイドワークを可視化し，女性の経済力を把
握していくことが世界共通の課題にもなっている。

　伊藤は，一国の非市場分野での生産活動が可視化されていない問題以外にも，
法律にかかわる問題，社会保障制度にかかわる問題からアンペイドワークの
経済的評価の必要性を説いている（伊藤，1990，218-219）。法律に関する問題と
は，事故による死亡・後遺障害によって生じる専業主婦の逸失利益，離婚時の
財産分与，遺産相続時の妻の寄与分など，家事労働の金銭的価値を実査する際
に生じる問題である。社会保障制度にかかわる問題とは，子育て，高齢者や障
害者の介護・介助といったケアに関する公的・民間サービスの供給計画や，家
族政策の材料として，また，家庭内で行われているケア貢献を，年金等の社会
保険制度に組み込む際の基礎資料として，ケアの測定・評価が求められている
ことを示している。また，Lourdes は，伊藤が指摘した内容に加えて，アンペ
イドワークに関する問題が存在することを広く社会に認識させること，ペイド
／アンペイドワークに関する家庭内と社会全体の分担の程度が分析できること，
ジェンダー中立的な資源配分につながるジェンダー予算分析[(5)]ができること，政
府や関連機関に対し，すべてのアンペイドワークに関する効果的な政策設計
と行動を促すための情報提供ができることなどの意義を提示している（Loudes,
1999）。

　これらの指摘から，アンペイドワークの経済的測定・評価は，市場内外の経
済活動だけでなく，法律，社会保障制度などと多岐にわたる分野がかかわって
いることがわかる。その上で，日本では，家庭内のアンペイドワークの分業問

題にとどまるものでなく，一国内の福祉の混合経済体制（序章 pp. 8-9参照）の
あり方を模索する材料を提供するものである。

　日本政府は2019年4月から外国人受け入れを拡大した。介護業，外食業など
は2019年4月から，飲食料品製造業は同年10月，農業，漁業などは19年度内か
ら，新たな外国人材受け入れのための在留資格として創設された「特定技能」
制度が実施された。アンペイドワークの評価の際，このような労働力の国際移
動も考慮に入ってくる領域である[6]。

［3］ 家事労働の測定方法

　アンペイドワークの測定には複数の方法がある。その代表的なものはアンペ
イドワークのサテライト勘定の作成であり，各国の国家統計機関や国際的な統
計機関が積極的に取り組んでいる方法でもある。

　INSTRAW は人の全ての活動の時間を SNA 活動と非 SNA 活動に分けてい
る。非 SNA 活動の世帯領域における世帯の維持とボランティア等を世帯サテ
ライト勘定と呼ぶ。世帯の維持の具体的な活動には，家事（炊事，掃除，洗濯，
縫物・編物，家庭雑事），介護・看護，育児，買物などが該当する。

　これらは，いずれも市場化されているサービスの利用が可能（人に頼むこと
ができる）と考えられている（内閣府経済社会総合研究所国民経済計算部地域・特
定勘定課，2018，2）。第三者によって代替できることを意味していることから，
第三者基準[7]と呼ぶ。

　サテライト勘定による評価には複数の方法があり，大きく，投入評価法（イ
ンプット法）と算出評価法（アウトプット法）に分類される。前者はアンペイド
ワークに投入された時間価値に注目する方法であり，後者はアンペイドワーク
によって生産された財・サービスの市場価値に注目する方法である。さらに，
投入評価法は，用いる賃金率によって3種類の推計方法が存在する。第1は，
アンペイドワークをすることで，市場で労働を行うことを見合わせた場合に生
じる逸失利益で評価する「機会費用法（Opportunity Cost method，以下 OC 法）」
である。これは，本人が本業で受け取っている賃金率を用いて評価する。第2

は，市場で類似したサービスの生産に従事している専門職種の賃金を用いて評価する「代替費用法スペシャリスト・アプローチ（Replacement Cost method, Specialist approach, 以下，RC-S 法）」である。料理なら調理師，掃除ならビル清掃員，介護・看護ならホームヘルパー，育児なら保育士などの賃金率を用いて評価する。第3は，家政婦など家事援助サービスの賃金を用いて評価する「代替費用法ジェネラリスト・アプローチ（Replacement Cost method, Generalist approach, 以下，RC-G 法）」である[8]。

　内閣府は，これら3つの評価方法を用いた推計値を発表しているが，メキシコ，カナダ，オーストラリアなどでは賃金混合アプローチが試行されている（UNECE, 2017）。これは，一般的な家事についてはジェネラリスト賃金を，子どもや高齢者等のケアなどより煩雑な仕事についてはスペシャリスト賃金を用いて評価するものである。このような SNA 体系の中でのアンペイドワーク方法は唯一のものがあるわけではなく，発展途上の段階である。

④ 家事労働の社会的・経済的評価の試み

　内閣府経済社会総合研究所が2018年に発表した推計では，日本のアンペイドワーク全体（家事労働とボランティア活動の合計）の評価額は OC 法で約143兆円，RC-S 法で約112兆円，RC-G 法で約101兆円であった。このうち，家事労働の評価額は，それぞれ，約138兆円，約107兆円，約98兆円であった[9]（図8-3）。家事労働の総時間は，2011年から減少しているものの，いずれも過去最高額を示している。名目 GDP 比で見ると，OC 法25.7％，RC-S 法19.8％，RC-G 法18.3％と，名目 GDP の4分の1から5分の1程度を占めていた。3種類の推計結果のうち，OC 法の貨幣評価額の性別の構成を見ると，女性が家事労働全体の8割を担っていた。また，男性のうち，妻がおり，仕事のある男性は，約1割の家事労働を行っていた。

　なお，図表は示さないが，活動別の貨幣評価額の推移を見ると，家事労働の活動は，炊事，掃除，洗濯，編み物・縫物，家庭雑事，介護・看護，育児，買い物の8種類に分かれている。このうち，介護・看護，介護の伸びが高くなっ

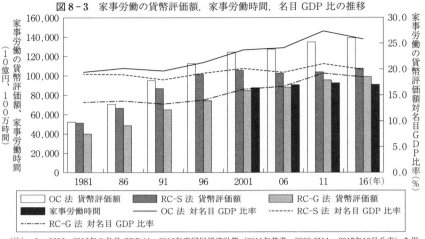

図8-3 家事労働の貨幣評価額，家事労働時間，名目 GDP 比の推移

OC 法 貨幣評価額　RC-S 法 貨幣評価額　RC-G 法 貨幣評価額
家事労働時間　OC 法 対名目 GDP 比率　RC-S 法 対名目 GDP 比率
RC-G 法 対名目 GDP 比率

（注）　1：1996〜2016年の名目 GDP は，2016年度国民経済計算（2011年基準，2008 SNA，2017年12月公表）を用いている。
　　　　2：1981〜1991年の名目 GDP は，平成23年基準支出側 GDP 系列簡易遡及（2018年1月公表）を用いている。
　　　　3：家事労働時間は，プリコード方式を用いた調査のデータを用いている。また，家事労働時間の総時間の推計は2001〜2016年のみである。
　　　　4：データは暦年値である。
（出所）　内閣府経済社会総合研究所国民経済計算部地域・特定勘定課（2018）をもとに筆者作成。

ている。1991年には，介護・看護が2.3兆円，育児が9.3兆円であった評価額が，2016年には，それぞれ4.3兆円，16.8兆円となっている。2011年からの増加率を見ると，育児は2.5％増，介護・看護は4.5％増と高い伸びを示している。

　以上見てきたが，アンペイドワークの貨幣評価に関する最終的な目的は，男女ともに平等な条件下で労働市場に参加でき，ともに自律した生活を営めることにあったはずである。しかし，OC 法は，男女の賃金格差が存在している中で男女別の賃金率を用いている。また，RC 法で用いる賃金率では，相対的に低賃金である産業であり，その多くが女性就業者の割合が高い。そのため，ジェンダーのゆがみが評価に反映されてしまい，時間による評価のほうが実態を表しているという指摘もある（天野，2015）。貨幣評価が何のために行われているのかを見失ってしまい，評価結果がジェンダー平等に向けた政策づくりにつながらなかったことなども指摘されている（大竹，2000；矢澤，2000）。貨幣評価とは異なる評価方法として，地域通貨を用いたアンペイドワークの評価の

試み（斎藤ら，2004）や森（1997）らの同一価値労働同一賃金の実現を企図して使われた職務評価ファクターを援用した分析（天野ら，2004）など従来の貨幣評価の課題の克服を企図した研究も登場している。

第4節　アンペイドワークの評価を前進させるために

　本章で見てきたとおり，アンペイドワークはペイドワーク同様，人間が生きていく上で必要な労働であり，社会的有用労働としてとらえられる。しかし，アンペイドワークの担い手にはジェンダーによる偏りがあり，これが社会化された時の女性の働き方や低賃金の問題に結びついてくる。

　国家が社会保障と雇用に責任を負う福祉国家から福祉社会への転換が進められる中で，家庭内のアンペイドワークを含めて，ケア（育児や介護）の供給のあり方について研究が進められている（Fraser，1997／仲正監訳2003等）。ペイドワークとアンペイドワークを個人レベルでバランスをとること，つまりワーク・ライフ・バランスの実現はもちろん，一国レベルでどのようなバランスを保つかは，ケアの持続可能性を確保する上でも重要である。

　ケアには，家事労働やボランティア活動というアンペイドワークの形態もあれば，産業としてのケアサービスも存在する。また，公的な制度としてのケアもありうる（第9章参照）。家事労働をはじめとするアンペイドワークは，家庭内の家事労働の分担や貨幣評価だけでなく，多様な面を持っていることを理解し，その実態をとらえることが求められよう。

（考えてみましょう）

①168ページに示したとおり，内閣府の報告では，育児と介護・看護の貨幣評価額が伸びている。その理由を考えてみよう。
②アンペイドワークの評価は何のために行うのだろうか。自分の考えをレポートにまとめてみよう。

注
(1) 家事労働に加え，ボランティア活動にも注目した評価が検討されたものとして，1977年のアメリカ商務省経済調査局が実施した研究がある。
(2) 国民経済計算（SNA）とは，一国の経済状況について，「生産，消費・投資といったフロー面や，資産，負債といったストック面を体系的に記録することをねらいとした国際的な基準」である。詳細は，内閣府ホームページ「基礎から分かる国民経済計算」を参照。
(3) サテライト勘定とは，1993年より前の SNA の中枢体系にない特定の経済活動について推計したものである。SNA に中枢体系にはアンペイドワークのように市場を介さずに生産されている財・サービスは推計の対象外となっている。その理由について，2008 SNA では「この種の大きな非貨幣的フローを，貨幣的フローとともに勘定の中に入れることは，市場で起きていることを曖昧にし，またデータの分析的有用性を下げることになりかねない」と説明している。そこで，SNA の中枢体系を崩さずに，それとの結びつきを保つため，アンペイドワークのサテライト勘定が開発されていった。「無償労働に関する研究会」が算出した SNA サテライト勘定によるアンペイドワークの推計は，環境分野に続いて日本の公共機関が取り組む2つ目のサテライト勘定であった。
(4) 国連女性問題調査訓練研究所の正式名称は，United Nations International Research and Training Institute for the Advancement of Women といい，通称 INSTRAW（インストロー）と呼ばれている。第1回世界女性会議で設置が決定され，1979年に活動を開始した。INSTRAW は，国連女性地位向上部（DAM），国連ジェンダー問題特別顧問事務所（OSAGI），国連女性開発基金（UNIFEM）と統合し，2011年にジェンダー平等と女性のエンパワメントのための国連機関（United Nations Entity for Gender Equality and Empowerment of Women, UN Women）となった。
(5) ジェンダー予算とは，ジェンダーの平等を促進するため，予算の策定，実行，評価と全ての段階でジェンダー視点を組み込み，再構築した予算のことである（Quinn, 2009）。
(6) ILO 第100回総会において，「家事労働のためのディーセント・ワークに関する条約」（第189号）及び付属する補完的な同名勧告（第201号）が採択された。これは，ILO が定める国際的な労働基準をインフォーマル経済に導入した初めての条約である。その特徴は，家事やケアに従事する家事労働者は，他の労働者と同様の権利を有しており，妥当な労働時間や休暇等の労働条件が保障されることを認めている点にある。
(7) 第三者基準は，ヒル基準とも言われている。他の人に代替可能ならば「生産活動」に含まれ，行う人だけに恩恵がある活動は「娯楽」と判断される。例えば，ガーデニングを家の掃除や片づけの一環として行っているのであれば「生産活動」，

趣味の一環で行っているのであれば「娯楽」とみなされる。そのため，どこまで貨幣評価の範囲に含めるかを決めることは大変難しいところである。

(8)　内閣府の推計では，社団法人日本臨床看護家政協会が平成 8 年12月末に実施した一般在宅勤務者（家事援助サービス）の賃金実態調査の結果（1996年　時給880円）をベースに，その後の厚生労働省「賃金構造基本統計調査」の「その他の生活関連サービス業」の賃金率の伸び率で延長したものを用いて評価している（内閣府経済社会総合研究所国民経済計算部地域・特定勘定課2018，19）。

(9)　内閣府経済社会総合研究所国民経済計算部地域・特定勘定課（2018）では，家事労働以外にボランティア活動がある。ボランティア活動の評価額も推計されている。OC 法で約4.6兆円，RC-S 法で約5.2兆円，これを名目 GDP 比でみると，OC 法0.9%，RC-S 法1.0%であった。

（鈴木奈穂美）

時間貧困の課題とタイムユースリテラシー

　時間はお金と異なり，誰もがもつ平等な資源である。しかし実際には，生活時間の配分や使い方は，社会的，文化的，あるいは身体的な制約などを受けている。例えば，長時間労働を強いられ，他の人に仕事を替わってもらえない場合，自分の生命や健康をケアする時間が奪われ，病気などのリスクが高まる。育児，介護を抱えている時には，ペイドワークを調整せざるを得ず，十分な収入が得られず経済的貧困に陥る。このように，安定した生活を営むために必要な時間の確保ができない状態を「時間貧困」と呼ぶ。

　「時間貧困」を回避するためには，他の人に仕事を頼むこと（人的資源の活用）や有料の家事サービスの利用（金銭資源の活用）など他の生活資源の代替により，時間を生み出すこともできる。しかしながら，いまだに性別役割分業が残る日本においては，個々人がもつ生活資源に委ねる回避方法は一時的な対処でしかない。多くの欧州諸国では，「時間貯蓄」という方法で，時間外労働時間を貯蓄して，金銭や休暇に換えられる制度がある。長期的な視点では，タイムユースリテラシーの育成が重要である。タイムユースリテラシーとは単に時間使用について理解し，活用できる能力にとどまらず，自他の時間使用について批判的に読み解き，それにより新たな状況を創造していく能力をも含む概念である。

　国連は，持続可能な開発目標（SDGs）において，2030年までにあらゆる形態の貧困に終止符を打つことを目指しているが，貧困の撲滅は「時間貧困」の撲滅にも深く関わっている。経済的貧困と比べて，時間貧困はとらえにくい。まず，「時間貧困」の状態を自覚し，どのような社会構造が時間資源の不平等な分配を生み出すのかを認識し，「時間貧困」の課題に向き合っていくことよりタイムユースリテラシーは育まれる。タイムユースリテラシー育成のための教育的支援が「時間貧困」のひいては貧困撲滅の鍵となっている。

（中山節子）

第9章

福祉社会における生活の社会化と生活経済

《本章のねらい》

　「生活の社会化」とは，私的な家庭内の機能が社会的な機能に代替されることです。少子・高齢化の進行，家族や地域社会の変化に伴い，保育や介護サービスの利用は生活を営む上で必要不可欠となっていますが，これらも生活の社会化のひとつです。この章では福祉社会における生活の社会化について解説し，生活の社会化によって発生する「新家事労働」をめぐる問題およびこれに対処する上で必要な生活福祉経営能力の考え方を紹介します。

Keywords▶ 福祉社会，生活の社会化，福祉ミックス，新家事労働，生活福祉経営能力

第1節　生活の社会化とは

　社会化とは，一般には，①諸個人間の相互作用により社会が形成される過程，②個人が集団や社会の成員として適合的な行動様式を習得する過程，③私的な形態から社会的共同的な形態に変えること，といった意味をもつ（新村編，2008，1294）。社会学や心理学では「子どもの社会化」という専門用語があるが，本章で扱う生活の社会化は，これとは異なる概念である。

　本章で扱う「生活の社会化」とは，生活経営学の領域において「消費の社会化」ともいわれるものであり，「私的・個別的に行われている家庭生活の機能が社会的なものに代替されること」を意味する。「生活の社会化」は，①労働力を再生産するために必要な生活手段財（モノ）やサービスという形態，あるいは②労働力を再生産するための費用（労働力再生産費）の全部あるいは部分的な供給という形態を取る。①を「家事労働の社会化」，②を「家計の社会

化」という。

［ 1 ］ 家事労働の社会化

①社会化の提供主体

　家事労働の社会化は，消費生活が営まれる場，すなわち家庭生活の社会化であり，私たちの生活に必要な生活手段財が家庭内，あるいは自給自足的充足から，工業化・大量生産化し，主に企業が商品としてそれらを提供するプロセスが進行することを意味する。しかし家事労働の社会化は，単に生活手段財を商品として家庭に取り込むことを意味するものではない。家事労働のほか，育児・教育・介護・世話等の家庭生活における私的な対人サービス機能が，社会的な労働に代替されることも家事労働の社会化である。また，対人サービスは必ず生活手段財の使用・消費を伴う。例えば，社会化された育児の形態のひとつであるベビーシッター・サービスにおいて使用されるオムツや離乳食づくりで消費される食材・電気・水道・ガスなどがそれに当たる。

　家事労働の社会化の進展によって提供される生活手段（財やサービス）の提供主体には，大別して民間営利部門，公的部門，非営利部門の三者がある。**表9-1**は伊藤（1990，270-271）よる「家事労働の私企業労働（産業労働），互助的労働ならびに公務労働による代替」の表をもとに，社会化の提供主体別に家事労働の社会化を整理したものである。

　表中，Aの家事労働が生活手段財として社会化される場合，民間営利部門（産業労働）により商品として提供されることがほとんどである。Bのサービス的家事労働（育児・介護・世話など）の社会化については，1970年代までは公的部門（公務労働）による社会福祉サービスとしての代替が中心であったが，1980年代の「福祉見直し」の頃から1990年代の 社会福祉基礎構造改革を経て現在に至るまで，民間営利部門・非営利部門への移行が進められている。またCの家政管理的家事労働の社会化は，家庭における IT 機器の普及により量質ともに拡大し，複雑化・高度化している。生活の社会化の公的部門から民間営利部門への移譲，情報化社会の中で新たな消費生活トラブルや生活課題も生じ

表9-1 家事労働の民間営利セクター，非営利セクター，公的セクターによる代替の例

家事労働の分類		民間営利セクター（企業労働）による代替		非営利セクター（NPO，協同組合，ボランティア等互助的労働）による代替	公的セクター（公務労働）による代替
		サービスとして	商品として		
A 家事労働	Ⅰ 購入労働	宅配，出張販売，通信販売，買い物代行サービス，ネットスーパー		生協等の共同購入，産地直売システム	産地直売システム
	Ⅱ 消費労働 (1)自家生産的	農業・農村体験	家庭菜園の分譲，貸し農園，ベランダ園芸・家庭菜園用グッズ，種苗，肥料	農業・農村体験	市民農園，農業・農村体験，公立保育園，幼稚園・学校の菜園
	(2)保管	貸し倉庫，貸し金庫			
	(3)追加的加工 料理	食堂，専門料理店，持ち帰り飲食サービス，配達飲食サービス，ケータリングサービス，給食産業	加工品，半加工品，調理済業，離乳食，レトルト食品，惣菜，介護食，調理済の食事に役立つ電化製品（冷蔵庫，オーブンレンジ，ホームベーカリーなど）・各種用品（圧力鍋など）	福利厚生的食堂（生協や同意会が運営している食堂など），ボランティア等による配食サービス・会食サービス・炊き出し，こども食堂など	国公立施設の食堂，公立学校・保育園給食（自校式・自園式），配食・会食サービス（民間，非営利に委託する場合が多い），（災害時など）飲食物の支給・炊き出し
	裁縫	仕立て屋・リフォーム業，保育園・幼稚園入園グッズ縫製代行	既製品，オーダーメイド，半オーダーメイド，衣生活に関する家事労働の省力化に役立つ電化製品（布団乾燥機，ズボンプレッサーなど）・各種用品（裾上げテープ，既製のアップリケなど）	NPO・ボランティア団体による衣類の交換会，ボランティアによる裁縫の代行など	（災害時など）衣類，毛布などの支給
	家庭大工	大工，左官，住宅改修業者	家庭大工用品，工作用品，住宅改修に役立つ商品（手すり，スロープなど）	福祉系NPOによる住宅改修など	（災害時など）家屋の修繕
	(4)修繕・洗濯	クリーニング，コインランドリー，アフターサービス，靴・鞄等の修理業，衣服の補修代行		生協の布団クリーニング，ボランティア等による衣服の補修など	
	(5)環境整備（整理・整頓，掃除，ゴミ処理，食器洗い）	インテリア産業，ハウスクリーニング，害虫駆除業	掃除機，ディスポーザー，脱臭器付きオムツペール，食器洗い機	団地や地域の互助会等による草刈り，清掃，環境系NPOによる清掃整備など	自治体から派遣されるホームヘルパー（いずれも業者やNPO，社会福祉協議会などに委託する場合が多い），害虫駆除，ゴミ回収，（災害時など）廃棄物・汚物の処理
	Ⅲ 上記Ⅰ・Ⅱの全体	家政婦，家事代行業，民間事業者のホームヘルプサービス		NPO，生協などのホームヘルプサービス，ワーカーズ・コレクティア，高齢者協同組合などの各種事業	国公立施設・学校において提供される各種サービス
B 対人サービス	育児	ベビーシッター，株式会社等が運営する保育所・認証保育園・ベビールーム・学童保育，育児用品のレンタル・販売業	離乳食（瓶詰め・レトルト），紙オムツ，危険防止グッズ，保健衛生グッズ（鼻吸い器など），その他育児労働を省力化するための電化製品（調乳ポット，電動揺りかごなど）・用品（電子レンジ用哺乳瓶消毒グッズ，哺乳瓶消毒液など）	NPOなどによるベビーシッター，共同保育所，共同学童保育，社会福祉協議会による子育てサロン・子育て支援事業など	公立の保育所・学童保育，乳児院，児童館，児童養護施設等の児童福祉施設，母子福祉施設，障害児施設，児童相談所・保健センター，育児・子育て支援にまつわる電話相談，助産師等による家庭訪問など
	教育	塾，習い事，家庭教師派遣，留学斡旋業，専門学校，予備校，公立学校における進学塾による選抜授業	市販の学習教材・テスト	NPO，ボランティアなどによる補習塾，市民や学生による学校サポート（授業・部活動の補助）など	国公立幼稚園，小学校，中学校，高等教育学校，大学，大学院
	看護	株式会社等の訪問看護事業所，医療・看護用品のレンタル・販売	特殊寝台，ポータブルトイレ，車いす，大人用紙オムツ，尿取りパッド，介護食，自助具，移動用リフトなど	医療生協や共済組合による病院，診療所，リハビリ施設，訪問看護事業など	国公立の医療施設（病院，リハビリテーション施設など）
	介護	株式会社等の訪問介護事業所，福祉・介護用品のレンタル・販売業		医療生協，NPOなどによる老人ホーム・訪問介護，ボランティアによる傾聴活動，友愛訪問活動など	
	世話	いわゆる「付添婦」			
	サービス全体として	家事代行業		生協，NPO，社会福祉協議会，ボランティアなどによる家事代行，地域における支え合い活動など	自治体から派遣されるホームヘルパー，ベビーシッター（業者やNPO，社会福祉協議会などに委託することが多い）
C 家政管理	計画 献立	ディナーサービス，宅配産業，献立・レシピの紹介（食品メーカー・料理教室・雑誌・テレビ・インターネット・電話・ファックスなど）		生協のカタログ・試食会などにおける献立紹介，ボランティア団体などによる料理教室における献立紹介など	
	予算	インターネット等による各種購入見積もりサービス	家計簿ソフト		
	記録 家計簿，育児日記・介護日記	インターネット上の育児日記など	家計簿ソフト，ノート式家計簿育児日記，介護日記	生協の家計簿（ノート式）	
	家事・育児・商品知識についての学習・情報収集	企業のコンサルタントによる相談・助言		NPO，社会福祉協議会，ボランティア団体などによる育児・子育て支援事業，勉強会（ワークショップ，セミナー）など	消費生活アドバイザー・コンサルタントによる相談助言，消費センターによる商品テスト・情報提供，消費者教育用品相談助言，保育所，子育て支援センター，保健センター等における相談・助言

（出所） 伊藤（1990，270-271）をもとに筆者作成。

るようになり，公的部門とならび非営利部門の行う相談援助活動や支援活動の
役割が期待されている。

　②IT 化と家事労働の社会化

　1950年代半ば，電気洗濯機，電気冷蔵庫，テレビ（白黒）が「三種の神器」
として各家庭に普及していったが，21世紀の共働き世帯にとっての「新・三種
の神器」は乾燥機付き洗濯機，食器洗い機，ロボット掃除機ともいわれる。こ
れらは私的な家事労働が，社会的な労働によって開発・生産された高度で便利
な機器等によって代替される例である。

　「新・三種の神器」のような家電は，AI（artificial intelligence；人工知能）搭載
により家事にかかる時間を減らすことができるため，一般に「時短家電」など
とも呼ばれている。IoT（Internet of Things；物のインターネット）家電では，例
えばスマホのアプリからの遠隔操作により，外出先から洗濯乾燥機や空気清浄
機等の操作ができたり，IoT 対応の冷蔵庫が提案する庫内の食材を元にしたレ
シピをオーブンレンジなどの調理家電側に送るといったことができる。家計管
理について見れば，クラウド型の家計簿アプリなどを活用することにより，家
計簿の自動作成や銀行預金の入出金管理はもちろんのこと，株式，不動産，年
金などの資産情報を一括管理できるほか，住宅ローンなどの負債管理もすべて
人間に代わって行ってくれる。計画・記録・管理といった情報を扱う家事労働
は，まさに AI や IoT などの得意分野であろう。

　しかし，これらのものは生活経済にとってはまだ高額な耐久消費財，サービ
スである。これらのモノやサービスを設置し利用するための居住環境などもす
べての人が享受できているわけではない。IT に関する知識や利用経験の世代
間格差もあろう。さらに第8章で取り上げたような家事労働の教育的・文化的
側面についてもいま一度考える必要があるし，便利で快適な生活に慣れてしま
うことにより，自然災害等で電力や情報通信網が寸断されたときへの対処が追
いつかないといった問題にも目を向けなければならないだろう。

[2] 家計の社会化

「家計の社会化」は，収入・支出の両面に影響を及ぼしている。収入の面では，扶養手当や住宅手当，通勤手当，各種社会保障給付，掛け捨てでない保険の取り金，住宅金融支援機構からの借入金，日本学生支援機構からの奨学金などが家計の社会化を反映する項目として挙げられる。また，賃金の形態をとらない福利厚生的サービスの給付や現物給付なども含まれる。

　支出の面では，公共料金，医療機関での一部負担金，各種保険料など，公的共同サービスの消費・利用に対する支出という形をとる。伊藤（1990, 265）は，家計支出の社会化を，①無料あるいは支出に対して全額返済されるもの，②公的あるいは半公的に提供されるが，独立採算的に運用されていて，使用量に応じて受益者負担等家計支出のあるもの（多くの公共料金），③公的・私的企業を問わず，低料金の共同サービス（福利厚生施設など），④共同消費手段が私企業によって提供され，利潤をも含めた使用料として支払うもの（私的企業のスポーツ施設，劇場利用料），⑤自助的性格の社会的支出（生命保険・火災保険など）の5つに区分している。

　これらのうち，①の「無料あるいは支出に対して全額返済されるもの」は，公的部門により提供され，1960年代後半から1970年代にかけて発展した。例えば，高齢者の医療費やバス料金の無料化，乳幼児医療費の無料化などである。しかし，これらのうち特に高齢者に対する無料化制度は1980年代以降の「福祉見直し」の流れの中で廃止または縮小化される傾向にある。公的部門が提供するということは，それにかかる費用は税金によって賄われるということであり，私たちは生活経済を考える際，私的な消費に伴う支出のみならず，社会的共同消費手段・サービスに対してどのくらいの費用を負担しているのかといった点にも関心をもつ必要がある。

第2節　生活の社会化と新家事労働の発生

　それでは，生活の社会化はどのように進んできたのであろうか。ここでは育

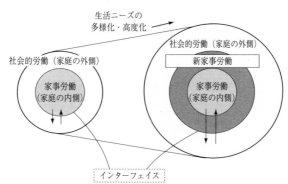

図 9-1　生活ニーズの多様化・高度化と「新家事労働」の発生

（出所）　筆者作成。類似初出は Ito et al.（2004, 2）。

児と介護の社会化を中心に見ていきたい。

　日本においては少子・高齢化を背景として，育児・介護の社会化が大規模に進展した。特に介護の社会化は，平均寿命が延び，家族の規模や機能が変化する中で急速に進展した。また，1990年代後半からの 社会福祉基礎構造改革によって措置制度から契約利用制度への転換が進められ介護・福祉等のサービス提供主体は，公的部門から民間営利・非営利部門に拡大された。このように複数の部門が福祉サービスの供給を行っている状態を「福祉ミックス」という。「福祉ミックス」の中で特に領域が拡大しているのは民間営利部門であり，福祉の産業化・市場化ともいうべきものである。

　一般に「生活の社会化」が進展すると，家庭生活の内側と外側の双方を視野におさめた生活経営が必要とされるようになる。図 9-1 は，家庭生活の内側で行われる家事労働・育児・介護などの労働力再生産労働と外側で行われる社会的労働の境界に「新しい家事労働」（以下，「新家事労働」という）が発生することを示したものである。

　「新家事労働」について別の見方をすれば，これは家庭内で私的に行われていた労働と社会的に提供されるサービス労働，すなわちアンペイドワークとペイドワークの境界に発生する新たな労働である。その種類と量は人々の生活ニーズが多様化・高度化するにつれ，より増加していくという性質をもち，私

たちの生活経済に質・量ともに影響を及ぼすが，これを政府統計などにより把握することは難しい。例えば，日本人の生活行動および各行動に対する時間配分を詳細に把握できる「社会生活基本調査」（調査票B）の「詳細行動分類の定義及び内容例示」を見ても，それそのものに該当する行動はない。

　しかしながら「新家事労働」は生活の社会化に伴ってたしかに発生している。ここでは「新家事労働」がどのように発生しているのかを，福祉領域に限定し，育児の社会化と介護の社会化を例にとって見る。なお，「新家事労働」の「新」が何を起点として新しいかということについての疑問を抱く読者もいるかもしれないが，本章では個人あるいは家族が生活を社会化した時点で新たに直面する事態への対処という意味において「新家事労働」という表現をそのまま用いることとする。

1　育児の社会化に伴って発生する新家事労働と家計支出の事例： Aさんの場合

　Aさんは35歳の女性。1歳年上の夫と5年前に結婚しフルタイムで働き続けてきた。妊娠・出産後も就業継続ができるよう，育児休業を取り，職場復帰に向けて着々と「就職活動」ならぬ「保育所入所活動（保活）」を進めてきた。保育所の待機児童数が全国1，2を争う自治体に住んでいるAさんは，子どもが生後3カ月の時から認可保育所（7カ所），認証保育所（2カ所），無認可の託児施設（2カ所）の合計9カ所を回り，保育環境，園の方針や行事（イベント），食事の内容，子どもが病気の時の園の対応などを細かくチェックしてきた。夫もできる限り日時を調整して見学に同行し，Aさんとともに子どもにとっても自分たち共働き夫妻にとっても最適の園を判断するという新家事労働を行った。

　一般に，認可保育所に入所するまでの過程は，①申し込み，②選考，③入園決定，④入所手続の4段階に分かれる。しかし，いきなり①の申し込みをする保護者は少なく，大抵はインターネット等で保育施設の一覧を入手し，自宅（または職場）から近い施設を中心にリストを作成し，見学スケジュールを組み，見学もしくは体験入園をしてから，入園を希望する施設を絞り込んでいくもの

179

である。この情報収集，情報の吟味・判断，見学の準備，見学という申込み前の段階からすでに新家事労働は発生している。

　Aさんは，地域の子育て支援団体が主催する「無事，保育所に入所させることができた親から体験談を聞く会」にも参加するなど準備に余念がなかった。②の選考の段階では，入所希望者が定員を上回った場合に市区町村の選考会議が開かれる。保護者の労働状況，同居家族の有無など保育の必要性に応じて優先順位が決められる。Aさんの住む自治体ではなかったが，選考に当たって面接を義務づけている場合もある。この場合，面接に行くことのみならず，面接のためのスケジュール調整をすることが新家事労働に当たる。

　周到に準備してきたAさんであるが，残念ながら選考に落ちてしまった。③の入園決定の段階に進めなかったのである。Aさんは，このような事態に備えて認証保育所や無認可の託児施設を事前に見学していた。認証保育所に電話で状況を問い合わせると，2カ所とも「空きはない」との回答であった。Aさんは，他の認証保育所や無認可の託児施設，ベビーシッターの情報を収集し，検討するという新家事労働を緊張感と精神的ストレスを伴いながら継続することとなった。最終的には職場に復帰する予定日の2週間前に，職場に近い認証保育所に空きが見つかり職場復帰を果たすことができた。入所が決定した認証保育所では，契約書の作成・提出，誕生から入園に至るまでの発育状況や食物アレルギー等健康状態に関する書類の作成・提出，緊急連絡カードや子どもの送り迎えを行う者の写真入りリストの作成・提出などの新家事労働が発生した。この他には，すべての持ち物や衣類に名前を記入する，シーツ替わりのバスタオルに布団からずれないようにするためのゴムを縫い付ける程度の入園グッズ準備はあったが，さほど負担にはならなかった。

　ちなみにAさんの友人は同じ自治体の認可保育所の選考に合格した。友人は④の入所手続において，書類の作成・提出ほか，保育所での面接・打ち合わせ，子どもの健康診断受診，保育所で使用する袋ものやシーツ，連絡帳カバーなどのいわゆる「入園グッズ」の作成・購入などの新家事労働を行った。認可保育所に入所できたことは喜ばしかったが，職場復帰前の業務の引継ぎなどで忙し

い中，既製品で代替することのできない特殊なサイズの「入園グッズ」づくり
にかなりの時間と労力を割かなければならず負担であったことを後で聞いた。

　保育所を利用するに当たって発生する家計支出としては，以下のようなもの
がある。第1に「保育料」である。一般に，認可保育所は市区町村が保護者の
収入に応じて保育料を設定しているため，公立か私立かによる差はなく，その
地域内のどの保育所に入所しても同じ金額が徴収されている。⁽²⁾一方，認可外保
育サービスは設置者が保育料を自由に設定しているため，利用料はさまざまか
つ認可保育園に比べて高額である場合が多い。そこで自治体によっては認可外
保育施設を利用する世帯の保育料の負担軽減のため保育料の一部を助成する制
度を設けている。また，2019年10月からは消費税増税による増収分を見込んで
幼児教育・保育の無償化がスタートした。認可外保育園やベビーシッターを利
用する場合，3〜5歳児は月額3万7000円，0〜2歳児は4万2000円を上限と
して補助を受けることができるが，この制度の利用に当たっては保護者の就労
状況と保育の必要性等について市区町村に認定される必要があり，ここでも新
家事労働が発生する。

2　介護の社会化に伴って発生する新家事労働の事例： Bさんの場合

　Bさんは42歳の男性。フルタイムで働く妻と家事・育児を可能な限り分担し
ながら小学生の子ども2人を育てている。住まいは都内の3DKのマンション
である。Bさんの両親はともに70代後半であるが，Bさん宅から車で1時間ほ
どのところにある実家（一戸建て）で悠々自適の年金生活を送っていた。

　ある日，Bさんの父親から「お母さんの様子がおかしい」と電話で相談を受
けた。感情の起伏が激しく物忘れも頻繁に見られるようになったとのことで
あった。認知症が疑われたことから病院への受診を勧め，父親が付き添って受
診したところアルツハイマー型の認知症であることがわかった。病院から介護
保険サービスを利用することを勧められたが，Bさんの母親は要介護認定を受
けていなかったため，まずその申請を行うこととなった。

要介護認定の申請は父親が市役所に出向いて行った。申請に当たり「主治医の意見書」も必要とのことで，母親を受診させた病院の医師に意見書を作成してもらえるかどうかの確認も合わせて行った。父親が不在の間，気弱になっている母親を見守るためBさんの妻が仕事を休んでくれたことがありがたかった。申請から数日後，認定調査が行われることとなり，Bさんも仕事を休んで認定調査に立ち会うこととした。認定調査後，1カ月と経たないうちに認定結果通知書が郵送されてきた。結果は「要介護1」であった。Bさんは「要介護2」に相当するのではないかと思っていたため，市の担当者に理由を確認した後，都道府県介護保険審査会に不服を申し立ててはどうかと考えたが，父親がそれを望まなかったため，結果を受け入れることとした。

　認定結果通知書に居宅介護支援事業所の一覧が同封されていたのでこれをもとに，母親の介護サービス計画（ケアプラン）を作成してもらうケアマネジャーを選定した。事前に介護経験のある職場の上司から「よいケアマネジャーを見つけることが大切」と聞いていたBさんは，パソコンのできない父親に代わってインターネットの口コミサイトなども参考にしながらケアマネジャー探しをすることとした。数件の候補を立て仕事の合間を縫って電話をかけ，電話がつながった4つの居宅介護支援事業所のケアマネジャーと面談の予約を取った。いずれも仕事のある平日の面談となってしまったため，スケジュール調整が大変であった。しかし，面談の結果，介護保険以外の社会資源にも精通しており，母親本人や家族の話をよく聞いてくれたケアマネジャーにケアプラン作成を依頼することとした。ケアマネジャーは，ケアプラン作成のため母親へのアセスメント（課題分析）を訪問により行うということであったが，Bさんは仕事を休めなかったため父親に立ち会ってもらった。

　ケアマネジャーから提案されたケアプラン原案は，訪問介護（ホームヘルプサービス）と通所介護（デイサービス）を中心に，介護保険外の配食サービスを組み合わせたものであった。父母・Bさんとで確認し，納得のいくものであったので次に利用する介護サービス事業者の選定に取りかかった。訪問介護のほうはすぐに決まったが，通所介護のほうは実際にいくつかの施設を見学してか

ら決めようと思い，母を伴って数カ所の施設を回った。インターネットでの情報収集，入手したパンフレット類の精査，利用者の家族等からの聞き取りなどを行い，小規模ながらもアクティビティ・プログラムが充実していると思われた事業所と契約することとした。

その後ケアマネジャー，訪問介護，通所介護の各事業所の担当者と主治医が同席してのサービス担当者会議に父母・Bさんとで出席。Bさんは平日の日中に休むことはこれ以上難しい状況にあったため，夕方から夜間に開催してもらえるよう調整してもらった。ここでは生活目標や実際のサービス内容の説明を受け，疑問点等を確認したり意見を述べたりすることができた。最終的に同意に至った後，サービス利用が開始されることとなった。

ここまでを振り返ってみると，母親が認知症であることがわかってから介護保険の利用が開始されるまでに，BさんおよびBさんの父親は，要介護認定の申請から主治医の意見書作成依頼，認定調査の立ち合い，認定調査結果の是非の判断，ケアマネジャーに関する情報収集・選定と面談，アセスメントへの立ち合い，ケアプラン原案の確認と良否の判断，介護サービス提供事業所の選定（そのための情報収集や見学），サービス担当者会議への出席といったさまざまな新家事労働に直面している。

ケアマネジャーという専門家の支援があるとしても，ケアプランやサービス内容について決定するのは利用者本人およびその家族である。本ケースでは息子であるBさんがインターネットによる情報収集や見学の付き添いなどを積極的に行い，父親の新家事労働を軽減させていたが，高齢者の一人暮らしまたは高齢夫婦2人暮らしの世帯である場合には，情報収集という新家事労働ひとつをとっても困難な状況に陥ることが予想される。

なお，介護保険制度による介護サービスの居宅サービス・介護予防サービスには，要介護度ごとに利用限度額が設けられている(4)。利用者の自己負担は1割，2割もしくは3割である。施設サービスについては要介護度に加え，どのような介護が必要か（日常生活の介護が中心か介護やリハビリが中心か，医療や看護が中心か）ということや施設の体制・部屋のタイプ（個室か多床室か，ユニットケアを

行っているか）などによって費用が異なる。費用の1割，2割，3割分および居住費・食費・日常生活費が自己負担となる。また，介護保険の利用限度額を超えてサービスを利用すると10割が自己負担となる。

　Bさんの事例では経済的な問題は発生していなかったが，高齢者の多くは「年金暮らし」であり，利用限度額の超過分を支払う経済的ゆとりがあるとは考えにくい。仮に，利用限度額内でサービスを入れるとしても，1割，2割，3割という利用者負担が家計を圧迫するためにサービスの利用を抑制するという恐れもあり，注意が必要である。

第3節　「生活福祉経営能力」の獲得と発揮：　　生活の社会化の方向性を考える

［1］ 生活福祉経営能力とは

　AさんやBさんの事例で見たように，生活の社会化が進展するにつれて新家事労働は量・質ともに増加し，私たちの生活経済に少なからぬ影響を与えている。新家事労働の負担を軽減し，生活の社会化の方向性が生活者の側に立って整備されていくためには，生活者一人ひとりが社会化されたモノやサービスに目を向け，生活環境や社会へのコントロール能力をも含めて自らのウェルビーイングを実現するという姿勢をもたなければならない。

　私たちの生活経済にはさまざまな社会福祉制度や福祉関連サービスが組み込まれているが，私たちはこれらの制度・サービスの内容や質を向上させていく力を備え，必要とあらば新たな社会資源を創造するようなはたらきかけを自ら行っていく「生活福祉（この場合，生活者の側から整備・要求する福祉の意）」の視点をもって生活経営を行うことが重要である。このような生活福祉の視点を伴った生活経営を「生活福祉経営」という。

　また，私たち一人ひとりが自らのウェルビーイング実現のために活用する各種社会資源に関する情報収集，選択，評価・判断，問題解決等を行う能力のことを「生活福祉経営能力」という。人は社会の中で他者とかかわりをもちなが

ら生きている。人が社会生活を営む存在である限り，この「生活福祉経営能力」は自分と自分の家族だけの生活の質の向上をはかる個人主義的なものではなく，他者との共同の中でも役立てられる社会的な能力として獲得されることが望まれる。その意味において，「生活福祉経営能力」には当事者運動，市民運動，ソーシャルアクションを組織する力も含まれる。「生活福祉経営能力」は，社会資源の活用を通じて私的な生活経済の範囲を超えて，社会福祉制度・サービス等の内容水準や運営にも積極的な影響力を及ぼし，広くより良い社会の形成にも寄与しうる能力である。

［2］　生活福祉経営能力の獲得と発揮に向けた支援

　実際に福祉サービスなどの社会資源の利用が必要となっている人は，自分自身あるいは家族のために疲労困憊していたり，行動を起こすための十分な時間がなかったりすることも考えられる。さまざまな事情により生活福祉経営能力の獲得や発揮が難しい状況におかれている人に対してどのような支援が有効であろうか。

　新家事労働が社会化されるとき，その担い手の多くは専門家である。専門家は利用者にかわって情報収集や選択・評価・判断のための助言を行うが，ともすると専門家は利用者よりも多くの知識や情報をもっていることにより指導的な態度をとってしまうことがある。一方，利用者側には，専門家を前に自分の希望や意見を伝えることを差し控え，専門家側の勧めるままにサービスを選択し不本意ながらそれを受け続けるか，もしくはサービスの利用を取り止めるという事態が起こりうる。専門家に対する援助技術等の教育が多様な利用者を想定し，適切かつ実践的になされることが重要であることは論をまたないが，ここで期待したいのは「生活福祉経営能力」をもつ人が，専門家と非専門家の仲介をしたり，社会課題の発見およびその解決に向けた活動を利用者とともに行うことにより，自らが新たな社会資源になることである。

　例えばインフォーマルなボランティアとして，利用者と同じ目線に立って情報収集を行い，悩みや願いを共有し，わからないことがあればともに学習する

ことで利用者自身の選択や評価・判断を助け，課題の解決に向けて伴走することや，かつて福祉サービスなどの利用者だった（あるいはいま現在そうである）という経験を，同じような困り事を抱えている他者のために役立てるピアサポーターのような役割をもつことなどが考えられる。認知症や精神障害，知的障害などにより，情報収集，選択，評価・判断，問題解決能力が不十分な人に対して権利擁護の活動に携わることも可能である。

③ 生活者主体の福祉社会の実現に向けて

　近年，社会保障制度改革が進められ，選択と自己決定の保障と引き換えに自己責任・自己負担が強調される傾向があるが，新家事労働に直面する個人・家族は，心身の健康や経済状態において困難を抱えていることが多い。見方を変えれば，そのような状態にあるからこそ社会福祉資源を必要としているのである。

　私たちは誰しも加齢や障害，突然の病気や事故，失業などによってある種・ある側面での自立状態を継続できなくなるリスクと隣り合わせで生活している。所得の多寡により命や健康にかかわるサービスの量と質に格差が生じることがあってはならない。そのためには生活の社会化の公的部門による代替（公助）を衰退させるのではなく，むしろ強化することが必要であり，互助・共助はそれをふまえた重層的なセーフティネットとして整備されることが望ましい。

　生活経済を営む私たちが，性別・世代を問わず「生活福祉経営能力」を獲得し発揮することが，基本的人権の尊重と社会正義の価値を基盤としたユニバーサル（普遍的）な福祉社会の実現に向けての着実な第一歩となることを期待したい。

（考えてみましょう）
　①あなた（またはあなたの家族）はこれまでどのような場面で生活の社会化による
　　サービスを活用してきましたか。「家事労働の社会化」「家計の社会化」の両側面か
　　ら整理してみましょう。
　②表9-1における「対人サービス」的家事労働の中からひとつを選び，これを社会

化する際に，私企業労働（産業労働），互助的労働，公務労働が提供するによって
サービスの料金にどれくらい違いがあるかを調べてみましょう。

注

(1)　「新家事労働」（〔独〕Neue Hausarbeit，〔英〕New Household Work）はドイツ
　　の家政学者マリア・ティーレ゠ヴィッティヒ（Maria Thiele-Wittig）が使用した用
　　語である。ティーレ゠ヴィッティヒは，1980年代の後半から「世帯・家族とそれを
　　とりまく生活関連の諸機関をつなぐインターフェイス」を問題にしてきた。この場
　　合，インターフェイスとは，世帯および世帯と相互作用をもち，生活手段を提供す
　　る機関とをつなぐために生じる新たな人間の仕事とその量を指している。ティーレ
　　゠ヴィッティヒは，インターフェイスに生じる仕事はしばしば専門家によって担わ
　　れ，社会的組織が家庭に対していろいろな条件を当てはめることを助長すること，
　　そこに専門家と一般人の間の断層ができるが，家族・世帯員は多くの場合，一般人
　　として新たな事態に対応しなければならないのであり，そこに生活経済を営む主体
　　に対する新しい教育や能力開発の必要性が生じてくることを主張した（ティーレ゠
　　ヴィッティ，1992／(社)日本家政学会家庭経営学部会訳，1995）。

(2)　参考までに，2020年9月1日時点の東京都S区における認可保育所の保育料（月
　　額）は，3歳未満の子ども（第1子）を預ける場合，「生活保護世帯」と「所得割
　　課税額0円の世帯」は無料，それ以外の世帯は得税課税額に応じて，1日最大11時
　　間の保育利用世帯で7400円から7万9000円まで，1日最大8時間の保育利用世帯で
　　7300円から7万7700円の30段階に分かれている。なお，幼児教育・保育の無償化に
　　より，3歳児以上の保育料は無料だが，給食費，延長保育料は無償化の対象外であ
　　る。

(3)　介護保険サービスを利用するためには，要支援・要介護認定を受け，要支援1・
　　2，要介護1から5のいずれかに該当することが必要である。要支援・要介護度に
　　より，介護保険で支払われる支給限度額や受けられるサービスの種類・内容が異な
　　る。

(4)　2019年10月1日現在の利用限度額（標準地域）は，要支援1が5万320円，要支
　　援2が10万5310円，要介護1が16万7650円，要介護2が19万7050円，要介護3が27
　　万480円，要介護4が30万9380円，要介護5が36万2710円である。

（伊藤　純）

<table>
<tr><td>第10章</td><td>持続可能な社会に向けた新たな生活様式の創造</td></tr>
</table>

《本章のねらい》

　私たちは，高度消費社会の真っただ中で消費者として生きています。簡単便利なものが増えている裏側で，気候変動などの環境問題だけでなく，安い賃金で雇用されている途上国の（児童）労働者や，都市と地方との格差など，強者と弱者の構図が広がっています。「買い物」＝商品や企業への「投票行動」です。私たちの消費行動は，市場経済における牽引力でもあり，貨幣の力を使った投票活動によって社会を変えることもできる可能性があることに気づいてもらいたいと思います。

Keywords▶持続可能な社会，持続可能な消費，SDGs，消費者教育，消費者物価指数

第1節　現代消費生活とグローバリゼーション：便利な生活の裏側で

1 快適便利な消費社会

　皆さんは，昨晩や今朝食べたものがどこでどのようにつくられたものか，あるいは，いま着ている洋服がどこでどのように作られたものか，考えたことがあるだろうか。私たちの生活の周りには，24時間営業のコンビニエンスストアやいわゆるファスト・ファッション，100円ショップなど，安くて便利なものが身近にある。その一方，もったいないと思いながらも生じさせてしまう「食品ロス」など，さまざまな問題が生じていることを聞いたことがある人も多いだろう。快適便利な生活がどのように成り立っているのか，多面的に見てみると，私たち消費者としてできることが見えてくる。

② その裏側で起きていること

　例えばファッション面で見てみれば，世界の主要アパレルメーカーは，その定番・低価格・大量販売用製品のほとんどを現在はバングラデシュで生産しているといわれている。バングラデシュにとっても，このアパレル産業は国の経済を支える重要な産業になっている。しかし，その労働条件は劣悪で，最低賃金は支払われるものの，貯蓄につながる生活賃金は支払われることは少ないといわれている。そのバングラデシュで，2013年4月24日，突如アパレル工場ラナプラザビルが崩壊。死者1200人以上，重軽傷者は2300人，行方不明者500人。米アパレルブランドなどの衣料品を製造する縫製工場が入っており，事故当時は女性が中心に働いていたそうである。

　こうした問題も背景に，近年では，ファスト・ファッションではないエシカル・ファッション（人や社会にやさしいファッション）が注目されるとともに，不要になった服を積極的に回収する企業なども出てきている。

　私たちの日々の消費行動の背景には，こうした現実があるのである。

第2節　消費生活様式の変化と環境への貢献

① 消費者物価指数から見る日本の消費生活様式の変化と特徴

①消費者物価指数の品目への着目

　現在，私たちの消費生活はグローバル経済との関係が不可欠なものとなっており，地球環境問題ともつながっている。1992年の国連環境開発会議（地球サミット）で採択された「アジェンダ21」（国連環境開発会議，1992）では，第4章「消費形態の変更」の中で，地球規模での貧困と格差の存在や，過剰消費型生活様式が環境に大きな負荷を与えていること等にふれ，その解決のためには「消費が果たす役割をより一層把握することが必要」（4.6項）であるとしている。日本をはじめとする先進国の過剰消費形態の変更が求められており，「持続可能な消費形態」（4.7項）を促進するために，「環境と開発を統合するという観点で，消費と生活様式のあり方について取り組む」（4.8項）ことの重要性が述

べられている。それ以降，詳細については後述するが，「持続可能な消費」の重要性は今日ますます増している。

　ここで注目したいのが，「生活様式」および「消費生活様式」である。伊藤（1990，284）によれば，「生活様式」とは，「一定の生産様式のもとでの労働と家族との関わりに規制された，人間と生活手段との結合のしかた，その表現としての生活行動の種類とそれへの時間の配分のしかた」である。本章では，生活様式全般ではなく消費生活の仕方が生産のあり方に影響を及ぼすという観点から，特に消費生活様式に着目する。後述するように，国際的な政策目標の達成に向けて，私たちの消費者としての行動の重要性が増しているからである。

　消費生活様式のあり方について考えるためには，まずはその実態を把握することから始めなくてはならない。そのためにはいろいろな方法が考えられるが，人々の生活手段（サービスを含む）の種類，量，質を把握することがひとつの有効な方法であると考えられる。実際，従来の生活様式論（西山，1977；角田，1982；成瀬，1988；橋本，1994）の中でも，生活様式を構成する要素の要に，生活手段が据えられている。そこで本章では，伊藤（1990，163）が，大規模に継続されている政府統計「消費者物価指数」を用いて戦後日本の生活手段の体系とその推移を明らかにしたことにならい，「消費者物価指数」における採用品目に着目した。採用品目は，家計支出上重要度が高いものであり，基準時1年間の「家計調査」の年平均世帯1カ月1世帯当たり，品目別消費支出金額が消費支出全体の1万分の1以上のものとされている。つまり指数品目に採用される商品やサービスは家計支出上重要度が高いものであるから，その採用品目の推移（追加や廃止，数）は生活手段の観点から生活様式の推移を反映すると考えられる。

　②採用品目に見る日本の消費生活様式の変化

　■1980年代までの特徴と変化

　戦後，日本の消費生活様式はどのように変わってきたのだろうか。この疑問は具体的に指数採用品目の変遷を見ることによって確認することができる。1949年以降の指定採用品目数と追加，廃止品目の推移をまとめた**表10-1**を見

表10-1　基準年における主な改廃品目

基準年	品目数	主な追加品目	主な廃止品目
1946	152（東京）		
1949	195	ハム，ウィスキー，ズルチン，紅茶，男子冬背広洋服地，男子通学服	缶詰牛肉，男子和傘，手ぬぐい，さらし木綿，真綿
1952	254	粉ミルク，マーガリン，かすてら，落花生，夏かん，ぶどう，すいか，くり，食卓，洋服たんす，木炭，まき，洗濯代，ゴムまり	切干甘しょ，あみつくだ煮，代用醤油，サッカリン，ズルチン，重曹，さらしあめ，弁当箱，ざる，たわし，買い物かご，縫い針，のこぎり，ろうそく，ゴム長靴，鼻緒，ホック，ゴムひも，毛筆
1955	308	鯨肉，ソーセージ，化学調味料，魔法びん，ラジオ受信機，けい光ランプ，電気アイロン，電気せんたく機，旅行かばん，パーマネント代，シャンプー，自転車，タクシー代，灯油	甘味剤，こんろ，まき（雑），男子足袋，注射液，粉おしろい
1960	332	乳酸飲料，家賃（公営），自動炊飯器，トースター，テレビ（白黒），電気冷蔵庫，口紅，テレビ聴視料（白黒），カメラ，宿泊料	マッチ，わら半紙，インキ
1965	364 追加43 廃止11	即席ラーメン，チーズ，レタス，カリフラワー，ピーマン，魚肉ソーセージ，マヨネーズ，バナナ，いちご，インスタントコーヒー，電気掃除機，腕時計，プロパンガス，ワイシャツ（混紡），入浴料（中人，小人）	うずら豆，ごま，絹地（富士絹），化繊地（スフモスリン），子供げた，駆虫剤，ラジオ聴取料
1970	428 追加98 廃止16	うるち米（自主流通），即席カレー，即席スープ，レモン，メロン，コーラ，テレビ（カラー），ルームクーラー，石油ストーブ，カーペット，ミシン（ジグザグ），婦人ウールきもの，男子ブリーフ，男子ぐつ（合成皮革），航空運賃，乗用車，自動車ガソリン，ボールペン，ゲーム代（ボーリング），フィルム（カラー），自動車教習料	もち米（配給），ひらめ，まき，かんぴょう，ジャンパー，ズボン下，キャラコ，綿ネル，サージ，学生帽，学生服（高），婦人ビニールぐつ
1975	485 追加47 廃止5	もち，ゆでうどん，ベーコン，もやし，生しいたけ，えび，牛乳（紙容器入り），冷凍調理食品，グレープフルーツ，乳酸菌飲料，ガス湯沸器，電気コタツ，ステレオ，テープレコーダー，カセットテープ，ラップ，ブルージーンズ，ビタミン剤，ガーゼ付絆創膏，トイレットペーパー，テニスラケット，学習塾，全自動せんたく機，ビニールホース，高速自動車国道料金	鯨肉，しじみ，合成清酒，ミシン（足踏式），婦人はだじゅばん，市内電車賃

1980	512 追加43 廃止20	牛肉（輸入品），ロースハム，オレンジ，ウィスキー（輸入品），電子レンジ，ベッド，ティッシュペーパー，ドリンク剤，小型電卓，鉛筆削器，ゴルフクラブ，月謝（水泳），ポテトチップ	精麦，けずり節，障子紙，テレビ（白黒），木炭，半えり，婦人こまげた，電報料，フィルム（白黒）
1985	540 追加45 廃止17	スパゲッティ弁当，コーヒー豆，下水道料金，ルームエアコン，スポーツシャツ（半袖），婦人Tシャツ，漢方薬，マッサージ料金，駐車料金，運送料（宅配便），ビデオテープレコーダー，ペットフード，月謝（音楽），ゴルフ練習料金，電気かみそり	徳用上米，甘納豆，れん炭，婦人雨コート，婦人ウール着尺地，運送料（鉄道），かみそり替え刃，冷凍調理ぎょうざ，机，メロン（アムス）
1990	561	ししゃも，いかくん製，魚みそ漬，あさりつくだ煮，ブロッコリー，ながいも，えのきだけ，はくさい漬，りんご（王林），メロン（アンデスメロン），うま味調味料，サンドイッチ（調理食品），野菜ジュース，ぶどう酒（輸入品），ハンバーガー，物置ユニット，電気カーペット，座卓，食卓戸棚，蛍光灯器具，台所用密閉容器，レンジ台，ヘルスメーター，モップレンタル料，浴用剤，紙おむつ，コンタクトレンズ，血圧計，小型乗用車（輸入品），自動車ワックス，ワードプロセッサー，ビデオカメラ，ゴルフクラブ（輸入品），コンパクトディスク，ビデオテープ，乾電池，ビデオソフトレンタル料，電気かみそり（輸入品），腕時計（輸入品），たばこ（輸入品）	うるち米（並），みりん干し，するめつくだ煮，カリフラワー，やまのいも，りんご（スターキング），化学調味料，ジュース，砂，トースター，流し台，ルームクーラー，食卓，マットレス，ほうき，婦人浴衣，レコード，普通運賃・通学定期・通勤定期（旧私鉄），自動車整備費（ブレーキ，シュー取り替え），鉛筆
1995	580	国産米A，国産米B，国産ブレンド米，指定標準米，外国産米，しめじ，キムチ，もも缶詰（輸入品），混ぜごはんのもと，スポーツドリンク，ビール（輸入品），ピザパイ（配達），左官手間代，コーヒーわん皿（輸入品），ワイングラス（輸入品），なべ（輸入品），浄水器，芳香剤，ネクタイ（輸入品），コンタクトレンズ用剤，眼鏡フレーム（輸入品），普通乗用車，普通乗用車（輸入品），ガソリン（プレミアム），電話機，教科書，テニスラケット（輸入品），家庭用テレビゲーム機，切り花（バラ），サッカー観覧料，ゴルフプレー料金，テニスコート使用料，美術館入館料，競馬場入場料，カラオケルーム使用料，ヘアリンス	特米，上米，中米，標準価格米，するめ，魚肉ソーセージ，塩辛，コンビーフ缶詰，ベニヤ板，布団綿，クレンザー，ゴム長靴，さらし木綿，婦人白足袋，小型乗用車C，ハーモニカ，ギター，幼児用自転車
2000	598	アスパラガス，おにぎり，冷凍調理ピラフ，ミネラルウォーター，発泡酒，牛どん，温水洗浄便座，ルームエアコン取付け料，粗大ごみ処理手数料，人間ドック受診料，レンタカー料金，移動電話通信料，パソコン（デスクトップ型），パソコン（ノート型），携帯オーディオ機器，サッカー	プレスハム，サイダー，物置ユニット，電気洗濯機（2槽式），電球，絹着尺地，テープレコーダー，小型電卓，カセットテープ，月謝（珠算）

		ボール，園芸用土，外国パック旅行，月謝（英会話），ヘアカラー，ハンドバッグ（輸入品），通所介護料，振込手数料	
2005	584	チューハイ，すし（回転ずし），システムキッチン，キッチンペーパー，サプリメント，カーナビゲーション，移動電話機，専門学校授業料，テレビ（薄型），DVD レコーダー，録画用 DVD，DVD ソフト，プリンタ用インク，放送受信料（ケーブル），フィットネスクラブ使用料，温泉・銭湯入浴料，エステティック料金，傷害保険料	指定標準米，ミシン，婦人服地，ビデオテープレコーダー，鉛筆，ビデオテープ，月謝（洋裁），電気かみそり（輸入品）
2010	588	ドレッシング，パスタソース，やきとり，焼き魚，フライドチキン，スリッパ，予防接種料，ETC車載器，洗車代，電子辞書，ゲームソフト，ペット美容院代，園芸用肥料，音楽ダウンロード料	丸干しいわし，やかん，レンジ代，草履，ステレオセット，テレビ修理代，アルバム，フィルム
2015	585	野菜缶詰，しらぬひ，たれ，つゆ，合わせ調味料，ロールケーキ，調理ピザパイ，焼豚，コーヒー飲料B（コンビニのセルフ），乳酸菌飲料，豆乳，日本そば（外食），豚カツ定食（外食），しょうが焼き定食（外食），修繕材料，外壁塗装費，駐車場工事費，壁紙張替費，空気清浄機，水筒，物干し用ハンガー，浄化槽清掃代，健康保持用摂取品，マスク，補聴器，サポーター，ロードサービス料，競技用靴，ペットトイレ用品，警備料，カウンセリング化粧品	かれい，レバー，あずき，レモン，いよかん，親子どんぶり，フライ，お子様ランチ，塗料，錠，左官手間代，板ガラス取替費，ルームエアコン取付け料，電気ポット，電気アイロン，電気カーペット，ガラスコップ，ワイングラス，たわし，ビニールホース，洗浄器，し尿処理手数料，洗濯代（ワイシャツ），洗濯代（背広服上下），ヘルスメーター，体温計，自動車ワックス，ETC 車載器，マーキングペン，OA 用紙，セロハン粘着テープ，筆入れ，植木鉢，乾電池，テニスコート使用料，美術館入館料，音楽ダウンロード料

（出所）　伊藤（1990，172）をもとに総務庁（省）統計局『消費者物価指数年報』各年から筆者作成。

てみよう。

　まず，「主な追加品目」を見ると，今日では日常的となっているハムやウィスキーなどは1949年，マーガリンは1952年，ソーセージは1955年に登場している。高度経済成長期の代表的存在である「三種の神器」すなわち洗濯機，テレビ（白黒），冷蔵庫はまさにその時代（1955年と1960年）に，またその後の「新・

三種の神器」すなわちカラーテレビ，クーラー，車は，ちょうど1970年に登場している。即席ラーメンやインスタントコーヒー（1965年），即席カレー，即席スープ（1970年）など，「即席もの」も同時期であり，簡単便利な大衆消費社会の到来が情報化とともに進展する姿がうかがえる

　一方，「主な廃止品目」を見てみよう。1952年のサッカリン，ズルチン（いずれも人工甘味料）を知っている人はどれだけいるだろうか。また，今日では環境への配慮から再評価されている弁当箱や買い物かごは1952年に廃止されている。1975年に廃止されたミシン（足踏式）は，現在では日本の学校で使用されなくなったものが途上国の学校に寄付されたりしている。また，男子和傘，手ぬぐい，さらし木綿，真綿（1949年），さらしあめ，鼻緒，毛筆（1952年），男子足袋（1955年）など，いわゆる日本文化の象徴的なものが軒並み廃止されていくことがわかる。さらに，化学調味料は1955年に追加品目に登場した後，1990年には廃止され，木炭も1952年に登場した後，1980年には廃止されている。

　このように見ると，戦後，日本の消費生活様式が急激に変化してきたことがわかる。1952年に廃止された弁当箱や買い物かごに替わって，コンビニエンスストアやスーパーマーケットの弁当・惣菜類やポリ袋が普及し，容器包装材の廃棄物が急増した。しかし今日ではその反省や家計節約効果もあって，再び弁当箱やエコバッグが再評価されているのは興味深い。

■1990年代の変化と特徴

　この年代の特徴としては，第1に輸入品の増加を挙げることができる。例えば同一品目の中で輸入品として国産品から明確に分かれたものを取り出してみると，1990年にはぶどう酒，小型乗用車，ゴルフクラブ，電気かみそり，腕時計，たばこ，1995年には外国産米，もも缶詰，ビール，ワイングラス，なべ，ネクタイ，眼鏡フレーム，普通乗用車などであり，高級輸入品のイメージで市場に出回っているものが多いことに気づかされる。

　第2に同一品目の中に移り代わりの顕著なものが目につくことである。例えば，うるち米は，1980年には指定産地米，上米，中米，並米，標準価格米，徳用上米の6種となり，その後も変化しながら，1995年には米の自由化を反映し

て外国産米も加わるなど，変化が著しい。

　第3に，特に1995年で特徴的であるが，教養娯楽に関する新たな品目サービスが登場したことである。ビデオソフトレンタル料，家庭用テレビゲーム機やサッカー観覧料，ゴルフプレー料金，テニスコート使用料，美術館入館料，競馬場入場料，カラオケルーム使用料などが追加されている。

　第4に，ヘルスメーター，血圧計，コンタクトレンズ，スポーツドリンク，浄水器などの健康関連商品ともいうべきものが加わっていることである。

　第5に，廃止品目の中に1990年では婦人浴衣，1995年にさらし木綿，婦人足袋があるように，戦後から引き続いて日本の伝統的日本的生活様式が衣食住すべてにわたって姿を消していく傾向の強まりが見られる。

■2000年以降の変化と特徴

　第1に，コンビニエンスストアや外食，「中食」関連といった「食の外部化」傾向である。特に2000年には，おにぎり，冷凍調理ピラフ，牛どん，ミネラルウォーター等，コンビニの影響や中食の増加を推察することができる。

　第2に，移動電話通信料，パソコンなど（2000年），カーナビゲーション，移動電話機，DVD関係（2005年），ゲームソフト，音楽ダウンロード料（2010年）の登場の一方，テープレコーダー，カセットテープ（2000年），ビデオテープレコーダーとビデオテープ（2005年），ステレオセット，テレビ修理代，アルバム，フィルム（2010年）の廃止から高度情報化が見てとれる。

　第3に，レンタカー料金，パック旅行，月謝（英会話）（2000年）など，グローバル社会における余暇の高度化である。

　第4に，人間ドック受診料，ヘアカラー，ハンドバッグ（輸入品）（2000年），エステティック料金，温泉・銭湯入浴料，サプリメント（2005年）など，美容・健康関連の進展を見ることができる。

　その他，ルームエアコン取り付け料，粗大ごみ処理手数料等，通所介護料や振込み手数料が2000年に登場していることも，「新家事労働」におけるインターフェイスへの出費が必然的に生じている点で注目される。

②　環境家計簿

　家計と環境とのかかわりを可視化するものとしては環境家計簿があげられる。環境家計簿とは，地球温暖化防止を目的に，家庭で消費する電気・ガス・水道などのエネルギーの CO_2 排出量を算出するものである。毎月，家庭でどのくらい CO_2 を排出しているか，データを積み重ねることにより，ムダなエネルギー消費や CO_2 の削減につなげることができる。

　家計簿記帳＝女性の仕事というイメージがつきまとうことには注意が必要だが，家庭での省エネルギーは CO_2 削減だけでなく，家計費の節約や節電にも直結する。無料アプリなども出ているので，活用してみるといいだろう。

第3節　SDGs（持続可能な開発目標）と「持続可能な消費」

①　世界中で取り組む SDGs（持続可能な開発目標）

　第2次世界大戦後，私たち日本人が高度経済成長を遂げ，豊かな消費生活を送る一方で，グローバルに見れば，環境問題や途上国との富の差などが国際的な問題となっている。そうした諸課題の解決を目指し，「持続可能な社会」に向けた国際的な取組みもさまざまに行われ（**表 10 - 2**），現在は，SDGs（持続可能な開発目標）の達成が喫緊の課題となっている。

　SDGs とは，2001年に策定された MDGs（ミレニアム開発目標）の後継として，2015年9月の国連サミットで採択された「持続可能な開発のための2030アジェンダ」にて記載された2016年から2030年までの国際目標である。持続可能な世界を実現するための17の目標と169のターゲットから構成され，「地球上の誰一人として取り残さない（leave no one behind）」ことを誓っている（**表 10 - 3**）。

　SDGs は発展途上国のみならず，先進国自身が取り組むユニバーサル（普遍的）なものであり，日本でも企業行動憲章に盛り込まれるなど，積極的に取り組んでいる。

表 10-2　持続可能な社会の実現に関する国際的な動き

年	条約・会議・レポートの名称	概　要
1972年 （昭和47年）	国連人間環境会議（ストックホルム会議）	環境問題全般についての初めての大規模な国際会議。「人間環境宣言」「行動計画」を採択。後の UNEP の設立が決められた。
1972年 （昭和47年）	成長の限界（ローマクラブ）	急速な経済成長や人口の増加に対して，環境破壊，食料の不足問題とあわせて，人間活動の基盤である鉄や石油や石炭などの資源は有限であることを警告した。
1980年 （昭和55年）	西暦2000年の地球（米国政府）	カーター大統領（当時）の指示により取りまとめられた報告書。2000年までの20年間に予想される総合的な環境への影響は，人口，経済成長，資源等の見通しに深刻な影響を与えるおそれがあるとした。
1987年 （昭和62年）	我ら共有の未来（Our Common Future） （環境と開発に関する世界委員会）	我が国の提案により国連に設置された特別委員会である「環境と開発に関する世界委員会」の報告書。環境と開発の関係について，「将来世代のニーズを損なうことなく現在の世代のニーズを満たすこと」という「持続可能な開発」の概念を打ち出した。
1992年 （平成4年）	環境と開発に関する国連会議 （地球サミット：リオ会議）	持続可能な開発に関する世界的な会議。世界の約180カ国が参加し，「環境と開発に関するリオ宣言」「アジェンダ21」をはじめとして，21世紀に向けた人類の取組に関する数多くの国際合意が得られた。
	生物多様性条約　採択	生物の多様性の保全，その構成要素の持続可能な利用及び遺伝資源の利用から生ずる利益の公正かつ衡平な配分を目的とした条約。
	国連気候変動枠組条約　採択	気候系に対して危険な人為的影響を及ぼすこととならない水準において，大気中の温室効果ガス濃度を安定化することをその究極的な目的とした条約。
1997年 （平成9年）	国連気候変動枠組条約第3回締約国会議	条約附属書I国（先進国等）の第一約束期間（2008年〜2012年）における温室効果ガス排出量の定量的な削減義務を定めた京都議定書を採択。
2000年 （平成12年）	国連ミレニアムサミット	「21世紀における国連の役割」をテーマに，紛争，貧困，環境，国連強化等について幅広く議論し，ミレニアム宣言を採択。その翌年に国際開発目標の統一的な枠組みである「ミレニアム開発目標（Millennium Development Goals：MDGs）」が取りまとめられた。
2002年 （平成14年）	持続可能な開発に関する世界首脳会議 （ヨハネスブルグサミット：リオ＋10）	地球サミットから10年という節目の年に開催。「ヨハネスブルグサミット実施計画」「政治宣言」「約束文書」を採択。また，我が国の提案により，2005年からの10年間を「国連・持続可能な開発のための教育の10年」とすることが決定した。
2010年 （平成22年）	生物多様性条約第10回締約国会議	生物多様性に関する2011年以降の目標である「愛知目標」や遺伝資源へのアクセスとその利益配分に関する「名古屋議定書」等が採択・決定された。
2012年 （平成24年）	国連持続可能な開発会議（リオ＋20）	地球サミットから20年という節目の年に開催。①持続可能な開発及び貧困根絶の文脈におけるグリーン経済及び②持続可能な開発のための制度的枠組みをテーマに，焦点を絞った。
2015年 （平成27年）	国連「持続可能な開発」サミット　SDGs採択	

（出所）　環境省『平成24年版　図で見る環境・循環型社会・生物多様性白書』（http://www.env.go.jp/policy/hakusyo/zu/h24/html/hj12010101.html　2020年12月15日閲覧）。

表 10-3　SDGs の17の目標

目標1	あらゆる場所で，あらゆる形態の貧困に終止符を打つ
目標2	飢餓をゼロに
目標3	あらゆる年齢のすべての人々の健康的な生活を確保し，福祉を推進する
目標4	すべての人々に包括的かつ公平で質の高い教育を提供し，生涯学習の機会を促進する
目標5	ジェンダーの平等を達成し，すべての女性と女児のエンパワーメントを図る
目標6	すべての人々に水と衛生へのアクセスを確保する
目標7	手ごろで信頼でき，持続可能かつ近代的なエネルギーへのアクセスを確保する
目標8	すべての人々のための包括的かつ持続可能な経済成長，雇用およびディーセント・ワークを推進する
目標9	レジリエントなインフラを整備し，持続可能な産業化を推進するとともに，イノベーションの拡大を図る
目標10	国内および国家間の不平等を是正する
目標11	都市を包括的，安全，レジリエントかつ持続可能にする
目標12	持続可能な消費と生産のパターンを確保する
目標13	気候変動とその影響に立ち向かうため，緊急対策を取る
目標14	海洋と海洋資源を保全し，持続可能な形で利用する
目標15	森林の持続可能な管理，砂漠化への対処，土地劣化の阻止および逆転，ならびに生物多様性損失の阻止を図る
目標16	公正，平和かつ包摂的な社会を推進する
目標17	持続可能な開発に向けてグローバル・パートナーシップを活性化する

（出所）　国際連合広報センター web サイトより（2019年4月30日閲覧）

2　「持続可能な消費」の重要性とジェンダー・人間開発

　前述の MDGs 達成も含みながら，2002年の持続可能な開発に関する世界首脳会議（ヨハネスブルグ・サミット）で教育の重要性が提唱され，2005年から国連「ESD（持続可能な開発のための教育）の10年」が開始された。その前史としての環境教育は，1972年の国連人間環境会議（通称ストックホルム会議）で採択された「人間環境宣言」での位置づけから始まっており（表10-2），1992年の国連環境開発会議での「アジェンダ21」では，「持続可能な消費」（第4章），「女性」（第24章），「教育」（第36章）が明確に示された後，ESD へとその流れはつながった。国連「ESD の10年」でも，「持続可能な消費」は重要なテーマのひとつであり，ESD の項目として，生物多様性，気候変動，先住民の智慧，ジェンダー平等など12項目あるうちのひとつが「持続可能なライフスタイル」であり，その中で消費者教育の重要性も明記されていた。

　「持続可能な消費」については，国連人間開発計画（UNDP）の『人間開発報告書　1997年版』でもテーマとして取り上げられた。すなわち，ジェンダーも

含めた人間開発と消費の問題はつながっているのである。

SDGs でも，「持続可能な消費」は重視されている。

例えば目標12「責任ある消費と生産」が重要な理由として，次のような説明をしている（国連広報センター）。

　　例えば毎年，生産される食料全体の約 3 分の 1 に相当する13億トン（約 1 兆ドル相当）が，消費者や小売業者の元で開封されないまま腐ったり，ずさんな輸送や収穫によって傷んだりして廃棄されていますが，企業はこれについて対策を講じる必要があります。

　　消費者に関して言えば，家計は世界全体のエネルギーの29％を消費し，それによる CO_2 排出量の21％を占めています。しかし，世界中の人々が電球を省エネ型に変えれば，毎年1200億米ドルが節約できることになります。水の汚染も，持続可能な解決策を必要とする緊急の課題です。私たちは自然が川や湖で水を再生，浄化できるよりも速いスピードで，水を汚しているからです。

また，一人の消費者としてできることについては，主として 2 つの方法があると明示している（国際連合広報センター）。

　　1．あなたが出すゴミを減らすことと，2．何を買うかについてよく考え，可能な場合には常に，持続可能なオプションを選ぶことです。

　　ゴミの減量は，食料を無駄にしないことから，海洋の大きな汚染源となっているプラスチックの消費を減らすことまで，さまざまな方法で実行できます。再利用可能なバッグを持ち歩き，プラスチック製のストローの利用を断り，ペットボトルのリサイクルを行うことはいずれも，日常的に責任を果たすためのよい方法です。何を買うかについて，情報に基づいて購入を行うことも役に立ちます。例えば，繊維産業は現在，農業に次いで第 2 の水質汚染源となっているだけでなく，開発途上地域の労働者を搾取しているファッ

ション企業も多くあります。持続可能な地元の商品を買うことができれば，変化を起こすだけでなく，企業に対して持続可能な実践を採用するよう圧力をかけることもできます。

　その他，例えば SDGs のターゲット12.3「小売・消費レベルにおける世界全体の一人当たりの食品の廃棄を半減させ，収穫後損失等の生産・サプライチェーンにおける食品ロスを減少させる」ことの達成を目指した場合，「13　気候変動」対策とも深く関係する。食品廃棄物の約８割が水分といわれており，焼却炉への投入量が減れば，焼却時のエネルギーロスの削減につながる。また，食料を輸送するフードマイレージの長さは，地球温暖化の原因となる温室効果ガスの排出と関係する。同時に，食品原材料の損失が減少すれば「2　飢餓」にも貢献することができる。また，「17　パートナーシップ」の推進によって，国境をまたぐ食品ロス削減の取組みを実現することに貢献する。
　「12　持続可能な生産と消費」は「8　雇用」ともかかわる。「包摂的かつ持続可能な経済成長及び全ての人々の完全かつ生産的な雇用と働きがいのある人間らしい雇用（ディーセント・ワーク）」のためには，「世界の消費と生産における資源効率を漸進的に改善させ，先進国主導の下，持続可能な消費と生産に関する10年計画枠組みに従い，経済成長と環境悪化の分断を図る」と明記されるゆえんである。

第４節　新しい消費形態の創造：「消費」から
アプローチする「生産」との協働

　１　「持続可能な社会」に向けた消費生活様式の創造とジェンダー
①持続可能な環境・開発・消費とジェンダー
　「持続可能な消費」について考える際，「環境」のことだけでなく，「開発」についても目を向ける必要があり，それはジェンダー課題と密接に結びついていることに注意する必要がある。

例えば環境配慮型消費者行動の実行状況に関する各種調査結果では，おもしろいことに，男性よりも女性のほうが実行率が高い傾向にある。このことは「生産の男性性」に対する「消費の女性性」に起因するものとして注目に値する。

私たちの消費生活はグローバルな問題につながっている。例えば日本は，森林資源が豊かであるにもかかわらず他国の森林資源を利用しているといわれるが，私たちが日常的に大量に紙を使用することが，森林資源を日本向けに輸出している国々にとっては，豊かな生態系と調和してきた伝統文化が破壊されることにつながる場合もある。つまり，先進国の消費のあり方は途上国における開発の問題とつながっているのである。そして，主として途上国における環境破壊は，女性や子どもなどにより多くの悪影響を及ぼし，それゆえ女性たちが環境に関して敏感になるともいえるのである。従って，ジェンダーと開発（GAD：Gender and Development）との関わりと同時に，さらには環境とのつながり（GED：Gender, Environment and Development）が認識される必要があるのである。

例としてインドのチプコ運動を紹介しよう。チプコとは，抱きつくという意味で，1972年にインドの少数民族の女性たちが自分たちの生活資料源である森林の伐採に反対するため，体を鎖で木に縛りつけ抱きついて抵抗した生んだ運動である。男性たちは日頃，生活資料の採集に関与していないために森林伐採による環境破壊が自分たちの生活を脅かすことへの認識が薄く，森林の売却による収入を手に入れようとする中，女性たちは日常的な水汲み作業等の生活知によって環境の異変に気づいた抵抗運動として有名である。

「アジェンダ21」第24章は「持続可能かつ公平な開発に向けた女性のための地球規模の行動」であり，「主たるグループの役割の強化」の中でもこの章が筆頭にあげられていることから推察されるように，環境問題解決に向けて女性の果たす役割が期待されている。1995年に北京で開催された第4回世界女性会議での「行動綱領」でも，優先項目として「女性と環境」があげられていた。環境に対する女性の役割を強調することは，逆に女性のみにその役割を担わせ

ることになる危険性には十分注意が必要ではあるが，国連レベルで提起されている環境に対する女性の役割の強調の背景には，実は環境とジェンダーの問題があるのであり，このことは消費生活におけるジェンダーの問題と通底している。

②公正で持続可能な社会を目指す消費生活様式の創造にむけて

消費者が公正かつ持続可能な社会の形成に積極的に参画することを目指して，2012年に消費者教育推進法が施行された。消費者市民社会という言葉をキーワードとしていることに伴って，「倫理的消費（エシカル消費）」が注目され，教育現場ではフェアトレード商品の購入や TABLE FOR TWO 等に関する学習機会が急増した。しかし，ともすればフェアトレードばかりに目が向く傾向にある点には注意が必要である。他にも消費者ができることは多々あるし，「消費」の視点だけでなく，「社会的起業」あるいは「社会的企業」といった「生産」の視点から見る必要もあるだろう。

例えば自分の住む国内の食料自給率といった問題に目を向けてみれば，生物多様性の場としての農山漁村にもっと注目する必要があるだろう。環境省は，2018年4月に第5次環境基本計画を閣議決定し，「持続可能な生産と消費を実現するグリーンな経済システムの構築」や「地域資源を活用した持続可能な地域づくり」など6つの重点戦略の中で，「持続可能な消費行動への転換」を「健康で心豊かな暮らしの実現」として位置づけるとともに，「地域循環共生圏」を提唱した（図10‒1）。

これは，農山漁村も都市も活かして各地域が美しい自然景観等の地域資源を最大限活用しながら自立・分散型の社会を形成しつつ，地域の特性に応じて資源を補完し支え合うことにより，地域の活力が最大限に発揮されることを目指す考え方であり，SDGs や「パリ協定」といった世界を巻き込む国際な潮流や，複雑化する環境・経済・社会の課題を踏まえ，複数の課題の統合的な解決という SDGs の考え方も活用したものである。今後，持続可能な消費と生産を実現する上で極めて重要であるが，ジェンダーの視点を入れることを忘れてはならない。

図 10 - 1　地域循環共生圏の概念図

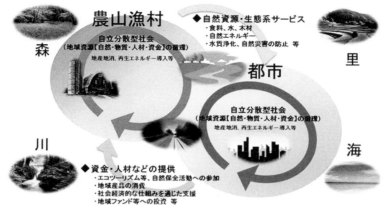

（出所）　環境省（2018）p. 23。

② お金持ちから時間持ちへ

　「持続可能な社会」に向けた消費生活様式を求める動きはさまざまな場面で登場している。国の進歩について経済で計る「国民総生産」（GNP）に代わってブータン王国が提唱した「国民総幸福度」（Gross National Happiness：GNH）といった指標も登場している。日本は，経済水準だけでなく，環境技術面でも先進国である一方，自殺率が高く，ジェンダー平等も先進国の中で遅れている現状がある。戦後，経済的な豊かさを求める中で，それまでの農業を中心とした生活から工業を中心をした生活へと変化する過程において，核家族化と専業主婦化といったジェンダー分業が機能し，「モーレツ社員」「過労死」といった問題も表出している中，真の豊かさを求めた生き方を探る動きも徐々に見え始めている。

　「時給いくら」というように，私たちの生活において，「時間」と「お金」は常につきまとう生活資源の問題であるだけに，「お金持ち」と「時間持ち」について深く考えていく必要がある。

① SDGs の17の目標・169のターゲットについて確認したうえで，日本ではどのような実践が行われているか，具体的に調べてみましょう。

② インターネットなどでどのような環境家計簿があるかを調べ，実際につけてみた上で，身近な人と環境に配慮したライフスタイルのあり方を話し合ってみましょう。

（松葉口玲子）

終　章　ワーク・ライフキャリアと生活経済

《本章のねらい》

　世界でも有数の長寿国である日本。「人生100年時代」とも言われる中で，健康寿命の延伸や長期化する老後を前提とした生活設計，働き方や学び直し，地域コミュニティとのかかわり方などがますます重要な課題となっています。この章では，近年多くの大学で開講されているキャリア教育の内容をジェンダー視点からとらえ直し，主体的な生活設計・キャリアプランニングの必要性とそれを可能にする個人的社会的諸条件について考えます。

Keywords▶ キャリア教育，ライフキャリア，人生100年時代，生活設計，
キャリアプランニング

第1節　キャリアをとらえる視点と日本のキャリア教育

1　キャリアをとらえる視点

　文部科学省（2011）の「高等学校キャリア教育の手引き」という冊子がある。本章で多用される「キャリア」という言葉の意味について，読者のみなさんと認識を共通のものとするために，同冊子によりその定義を見てみよう。

　まず，「キャリア」の語源は，中世ラテン語の「車道」を起源としている。英語では，競馬場や競技場のコースやトラック（行路，足跡）を意味するものであり，そこから，人がたどる行路やその足跡，経歴，遍歴なども意味するようになっていった。そして，20世紀後半，「キャリア」は，特定の職業や組織の中での働き方にとどまらず，広く「働くこととのかかわりを通しての個人の体験のつながりとしての生き様」を指すようになったとのことである。これらのことから同冊子では，「キャリア教育」における「キャリア」を「人が，生

涯の中でさまざまな役割を果たす過程で，自らの役割の価値や自分と役割との関係を見いだしていく連なりや積み重ね」と定義している（文部科学省，2011，14）。

　本書の序章で述べたように，人間は労働する動物であり，その労働は収入を得るための職業労働に限られるものではない。したがって，あなたが人生で果たす役割も職業人としての役割のみではない。家族や地域社会の一員として，部活・サークル活動のメンバーの一人として，趣味を大切にする一個人として，あなたが社会の中で果たしている役割は多種多様であり，それらとのかかわりの濃淡があなたという個人のキャリアをあなた固有のものにしているのである。

　このようなことを前提とする「キャリア教育」は，一定又は特定の職業に従事するために必要な知識，技能，能力や態度を育てる教育としての「職業教育」とは異なるものである。また，中学校・高等学校で行われる「進路指導」は学校現場におけるキャリア教育の中核を成すものではあるが，キャリア教育は対象・期間がより広いという違いをもつものである。

［2］日本におけるキャリア教育の展開

　では，本書の多くの読者が受けてきたであろう「キャリア教育」はどのように推進されてきたのであろうか。

　文部科学省（2011，11-13）によると，日本で「キャリア教育」という文言が公的に登場し，その必要性が提唱されたのは，1999年12月の中央教育審議会答申「初等中等教育と高等教育との接続の改善について」においてである。その中でキャリア教育とは，「望ましい職業観・勤労観及び職業に関する知識や技能を身につけさせるとともに，自己の個性を理解し，主体的に進路を選択する能力・態度を育てる教育」と定義されている。

　この答申を受け，国立教育政策研究所等においてキャリア教育に関する調査研究が進められるとともに，2003年6月には「若者自立・挑戦プラン」が策定された。このプランの中では，「若者が自らの可能性を高め，挑戦し，活躍できる夢のある社会」と「生涯にわたり，自立的な能力向上・発揮ができ，やり

直しがきく社会」をつくるため，政府・地方自治体，教育界，産業界が一体と
なった取組みが必要であること，キャリア教育の推進はその重要な柱であるこ
とが確認された。その後，「若者の自立・挑戦のためのアクションプラン（改
訂）」が策定され，キャリア教育のさらなる充実が図られるとともに，2006年
の改正教育基本法をはじめ関係法制の整備により，キャリア教育は小学校・中
学校・高等学校において法的根拠をもって進められることとなった。

　ところで，「若者自立・挑戦プラン」や「若者の自立・挑戦のためのアク
ションプラン（改訂）」などの内容を見ていると，「フリーター・無業者に対す
る働く意欲の涵養，向上」「若者に働くことの意義を実感させ，働く意欲・能
力を高める」というような文言が随所に登場する。しかし，その原因を若者の
意欲ややる気の問題だけに求めることはできない。

　そもそも国を挙げてのキャリア教育の推進が必要となってきた背景には，本
書の第2章で見たような人口構造の変化（特に少子化を背景とした生産年齢人口の
減少）や個人のライフコースの変化，第3章でみたような終身雇用・年功賃金
制度の見直しといった雇用労働環境の変化，若年非正規労働者の増加の問題，
第8章で見たようなペイドワークに偏った生活時間配分を余儀なくされている
男性労働者とペイドワークとアンペイドワークの多くを担わなければならない
女性労働者の問題等が存在している。セーフティネットの揺らぎ，ほころびの
中で，若者が将来（特に就業すること）に対して展望をもちにくい社会の中に生
きているということを指摘しておきたい。

③　大学等で行われているキャリア教育の内容

　日本学生支援機構（2020, 18）によると，大学・短大・高専においてキャリ
ア教育科目を必修として開設している割合は，大学で68.0％，短大で74.7％，
高専で40.3％であった。[1]

　この調査からは，キャリア教育科目の内容までは把握できないが，キャリア
教育科目を「全学で開設している」「学部あるいは学科単位で開設している」
と回答した学校を対象として，キャリア教育科目の成績評価に一定の責任を

もつ授業担当者は，専任教員（大学院・学部等所属）が8割を超える一方，その指導の下，授業の一部を担当する者としては「職員」「就職支援関連企業の民間企業社員」「一般の民間企業社員」などが上位を占めている。また，文部科学省（2020：10-11）によると，調査に回答した国公私立大学761のうち，教育課程内でキャリア教育を実施している大学は97.8％，教育課程外でキャリア教育を実施している大学は95.1％に上る。具体的な取組み内容で多いものを見ると，教育課程内では「勤労観・職業観の育成を目的とした授業科目の開設」（87.4％），「資格取得・就職対策等を目的とした授業科目の開設」（85.1％），「今後の将来の設計を目的とした授業科目の開設」（81.6％），「企業関係者，OB，OG 等の講演等の実施」（80.5％），「インターンシップを取り入れた授業科目の開設」（79.2％）などであり，「女性の多様なキャリアを意識したもの等，男女共同参画の視点を踏まえたキャリア教育」は37.2％と低位である。教育課程外では「企業関係者，OB，OG 等の講演等の実施」（83.5％），「資格取得・就職対策を目的とした特別講義等の開設」（83.0％），「学生のキャリア形成を支援するための助言者の配置や相談体制の整備」（81.8％）などが上位に挙がっており，「卒業生の女性による講演会等，男女共同参画の視点を踏まえた特別講義等の開設」は22.8％と低い取組み状況であることがわかる。

　これらのことから，大学等のキャリア教育においては「働くこと」や「就職支援」に関連する内容が重視される傾向にあり，学生が男女共同参画やワークライフバランス等の現状課題に関する内容に触れる機会は少ないことがうかがえる。

　しかし，本章の冒頭で確認したようにキャリアとは「人が，生涯の中でさまざまな役割を果たす過程で，自らの役割の価値や自分と役割との関係を見いだしていく連なりや積み重ね」であり，人生の中で職業労働への従事は「生まれた家族」から「つくる家族」への移行，経済的自立と生涯の生活基盤を整備するために重要な位置づけをもつとしても，それだけで人の生活やその日々の連なりである人生が成り立つわけではない。自分のキャリアを自分で切り拓いていくためには，生活資源（個人と家族等の人的資源，家計費，生活時間，生活情報

等）と社会資源（本書の第6章で取り上げた社会保障制度や第9章で取り上げた生活の社会化など）をトータルにマネジメントしていける生活経営の知識と技術が必要不可欠である。

第2節　ワーク・ライフキャリアと生活設計

⬚1 ジェンダーに偏らないライフキャリア教育の必要性

　宮城（2002：10-13）は，キャリアに関する定義を「狭義のキャリア」と「広義のキャリア」とに分け，次のように説明する。一般に「狭義のキャリア」は「職業，職務，職位履歴，進路」を示し，「広義のキャリア」は「生涯・個人の人生とその生き方そのものと，その表現のしかた」という包括的，統合的概念である。キャリアの概念は単なる職業，職務，有給の組織内での仕事などに限定されるものではなく，ボランティアワーク，ライフワーク，家庭内での仕事，地域活動，趣味活動なども広く含むものである。

　人は職業労働のみならず，家庭や地域社会等，さまざまな場で自己の役割を見出し，他者と関わり合いながら自らを発達させていく。その意味で「ワークキャリア」に偏らない「ライフキャリア」教育が展開されることは，個人の人格形成と生涯発達を果たしていくうえで男女双方にとって重要である。

　しかし，先に見たようにキャリア教育は「ワークキャリア」に因むことが中心である。また男女共同参画やジェンダーの視点を踏まえたキャリア教育を実施している大学はまだ多くはない。教育社会学者の谷田川ルミは，「大学生のライフコース展望（＝キャリア意識）にはジェンダーにかかわる意識が大きく影響」しており，「彼らのジェンダー意識やライフコース展望には『ラク』『自由』をベースとした『家庭志向』や『保守性』といった，義務は放棄して権利は得たいという『性別役割分業の美味しいとこ取り』といった特徴が見受けられ」るとする。谷田川は「ジェンダーの視点から，労働や福利厚生にかかわる法律や地域，職場等の育児支援の現状，就業継続／非継続の場合の生涯収入の違い，日本社会における平均年収といった生活と労働にかかわる基礎的な知識

209

を伝える」ことはキャリア支援の重要な課題であり，これらの課題に取り組むことにより男子学生も女子学生もより現実的なキャリアを考えることが可能になることを説く。さらに，「『ジェンダー』は『女性のための』という意味ではなく，ライフコース上に現れる『男女の関係性』を考えるという概念」であることから，キャリア関連科目は女性の学生向けに開設するのではなく，男女双方が受講できるようにすべきであることを指摘している（谷田川，2016，165-166）。

　結婚するかしないか，子どもをもつかどうかは個人の選択であるが，どのようなライフスタイルを選択するにしても生活資源と社会資源のマネジメント力は必要であるし，「つくる家族」において自分がその家族の生活経営に責任をもつ立場となるのであれば，なおさらのこと男女を問わず「生活と労働」にかかわる知識・技術の有無は必要不可欠である。個人の自立，発達と自己実現を最善のものとし生活の質を高めていくために，そして自分だけではなく，他の家庭の構成員についてもこれらのことが可能となるように，利用可能なすべての生活資源・社会資源のマネジメント能力を培っていくこと，これこそが生活経営の目標であり，このことを網羅したライフキャリア教育の実施が望まれる。

［2］人生100年時代におけるライフプランニングの考え方

　キャリアの問題を考える時，ジェンダー規範が個人および家族においてどのように影響するかという問題とならびもうひとつ重要な視点がある。それは，特に日本においては「人生100年時代」と表現されるような長寿社会が到来しつつあるということである。

　日本では，1980年代から1990年代にかけて人生80年時代をどう生きるかをテーマとした書籍が多数発行されてきた。その内容は定年後の生き方を論じるもの，老後を健康に生活するための処方箋などさまざまであるが，成人期以前＝教育を受ける時期，成人期の前半・中盤＝収入労働に従事する時期，成人期の後半＝引退の時期ととらえるものが多かった。

　そのような中で，グラットン＆スコット（2016）による『ライフ・シフト』

は，人生100年時代を見越した新しいワーク＆ライフキャリアデザインの描き方を提示する。本書の中では従来のような教育，収入労働への従事，引退という3つのステージを単線的にたどるようなキャリアプランニングではなく，マルチステージを前提に一人ひとりが働き方や生き方を選択し，生活を設計していくべきことが主張されている。グラットンらの主張は政府や企業など多方面にインパクトを与え，あらゆるレベルでこの新たな事態への取組みが進められようとしているところである。

　しかし，実は「マルチステージ」「キャリアプランニング」という言葉こそ使っていないが，長寿化による主体的・選択的生活設計の必要性については，30年ほど前から家政学の一領域である生活経営学（当時は家庭管理学などの名称で科目が立てられていた）の研究者たちが論じていたことであった。例えば，佐藤（1989，219-233）は長寿化による生活設計論の新たな段階について，次のように述べている。

　すなわち，平均余命の伸長が決定的となることにより，人の生涯にかかる費用がこれもまた決定的に増大し，従来のような労働と社会保障のあり方では生涯保障を達成することが困難になるため，私たちは生涯のより多くの時期を多様な形の労働でカバーすることが求められる。サラリーマンの夫が妻子を養うスタイルから妻も稼ぎ手として家計を担い，経済的な自立を高めることが一般化するが，それは家庭のメンバーにとって生きていくうえで必要なニーズの実現の表現・訓練ともなり得る。学校教育は，人が生涯に受けるさまざまな教育機会のベースを作る機会を提供するものであるが，学校教育が唯一かつ最終の教育機会ではなく，職業や社会的労働の場面など学校教育以外での教育を生涯にわたって受ける可能性が拓かれなければならない。余暇時間の増大は，当初は休養やスポーツに充てられるが，やがては，人が文化として意味をもつと考える無償の労働へと転化していくことが想定され，その形態はその社会のニーズによって重要な役割を担うことになるかもしれない。人々は，今までよりも長い収入労働の期間を担わなければならないが，その代わり，時には労働を中断して再教育を受けたり，より自分の能力に適合する職業に転職したりするこ

とにもなる。日本の終身雇用・年功序列的な雇用形態はこのような働き方・生き方には向かないが，これからはやや選択的に個人が職業生活の体系を組み直す可能性が増加していくであろう。以上が佐藤の主張の要点である。

　21世紀を生きる私たちは，佐藤やグラットンらが示すような主体的生活者として，自らの生活の目標を立て，その目標を達成するために生活設計・キャリアプランニングを行うが，その実現に向けては個人や個々の世帯の努力だけではなく，社会的諸条件も整備されなければならない。これについて次節で考えてみよう。

第3節　社会性と連帯性を伴う生活設計に向けて

［1］ 人生100年時代の生活設計を可能とする社会的条件の整備

　前節では，長寿命化により働き方・生き方の選択肢の幅が広がり，生活者がそれぞれの主体性を発揮する可能性が生まれることを述べた。

　生活者は生活設計・キャリアプランニングにおいて生活の目的を達成するために，自らの主観的願望と家族一人ひとりの願望とが合致するように調整と意思決定を繰り返す。と同時に，社会的な条件の整備が進められていく必要もある。

　一般に，生活設計の課題を経済的なものに置く場合，その三大課題ともいうべきものは住宅取得・子どもの教育・老後の生活資金であるが，この背景には日本では住宅や学校，公的年金などの公共投資の不足分を自助で賄うことが前提とされているという問題がある。その結果，住宅ローン，教育ローン，個人年金や各種民間保険への加入などの商品・サービスが多数用意され，資金計画を家族のライフサイクルに合わせて調整するような自己責任による計画の達成が当然のこととして行われる傾向にある。特定非営利活動法人日本ファイナンシャル・プランナーズ協会[3]（2020）によれば，2019年度の1年間に実施した相談総数は790件[4]（2018年度：874件）であり，相談内容別に見ると「ライフプランの立て方」「家計収支」「保険」の順で上位3つを占め，「住宅ローン」「教育資

金」「金融資産運用」「リタイアメントプラン」についての相談がこれらに続く。相談者は30代（35.9％），40代（28.6％）で全体の6割を占めており，保険の新規加入・見直し，住宅ローンの新規借入・借換えなどとともに，子育て期から老後という中長期的な視点をもって生活を設計しようという世代が多く含まれていることがうかがえる。

　生活者が主体的に生活設計・キャリアプランニングを行うためには，そのために有用な社会資源に関する情報が公的機関から十分に提供されるべきであるし，所得再分配機能（第5章）や社会保障制度（第6章），新しいコミュニティ形成への参画（第2章）などさまざまな社会資源の種類と活用方法を知るような教育があらゆるレベルできめ細かくなされるべきである。また，家計は個々の家庭が置かれている状況と課題を最もよく反映するものであるから，家計管理について十分な知識や技術が伴わない個人や世帯に対しては，個人や家族の希望や大切にしたいこと（価値観）などに目を向けながら生活の見通しや計画を組めるような教育が施されなければならない（第4章，第7章及び同章コラム参照）。

　社会保障・社会福祉の諸制度が公助・共助を問わず整備されていくことが重要であるということはもちろんであるが，社会保障・社会福祉の水準を理解し，その十分な活用がなされたうえで，どの部分を自助で賄うかという確認を行い，生活設計・キャリアプランニングがなされることが望まれる。

②　持続可能な生活と社会づくりに生活経済論の学びを活かす

　生活設計・キャリアプランニングは，私的・個人的なものである。しかし，私たちは自然環境の一部であり，社会とつながり社会を変えていくという力をもつ社会的存在でもある（第10章参照）。

　私たちは自分や家族の生活を良くしていくために，仕事に就き，収入を得，資産を形成することに関心と努力を集中させていく傾向があるが，個人がどれだけ自分の生活の内的条件を整えたとしても，私たちの生活を取り巻く外的条件（自然環境や社会環境）が良い状態になければ，そこには結局，生活のひずみ

や歪みが生じる。それらはやがて個人の努力や意志の力だけではどうにもならない規模の生活リスクにつながっていく。私たちが快適さや便利さを追い求めたことにより引き起こされている地球温暖化やプラスチックゴミの問題は，大規模な自然災害や深刻な海洋汚染とそれによる深刻な健康被害をもたらしている。企業間の激しいグローバル競争の中で，労働者は自己の時間と人間活動力を決して良好とは言えない労働条件に甘んじながら提供せざるを得ないという状況もある（第3章，同章コラム参照）。単身世帯が増加し，コミュニティにおける人々のつながりが希薄になる中で，国は「我が事，丸ごと地域共生社会づくり」をスローガンに掲げ，各種モデル事業や支援体制の整備を推し進めている。そのこと自体を否定するものではないが，地域共生社会づくりの担い手として期待される「地域住民」が，そもそもその地域社会の一員という自覚をもち，地域社会のために積極的に貢献しようという意識を持ち得ているのかという懸念もある。

　特に学校や職場で競争にさらされている若い世代・現役世代の人ほど，他者の生活や社会のあり方に目を向けるゆとりがなく，地域コミュニティの形成や改善に参加しにくい状況があるかもしれない。

　生活経済学者で埼玉大学名誉教授である暉峻淑子（2012, 23-24）は「個人の人生は，まずある程度安定した基盤がなければ，人間らしい判断も希望も芽生えてこない。追い立てられ，せっぱ詰まった環境の中での判断は，しばしば選択を誤る。（略）競争社会が成果主義や自己責任を強調して，せっぱ詰まった環境を作り出せば，いよいよ自分とその周辺の狭い社会しか見えない人間を作り出すことになるのではないか」との疑問を投げかけている。

　暉峻（2012, 156）は，「経済のグローバル化は避けがたい流れであるとしても，そのことによって生きられなくなる人たちを放任してもよいということにはならない。（略）利益の再分配や社会保障による国民の生活保障ができないとすれば，国家の存在する意味もなくなるし，福祉国家としてのナショナル・アイデンティティもなくなる」と経済活動が本来人間生活のためのものであることを指摘する。「私たちはどんな国家，どんな社会で生きていきたいのか。それ

を実現するためにどんな経済活動をしたらいいのか。どんなモラルを社会的基準にしたらいいのか。すべての大人は，社会人としての責任を負っているのだ。法人格をもつ企業も，その社会的責任から逃れることはできない」として，私たち自身と企業に「社会の一員として社会をともに作り上げていく」責任があることの自覚を促す。

　本書の各章で取り上げたトピックスは，いずれも個人や家族といった私的領域にとどまらず，社会的な環境・諸条件のあり方をともに考え，私たちの生活の質を高いものとすることを阻害する要因に目を向け，それに対処する力を身につけることを期待して書かれたものであった。

　生活を取り巻く現在の社会の状況を所与のものとし，それに自己を適応させるような生活設計・キャリアプランニングではなく，持続可能な未来を拓く社会的条件の整備と創造に向けた主体的で社会性・連帯性を伴った生活設計・キャリアプランニングの力を，男女を問わず身につけ，それぞれの全人格的発展，自由で創造的な生活の実現が果たされることを願ってやまない。

考えてみましょう

①中長期的な生活設計・キャリアプランニングを立ててみよう。あなたが理想とする生活を実現するための生活資源・社会資源は充分に準備されているだろうか。生活資源・社会資源に不備や不足がある場合は，どのように充足させていくかということも併せて考えてみよう。

②社会人の男性・女性にワーク・ライフキャリアに関するインタビューを行い，自分自身のこれからの働き方や生き方について考えてみよう。

注
(1)　「大学等における学生支援の取組状況に関する調査（令和元年度（2019年度））」結果報告より。本調査は，大学，短期大学，高等専門学校における学生支援の取組状況について調査し，学生支援に関するニーズを把握することを目的として，日本学生支援機構が2019年9月1日〜10月11日に実施したものである。調査対象校数は1168校，回答校数は1154校（回収率98.8％）であった。
(2)　「平成30年度の大学における教育内容等の改革状況について（概要）」より。国公私立782大学を対象として2019年12月〜2020年2月に実施された。回答大学数761大学，回答率97％（うち，学部段階の母数は国立86大学，公立85大学，私立590大学

の計761大学）であった。

(3) 特定非営利活動法人日本ファイナンシャル・プランナーズ協会（日本 FP 協会）：
同協会ホームページによれば，同協会は1987年に創設（2001年より NPO 法人化）。
広く一般市民に向けてファイナンシャル・プランニングの啓発と普及をはかること
を目的とする団体である。ファイナンシャル・プランニングの担い手（専門家）で
あるファイナンシャル・プランナーを養成・認証しており，2019年 7 月 1 日現在，
個人会員20万1273名を有している。

(4) 新型コロナウィルス感染症の影響により，2019年 4 月から2020年 2 月までの集計
結果である（2020年 3 月は FP 相談中止）。

（伊藤　純）

引用・参考文献

赤塚朋子，2004，「生活主体とは」(社)日本家政学会編『新版家政学事典』朝倉書店。

姉歯曉，2015，「第9章　消費者信用と家計をめぐる動向」，伊藤純・斎藤悦子編『ジェンダーで学ぶ生活経済論（第2版）』ミネルヴァ書房。

天野晴子，2015，「第6章　家計と資産」男女共同参画統計研究会編『男女共同参画統計データブック2015』ぎょうせい。

天野晴子・斎藤悦子・伊藤純，2004，「評価ファクターを用いたアンペイドワークの社会的評価の可能性」日本家政学会生活経営学部会編『生活経営学研究』39，53-61頁。

天野寛子，1981，「第7章　生活文化の伝承と家事労働」，大森和子，好本照子，阿部和子ほか『家事労働』光生館，181-210頁。

天野寛子，1989，「第2章　家庭管理の問題領域」，宮崎礼子・伊藤セツ『家庭管理論（新版）』有斐閣。

石川実，1997，「家族の形態と機能——核家族化と潜在的機能ストレス」『現代家族の社会学』有斐閣，56-75頁。

井手英策，2018，『幸福の増税論——財政はだれのために』岩波新書。

伊藤セツ，1989，「新しい生活様式の創造と選択のために」(社)日本家政学会編『家庭生活の経営と管理』朝倉書店。

————，1990，『家庭経済学』（経済学叢書15）有斐閣。

————，2000，『ジェンダーの生活経済論——持続可能な消費のために』ミネルヴァ書房。

————，2001，「福祉ミックスと生活経営」(社)日本家政学会生活経営学部会編『生活経営学研究』36。

————，2006，「貧困の撲滅とディーセントワークをめざす世界の女性労働」『女性労働研究』50，7-19頁。

伊藤セツ・伊藤純編，2010，『ジェンダーで学ぶ生活経済論——福祉社会における生活経営主体』ミネルヴァ書房。

今井けい，1992，『イギリス女性運動史』日本経済評論社。

岩田正美ほか，2011，「流動社会における生活最低限の実証的研究4：家計実態アプローチによる最低生活費—生活保護基準等との比較」『貧困研究』vol. 7，明石書店。

岩田正美ほか，2012，「ミニマム・インカム・スタンダード（MIS法）を用いた日本の最低生活費試算」『社会政策』4（1），ミネルヴァ書房。

大澤克美・松尾直博・東條憲，2018，『実践から考える記入教育の現在と未来』東信堂，62-136頁。

大沢真理，2013，『生活保障のガバナンス——ジェンダーとお金の流れで読み解く』有斐閣。

———，2018，「税・社会保障制度におけるジェンダー・バイアス」日本学術会議『学術の動向』23（5）。

大竹美登利，2000，「第8章　生活時間とアンペイドワークの評価」，伊藤セツ編『ジェンダーの生活経済論』ミネルヴァ書房，144-163頁。

岡本大輔・梅津光弘，2006，『企業評価　企業倫理　CSRへのアプローチ』慶応義塾大学出版会。

落合恵美子，2004，『21世紀家族へ——家族の戦後体制の見かた・超えかた　新版』有斐閣。

小原敬士，1982，『ヴェブレン』勁草書房。

角田修一，1982，『生活様式の経済学』青木書店。

粕谷美砂子，2019，「農業従事者の生活設計と地域コミュニティ」『生活経営学研究』54，16-21。

唐鎌直義，2012，『脱貧困の社会保障』旬報社。

環境省，2012，『平成24年版　図で見る環境・循環型社会・生物多様性白書』http://www.env.go.jp/policy/hakusyo/zu/h24/html/hj12010101.html（2020年12月15日閲覧）。

———，2018，『平成30年版　環境白書・循環型社会白書・生物多様性白書』。

企業市民協議会（CBCC），2017，「CSR実態調査結果」。

規制改革会議，2013，「雇用ワーキンググループ報告書」。

木村草太，2013，『憲法の創造力』NHK出版新書。

金融経済教育推進会議，2016，『金融リテラシーマップ』。

金融広報中央委員会「知るぽると」，2019，『家計の金融行動に関する世論調査［2人以上の世帯調査］』。

———，金融広報中央委員会の沿革 www.shiruporuto.jp/aboutus/container/gaiyo/enkaku（2020年12月26日閲覧）。

———，金融用語解説 www.shiruporuto.jp/education/data/container/yogo（2021年1月24日閲覧）。

金融・資本市場活性化有識者会合，2015，「金融・資本市場活性化有識者会合意見書」。

金融庁, 2017, 『「家計の安定的な資産形成に関する有識者会議」平成29年2月3日説明資料3』。

金融庁金融研究センター, 2013, 「金融経済政策研究所会報告書」。

金融庁／消費者庁／厚生労働省（自殺対策推進室）／法務省, 2018, 「多重債務者対策を巡る現状及び施策の動向」多重債務問題及び消費者向け金融等に関する懇談会（第9回）配布資料1。

工藤恒夫, 2003, 『資本制社会保障の一般理論』新日本出版社。

グラットン, リンダ・スコット, アンドリュー, 2016, 『ライフ・シフト』東洋経済新報社。

経済企画庁経済研究所国民経済計算部, 1997a, 『あなたの家事の値段はおいくらですか——無償労働の貨幣評価についての報告』大蔵省印刷局。

———, 1997b, 『無償労働の貨幣評価について』（2019年5月20日閲覧）。

———, 1998, 『1996年の無償労働の貨幣評価について』（H11一部改訂；2019年5月20日閲覧）。

経済産業省, 2001, 『通商白書』。

———, 2014, 「国際的な企業活動におけるCSR（企業の社会的責任）の課題とそのマネジメントに関する調査報告書」。

———, 2016, 「新産業構造ビジョン——第4次産業革命をリードする日本の戦略（産業構造審議会　中間整理）」。

———, 2017a, 「雇用関係によらない働き方実態調査概要」。

———, 2017b, 「『雇用関係によらない働き方』に関する研究会報告書」。

———, 商務・サービスグループ消費・流通政策課, 2018, 「キャッシュレス・ビジョン」。

厚生労働省, 2014, 『雇用の構造に関する実態調査』。

———, 2017a, 「平成28年度全国ひとり親世帯等調査結果の概要」。

———, 2017b, 「2017年所得再分配調査」。

———, 2018a, 「2016年生活のしづらさなどに関する調査（全国在宅障害児・者等実態調査）：結果一覧」（2019年5月31日閲覧）。

———, 2018b, 「年金制度基礎調査（老齢年金受給者実態調査）平成29年」。

———, 2018c, 「雇用類似の働き方に関する検討会報告書」。

———, 2019a, 「働き方改革を推進するための関係法律の整備に関する法律（平成30年法律第71号）の概要」（2019年5月31日閲覧）。

———, 2019b, 「2018年度賃金構造基本統計調査」。

———, 2020a, 「2019年度雇用均等基本調査」。

———, 2020b, 「2019年賃金構造基本統計調査」。

———, 2020c, 「2019年賃金構造 基本統計調査結果の概況」。

———, 2020d, 「令和元年国民生活基礎調査」。

———, 2020e, 「令和元年中における自殺の状況」。

ゴードン. A／大島かおり訳，2013年『ミシンと日本の近代』みすず書房。

国際連合広報センター web サイト https://www.un.org/sustainabledevelopment/ sustainable-consumption-production/（2019年 4 月30日閲覧）。

国立女性教育会館・伊藤陽一編，2012，『男女共同参画統計データブック——日本の女性と男性2012』ぎょうせい。

国連環境開発会議，1992，「アジェンダ21」環境庁・外務省監訳。

後藤道夫ほか，2018，『最低賃金1500円がつくる仕事と暮らし』大月書店。

後藤靖，1987，「1880年代の階級構成（1）」『立命館経済学』36（1）。

駒村康平，2014，『日本の年金』岩波書店。

———，2019，「所得政策の現在」『社会政策』10（3），ミネルヴァ書房，5-8頁。

最高裁判所「司法統計年報 1 民事・行政編」各年。

斎藤悦子，2009，『CSR とヒューマンライツ』白桃書房。

斎藤悦子・天野晴子・松葉口玲子，2004，「地域通貨によるアンペイド・ワーク評価と時間の関係性：東京都世田谷区在住雇用労働者夫妻の生活時間調査から」生活経済学会編『生活経済学研究』19，121-132頁。

笹島芳雄，2009，『労働の経済学』中央経済社。

佐藤慶子，1989，「生活設計の新たな段階」，宮崎礼子・伊藤セツ編『家庭管理論〔新版〕』有斐閣新書。

嶋崎東子，2013，「高齢化・単身化時代の住まいとコミュニティ——新しい福祉社会への方向性」『旭川大学研究紀要』5，39-44頁。

下野恵子，2017，『「所得増税」の経済分析——日本における財政再建と格差縮小』ミネルヴァ書房。

首相官邸，2013，「安倍総理・施政方針演説〜第183回国会における安倍内閣総理大臣施政方針演説〜」（2019年 5 月31日閲覧）。

首相官邸，2018，「未来投資戦略2018」（2019年 5 月31日閲覧）。

障害者の生活と権利を守る全国連絡協議会編，2016，「障害者の介護者の健康に関する実態調査報告書」（http://shogaisha.jp/szk/2015kurashinoba-chosa-matome.pdf）。

スティガー，M. B.，2009／櫻井公人・櫻井純理・高嶋正晴訳，2010，『新版　グローバ

リゼーション』岩波書店。

「世界の歴史」編集委員会，2009，『もういちど読む山川世界史』山川出版社。

全国生協労働組合連合会，2019，「生協労連　年収270万円で暮らせる社会の実現　公開討論資料　2019年1月」。

全国労働組合総連合ほか，2020，「2021年国民春闘白書」学習の友社。

総務省行政評価局　復興・総務・国土交通担当評価監視官室，2013，「ワーク・ライフ・バランスの推進に関する政策評価」〈評価の結果及び勧告〉。

総務省統計局，2016，「人口ピラミッド」から日本の未来が見えてくる!?～高齢化と「団塊世代」，少子化と「団塊ジュニア」～，統計 Today No. 114.

―――，2016，「『家計調査』における現物の取扱い」（家計調査の改善に関するタスクフォース，第3回　資料3-1）。https://www.stat.go.jp/info/kenkyu/skenkyu/pdf/160712_shiryou1.pdf（2020年8月3日閲覧）。

―――，2018，「平成30年住宅・土地統計調査」。

―――，2019a，「令和元年賃金構造基本統計調査結果の概要」。

―――，2019b，「労働力調査」。

―――，「家計調査」各年。

―――，「国勢調査」各年。

―――，「社会生活基本調査」各年。

―――，「就業構造基本調査」各年。

―――，「住宅・土地統計調査」2018年。

―――，「消費者物価指数年報」各年。

―――，「全国消費実態調査」各年。

―――，「労働力調査」長期時系列データ。

総理府広報室，1999，『少子化に関する世論調査』。

高須裕彦，2018，「『自由な働き方』の落とし穴　雇用によらない働き方の現状と課題」第82回社会運動ユニオニズム研究会資料より。

谷本寛治，2006，『CSR』NTT 出版。

鶴田満彦，2001，『入門経済学　新版』有斐閣。

ティーレ＝ヴィッティヒ，マリア，1992，「家族と生活関連の諸機関との相互関連」／ナンシー，B. ライデンフロースト編，松島千代野監修，（社）日本家政学会家庭経営学部会訳，1995，『転換期の家族』産業統計研究社。

暉峻淑子，2012，『社会人の生き方』岩波新書。

内閣府，1979，「婦人に関する世論調査」。

———, 1992, 「男女平等に関する世論調査」。

———, 2004, 『家計消費の動向』。

———, 2006, 「高齢者の経済生活に関する調査」。

———, 2014, 「女性の活躍推進に関する世論調査」（2019年 5 月11日閲覧）。

———, 2017, 「日本経済2016-2017」（2019年 5 月31日閲覧）。

———, 2018, 「高齢化の推移と将来推計」。

内閣府経済社会総合研究所, 2009, 『無償労働の貨幣評価の調査研究』（2019年 5 月20日閲覧）。

内閣府経済社会総合研究所国民経済計算部地域・特定勘定課, 2013, 『家事活動等の評価について——2011年データによる再推計』（2019年 5 月20日閲覧）。

———, 2018, 『無償労働の評価』（2019年 5 月20日閲覧）。

内閣府「男女共同参画社会に関する世論調査」各年（2019年 5 月11日閲覧）。

内閣府男女共同参画局, 2018, 「男女共同参画白書2018年版」（2019年 5 月11日閲覧）。

———, 2020, 「男女共同参画白書2020年版」（2020年12月 3 日閲覧）。

成瀬龍夫, 1988, 『生活様式の社会理論』お茶の水書房。

新村出編, 2008, 『広辞苑　第六版』岩波書店。

西山卯三, 1977, 『住居学ノート——新しい生活科学のために』勁草書房。

日本学生支援機構, 2020, 「大学等における学生支援の取組状況に関する調査（令和元（2019）年度）」。

日本クレジット協会「クレジットの基礎知識, クレジットの契約関係」https://www.j-credit.or.jp/customer/basis/classification.html（2020年12月26日閲覧）。

———, 「日本のクレジット統計」各年。

日本経営者団体連盟, 1995, 『新時代の「日本的経営」——挑戦すべき方向とその具体策』日本経営者団体連盟。

日本ファイナンシャル・プランナーズ協会, 2020, 「日本 FP 協会実施 FP 無料体験相談『くらしとお金の FP 相談室』2019年度実施状況」。（https://www.jafp.or.jp/about_jafp/katsudou/news/news_2018/files/newsrelease20180726.pdf, 2019年 7 月17日閲覧）。

日本弁護士連合会, 2017, 『国連女性差別撤廃委員会　総括所見の活かし方と今後の課題〜第 7 回及び第 8 回報告書審査を踏まえて』日本弁護士連合会。

日本弁護士連合会消費者問題対策委員会, 2014, 『2014年　破産事件及び個人再生事件記録調査』2 頁。

根岸睦人, 2018, 「日本の所得再分配政策は機能しているか——税と社会保障による再

分配の課題」溝口由己編『格差で読み解くグローバル経済——不寛容の拡がりに共生を問う』ミネルヴァ書房。

農林水産省 Web サイト「経営形態別経営統計（個別経営）」https://www.maff.go.jp/j/tokei/kouhyou/noukei/einou_syusi/index.html,（2020年8月3日閲覧）。

農林水産省大臣官房統計部, 2018,「農家における男女共同参画に関する意向調査結果」。

ハーヴェイ, デヴィッド, 2007,『新自由主義——その歴史的展開と現在』作品社。

橋本和孝, 1994,『生活様式の社会理論』東信堂。

橋本美由紀, 2010,『無償労働評価の方法および政策とのつながり』産業統計研究社。

服部良子, 1994,「第4章 家族の変容と家事労働の社会化」, 竹中恵美子・久場嬉子『労働力の女性化』有斐閣, 105-144頁。

濱口桂一朗, 2012,「雇用ミスマッチと法政策」『日本労働研究機構』No. 626, 26-33頁。

樋口美雄・宮内環・C. R. マッケンジー, 慶應義塾大学パネルデータ設計・解析センター編, 2010,『貧困のダイナミズム——日本の税社会保障・雇用政策と家計行動』慶応義塾大学出版会。

福沢諭吉, 1959,「新女大学」『福澤諭吉全集 第六巻』岩波書店。

藤森克彦, 2018,「高齢単身女性と貧困」日本学術会議『学術の動向』23（5）。

フリードマン, ミルトン／村井章子訳, 2008,『資本主義と自由』日経 BP（Friedman, M., 2002, *Capitalism and Freedom; 40 Anv edition*, University Of Chicago Press）。

松島千代野・馬場紀子, 1978,『家庭経営学』家政教育社。

マルクス, K.／大内兵衛・細川嘉六監訳, 1965,『資本論』第1巻, 大月書店（Marx, K, 1867, *Das Kapital*, 1, MEW. Bd. 23b）。

みずほ情報総研株式会社, 2017,「平成28年度産業経済研究委託事業 新たな産業構造に対応する働き方改革に向けた実態調査」。

宮城まり子, 2002,『キャリアカウンセリング』駿河台出版社。

茂木敏博, 1985,「成長と育児」高度成長期を考える会編『高度成長と日本人 Part 1 個人篇 誕生から死までの物語』日本エディタースクール出版部。

森ます美, 1997,「日本の性差別賃金とペイエクイティ」社会政策学会編『21世紀の社会保障（社会政策学会年報第41集）』, 御茶の水書房, 113-132頁。

森岡清美, 1957,「家族の構造と機能」福武直・日高六郎・高橋徹編,『家族・村落・都市』講座社会学IV, 東京大学出版会, 17-43頁。

文部科学省, 2011,「高等学校キャリア教育の手引き」。

———, 2020,「平成30年度の大学における教育内容等の改革状況について（概要）」。

———生涯学習審議会, 1999,「生活体験・自然体験が日本の子供の心をはぐくむ」

（2019年4月5日閲覧）。

矢澤澄子，2000，「アンペイド・ワークをめぐる国内の研究と議論の現在」，川崎賢子・中村陽一『アンペイド・ワークとは何か』藤原書店，94-107頁。

谷田川ルミ，2016，『大学生のキャリアとジェンダー——大学生調査にみるキャリア支援への示唆』学文社。

山田篤裕，2019，「厚生年金保険適用拡大（2016年10月）による新たな賃金要件」『社会政策』10（3），ミネルヴァ書房，39-52頁。

山田篤裕ほか，2012，「主観的最低生計費の測定」『社会政策』3（3），ミネルヴァ書房。

山本咲子，2017，「ケイパビリティ・アプローチからみた未婚の女性非正規雇用者の生活課題」『日本家政学会誌』68（8），421-429頁。

労働調査会出版局編，2009，『平成21年度最低賃金決定要覧』労働調査会。

———，2014，『平成26年度最低賃金決定要覧』労働調査会。

———，2019，『平成31年度版最低賃金決定要覧』労働調査会。

Burgess. E. W. & H. J. Locke, 1945, *The Family: from institution to companionship*, American Book Co.

Fraser, Nancy, 1997, "Justice Interruptus: Critical Reflections on the 'Postsocialist' Condition"（仲正昌樹監訳，2003，『中断された正義——「ポスト社会主義的」条件をめぐる批判的省察』御茶の水書房）。

Goldschmidt-Clermont, L., 1982, *Unpaid Work in the Household: A Review of Economic Evaluation Methods*, International Labour Organization.

———, 1987, *Economic Evaluations of Unpaid Household Work: Africa, Asia, Latin America and Oceania*, International Labour Organization.

Hockshild, A. R. 1989. Second Shift. Working Parents and the Revolution at Home（田中和子訳，1990，『セカンド・シフト　第二の勤務——アメリカ共働き改革のいま』朝日新聞社）。

Ito, Jun, Haruko Amano, Etsuko Saito and Setsu Ito, 2004, "A Theoretical Study on the Interface between Paid Work and Unpaid Work and the Integration both Works into the Socially Necessary Work," *Journal of ARAHE*, Vol. 1, No. 1, 1-5.

Lourdes, Beneria, 1999, 'The enduring debate over unpaid labour' "International Labour Review" 138 (3), pp 287-309.

OECD Gender data portal, 2020, Time use across the world（2020年12月8日閲覧）。

OECD Stat. https://stats.oecd.org/（2020年7月27日閲覧）。

Ogburn, W. F., 1933, "The Changing Functions of the Family," in Winch, R. M.,

McGinnis, R., & H. R. Barringer (eds.), 1960, *Selected Studiesin Marriage and the Family*, Holt, Rinehart and Winston.

Quinn, Sheila, 2009, "Gender budgeting: practical implementation," Directorate General of Human Rights and Legal Affairs Council of Europe, p 9.

UNECE , 2017, "Guide on Valuing Unpaid Household Service Work,"（内閣府経済社会総合研究所国民計算部訳「無償の家計サービス生産の貨幣評価についての指針」（仮訳）（2019年5月29日閲覧)。

あ と が き

　本書は，『ジェンダーの生活経済論——持続可能な消費のために』（伊藤セツ編著，ミネルヴァ書房，2000年），『ジェンダーで学ぶ生活経済論——福祉社会における生活経営主体』（伊藤セツ・伊藤純編著，ミネルヴァ書房，2010年），『ジェンダーで学ぶ生活経済論〔第2版〕——現代の福祉社会を主体的に生きるために』（伊藤純・斎藤悦子編著，2015年）の改訂版です。

　本改訂版の副題である「持続可能な生活のためのワーク・ライフキャリア」には，次の二つの意味が込められています。

　一つは2015年に「誰一人取り残さない（no one will be left behind）」ことを理念に掲げて採択された，国連「持続可能な開発目標（Sustainable Development Goals：SDGs）」および「我々の世界を変革する：持続可能な開発のための2030アジェンダ」です。SDGs に示された17の目標および「2030アジェンダ」は，開発途上国だけでなく先進国も含む世界全体の普遍的な目標とターゲットであり，「ミレニアム開発目標」（Millennium Development Goals：MDGs）において達成できなかった目標に加えて，平和や暴力，格差，環境問題をめぐる問題解決を視野に入れた包括的な内容となっています。また，これらの目標及びターゲットは，相互に関連しており，生物圏・社会圏・経済圏の調和によって持続可能な開発を目指すものです。本書においても，この地球規模での取組みに呼応し，ジェンダーによる不平等や格差の是正，ディーセントな働き方の実現，貧困問題の原因とその解決策，持続可能な消費生活様式の獲得などのトピックを取り上げることにより，読者自身がこれらの問題への関心を深め，あるいは広げられるように意図しています。

　もう一つは，読者が日常生活において，あるいは人生という長いスパンにおいて，自らが望む生活を主体的に選び取り，これを持続・発展させることがで

きるようなヒントとなる章や節，コラム等を設けたことです。従来の家族を超えた新しいコミュニティの形成，所得再分配機能や社会保障制度，金融教育，家計改善支援（旧家計相談支援），キャリアプランニングなどの情報に触れることにより，「入るを計って出るを制す」というような自助的・防衛的な家計技術論ではなく，生活者の側から社会を変革する主体となれるように，との期待を込めて執筆しています。

2020年の年明けから現在に至るまで，私たちは未知のウイルス Covid-19 との地球規模での闘いを強いられています。このような時だからこそ，私たちは人間の持つ創造性や連帯する力を全面的に開花させなければなりません。自分自身が今，どのような社会・経済環境の中で生きており，そこでの労働力再生産の営みがどのようになっているのかを客観的に見つめ，本書で提示した家計，時間，最低生活費，消費行動，ジェンダーなどの側面から分析し，望ましい生活様式，社会のあり方を読者自らが考え，実践できるよう願っています。

本書の出版にあたり，編者及び各執筆者との連絡・調整を丁寧に進めてくださったミネルヴァ書房編集部（当時）の梶谷修氏並びに本田康広氏には大変お世話になりました。心より御礼申し上げます。

2021年 3 月10日

編者　伊藤　純，斎藤悦子

索　引

*は人名

執筆者紹介 （所属，分担執筆，執筆順，＊は編者）

＊伊藤　純（昭和女子大学人間社会学部教授，序章，第9章，終章，あとがき）

姉歯　曉（駒澤大学経済学部教授，第1章，第1章コラム）

嶋崎東子（旭川大学保健福祉学部准教授，第2章）

＊斎藤悦子（お茶の水女子大学ジェンダード・イノベーション研究所教授，第3章，あとがき）

佐々木亮（ブラック企業被害対策弁護団顧問，第3章コラム）

天野晴子（日本女子大学家政学部教授，第4章第1節～第3節，第5節）

粕谷美砂子（昭和女子大学人間社会学部教授，第4章第4節，第4章コラム）

藤原千沙（法政大学大原社会問題研究所教授，第5章）

山本咲子（お茶の水女子大学ジェンダード・イノベーション研究所特任リサーチフェロー，第5章コラム）

中澤秀一（静岡県立大学短期大学部准教授，第6章）

大竹美登利（東京学芸大学名誉教授，第7章）

山口耕樹（中高年事業団やまて企業組合福祉事業部統括責任者，第7章コラム）

鈴木奈穂美（専修大学経済学部教授，第8章）

中山節子（千葉大学教育学部准教授，第8章コラム）

松葉口玲子（横浜国立大学教育学部教授，第10章）

《編著者紹介》

伊藤 純（いとう・じゅん）

昭和女子大学大学院生活機構研究科生活機構学専攻修了。
昭和女子大学人間社会学部・大学院生活機構研究科福祉社会研究専攻教授。博士（学術）。
（生活経営学，生活福祉）
主　著　『生活時間と生活福祉』（共編著）光生館，2005年。
　　　　『福祉社会における生活・労働・教育』（共著）明石書店，2009年。
　　　　『ジェンダーで学ぶ生活経済論』（共編著）ミネルヴァ書房，2010年。

斎藤悦子（さいとう　えつこ）

昭和女子大学大学院生活機構研究科生活機構学専攻修了。
お茶の水女子大学基幹研究院人間科学系教授。博士（学術）。
（生活経営学，企業文化論）
主　著　『CSRとヒューマン・ライツ』白桃書房，2009年。
　　　　『ジェンダーで学ぶ生活経済論』（共著）ミネルヴァ書房，2010年。
　　　　『男女共同参画統計データブック2015』（共著）ぎょうせい，2015年。

新・MINERVA 福祉ライブラリー⑧
ジェンダーで学ぶ生活経済論［第3版］
──持続可能な生活のためのワーク・ライフキャリア──

2010年 4 月20日　初 版第 1 刷発行	〈検印省略〉
2014年 2 月15日　初 版第 4 刷発行	
2015年 4 月20日　第 2 版第 1 刷発行	
2019年 4 月10日　第 2 版第 5 刷発行	定価はカバーに
2021年 5 月10日　第 3 版第 1 刷発行	表示しています
2023年 1 月30日　第 3 版第 3 刷発行	

編著者　　伊　藤　　　純
　　　　　斎　藤　悦　子
発行者　　杉　田　啓　三
印刷者　　坂　本　喜　杏

発行所　　株式会社　ミネルヴァ書房
〒607-8494　京都市山科区日ノ岡堤谷町1
電話代表　（075）581-5191
振替口座　01020-0-8076

©伊藤・斎藤ほか, 2021　冨山房インターナショナル・藤沢製本
ISBN 978-4-623-08952-9
Printed in Japan

地域社会の創生と生活経済
─────────────生活経済学会　編　Ａ５判　220頁　本体2600円
●これからのひと・まち・しごと　新しい働き方と暮らし方とは。生活者の立場から地域の現状と政策を検証，主要課題における最新の理論と視点を紹介する。

「労働」から学ぶジェンダー論
─────────────乙部由子　著　Ａ５判　260頁　本体2500円
●Society 5.0 でのライフスタイルを考える　生活者の視点から女性の現状を分析し，近未来の家族像と働き方を展望する。

よくわかるジェンダー・スタディーズ
─木村涼子／伊田久美子／熊安貴美江　編著　Ｂ５判　242頁　本体2600円
●人文社会科学から自然科学まで　ジェンダー・スタディーズが学問領域に与えたインパクトの深さと広さを，総合的にとらえることができる最新の入門書。

女性学入門［改訂版］
─────────────杉本貴代栄　編著　Ａ５判　248頁　本体2800円
●ジェンダーで社会と人生を考える　女性をめぐる現代社会における諸問題について，ドラマやマンガ等を用いながら分かりやすく解説する。

女性の働きかた
─────────────武石恵美子　編著　Ａ５判　320頁　本体3500円
働く女性をめぐる現状，企業や社会の受け止め方，働き方の変革の状況など，多様な視点から実証的に明らかにする。

───────── ミネルヴァ書房 ─────────

http://www.minervashobo.co.jp/